やわらかアカデミズム
〈わかる〉シリーズ

よくわかる
社会福祉の「経営」

小松理佐子

[編著]

ミネルヴァ書房

はじめに

■よくわかる社会福祉の「経営」

　本書は，将来ソーシャルワーカーとして働こうと考えている学生のみなさん
に，これから就こうとしている仕事が，どのようなしくみの中でどのような意
味を持っているかを伝えたいと思い，書いたものです。

　みなさんの中には，「経営」というタイトルをみて，施設長など社会福祉の
職場のリーダーになる人だけが読めばよい本だと感じた人がいるかもしれませ
ん。あるいは，ニーズのある人を支援するソーシャルワーカーの仕事は，「経
営」を考えながら行うものではないと感じる人もいることでしょう。

　ところが，日々現場で働くソーシャルワーカーは，目の前にいる人を支援し
たくとも支援できないジレンマを抱えています。例えば，その人のニーズに応
えられるサービスがみつからない，サービスを提供したくても担い手が確保で
きない，等々です。このような現状をみるにつけ，ニーズのある人を支援した
いと思うソーシャルワーカーにこそ，上手に社会福祉を「経営」する力を身に
付けてほしいと願わずにいられません。

　本書を刊行した動機は，社会福祉のサービスが，法・制度を根拠にして公費
でまかなわれていた時代から，ニーズに合わせて多様な財源・手段を用いて創
出する時代へと変化していると感じたからです。提供する福祉から，創造する
福祉への転換と言ってもよいでしょう。タイトルの「経営」は，個人・家族の
ニーズに応えるために，多様な資源を動員してサービスや支援の手段を創造す
るソーシャルワーカーの営みという意味で使っています。

　ところで，2007年12月に社会福祉士及び介護福祉士法が改正され，社会福祉
士を養成するカリキュラムの中に「福祉サービスの組織と経営」という科目が
設けられました。本書は，この科目のシラバスを網羅しながら，さらに広い範
囲を取り上げています。それは，地域を基盤にした包括的な支援体制づくりが
求められている今日，「経営」という視点が求められるのは組織単位だけでは
ないと考えたからです。むしろ地方公共団体あるいはそれよりも小さな範囲の
地域という単位での「経営」が，重要な課題となっているように思います。さ
らにいえば国単位の「経営」という視点も必要であるといえますが，本書では，
ソーシャルワーカーと関わりの深い，組織，地域，地方公共団体に焦点を当て
ることにしました。

　最後になりますが，この本の刊行までの長い道のりを支えていただいたミネ
ルヴァ書房の音田潔さんにお礼を申し上げます。音田さんには，私の社会福祉
士養成カリキュラムへの思いを親身になって聞いていただき，示唆に富む助言
をしていただきました。いまだに「経営」という言葉が受け入れられにくい社

会福祉の業界の中にあって，音田さんの支えなしには「経営」というタイトル
の本書が生まれることはなかったように感じています。

　2018年10月

小松理佐子

もくじ

■よくわかる社会福祉の「経営」

はじめに

第1部　社会福祉の「経営」へのアプローチ

Ⅰ　社会福祉の「経営」の要件

1　使命（ミッション） …………… 2

2　原理・原則 ………………… 4

3　枠 組 み ………………… 6

4　構成要素 ………………… 10

5　ニ ー ズ ………………… 12

6　役割転換 ………………… 14

7　財　　源 ………………… 16

8　地域福祉の財源 ………… 18

Ⅱ　社会福祉の「経営」の基礎理論

1　「経営」の特徴と目的 ………… 20
　　——社会的な問題の解決

2　公 共 性 ………………… 22

3　ファンドレイジング ………… 24

4　公私関係 ………………… 26

5　準 市 場 ………………… 28

6　サードセクター ……………… 30

7　ソーシャルビジネス ………… 32

8　社会的企業 ………………… 34

9　ガバナンス ………………… 36

10　参　　加 ………………… 38

第2部　社会福祉組織の「経営」

Ⅲ　組織経営の基礎知識

1　組織倫理 ………………… 42

2　意思決定 ………………… 44

3　経営戦略 ………………… 46

4　チームマネジメント ………… 48

5　キャリアマネジメント ……… 50

6　会　　計 ………………… 52

7　情報管理 ………………… 54

Ⅳ　制度に基づく施設の「経営」

1　措置施設の「経営」………… 56

2　介護報酬による施設の「経営」…58

3 自立支援給付による施設の「経営」
　　　………………………60

4 コンサルテーション ……………62

V　福祉人材の養成と育成

1 福祉人材の養成 ………………64

2 福祉人材の確保 ………………66

3 OJT ……………………………68

4 Off-JT …………………………70

5 スーパービジョン ……………72

VI　チームマネジメント

1 福祉施設のチームマネジメント
　　　……………………………74

2 職員会議 ………………………76

3 業務計画・業務改善 …………78

4 ケース会議（ケースカンファレンス）
　　　……………………………80

5 記録と業務の「見える化」………82

6 リスクマネジメント ……………84

VII　労働環境の整備

1 職員管理 ………………………86

2 育児休業・介護休業 …………88

3 メンタルヘルス ………………90

4 キャリアパス …………………92

5 職能団体 ………………………94

VIII　福祉サービスの質の管理

1 サービスの質の評価 …………96

2 サービス評価システム ………98

3 監　　査 ……………………100

4 苦情処理 ……………………102

5 情報公開 ……………………104

（第3部）福祉サービスの提供主体

IX　福祉サービスの提供組織の形態

1 公益法人 ……………………108

2 社会福祉法人 ………………110

3 特定非営利活動法人 …………112

4 医療法人 ……………………114

5 協同組合 ……………………116

6 株式会社 ……………………118

7 国・地方公共団体 ……………120

もくじ

X 社会福祉法人

1 組　　織 …………………… 122

2 財　　源 …………………… 124

3 会　　計 …………………… 126

4 社会福祉事業 ……………… 128

5 公益事業 …………………… 130

6 社会福祉法人のあゆみ ………… 132

XI 特定非営利活動法人

1 組　　織 …………………… 136

2 財　　源 …………………… 138

3 会　　計 …………………… 140

4 福祉サービスの提供 ………… 142

XII 医療法人

1 組　　織 …………………… 144

2 財　　源 …………………… 146

3 会　　計 …………………… 148

4 福祉施設の「経営」…………… 150

第4部 地域が担う社会福祉の「経営」

XIII 地域包括支援システム

1 ニーズキャッチとシステム形成
……………………………… 154

2 システムと圏域① ………… 156
　──市町村

3 システムと圏域② ………… 158
　──日常生活圏域

4 ニーズとサービスの調整 ……… 160

5 資源開発 …………………… 162

6 市町村の役割 ……………… 164

7 国と都道府県の役割 ………… 166

XIV 場のマネジメント

1 地域のマネジメントと福祉専門職
……………………………… 168

2 介護保険事業運営協議会 ……… 170

3 障害者総合支援法に基づく協議会
……………………………… 172

4 要保護児童対策地域協議会 …… 174

XV 利用者支援システム

1 福祉サービス利用制度 ………… 176

v

2　ニーズキャッチシステム ……… 178

3　情報提供システム …………… 180

4　利用支援システム …………… 182

5　権利擁護システム …………… 184

XVI　地域包括支援を担う専門職

1　ジェネラリスト・ソーシャル
　ワーカー ……………………… 186

2　ジェネラリスト・ソーシャル
　ワーカーの技術① …………… 188
　　──ネットワーキング

3　ジェネラリスト・ソーシャル
　ワーカーの技術② …………… 190
　　──マネジメント

4　ジェネラリスト・ソーシャル
　ワーカーの技術③ …………… 192
　　──プランニング

第5部　新しい福祉サービスの創出

XVII　組織化の方法

1　コラボレーション型 ………… 196

2　ネットワーク型 ……………… 198

3　「当事者」参画型 …………… 200

4　地域の協働運営 ……………… 202

5　町内会・自治会 ……………… 204

6　大学との連携 ………………… 206

7　中間支援組織 ………………… 208

XVIII　社会福祉の「経営」の手法

1　「見せる化」 ………………… 210

2　つながる ……………………… 212

3　プランニング ………………… 214

4　ネゴシエーション …………… 216

XIX　財　　源

1　ソーシャルファンド・市民ファンド
　等 ……………………………… 218

2　市場の活用 …………………… 220

3　共同募金改革 ………………… 222

索　　引

第 1 部

社会福祉の「経営」へのアプローチ

第 1 部　社会福祉の「経営」へのアプローチ

I　社会福祉の「経営」の要件

 # 使命（ミッション）

1　ソーシャルワーカーの使命（ミッション）

　2014年に IFSW（国際ソーシャルワーカー連盟）と IASSW（国際ソーシャルワーク学校連盟）は、ソーシャルワークのグローバル定義を採択しました。その日本語訳は、次のようなものです。

　　「ソーシャルワークは、社会変革と社会開発、社会的結束、および人々のエンパワメントと開放を促進する、実践に基づいた専門職であり学問である。社会正義、人権、集団的責任、および多様性尊重の諸原理は、ソーシャルワークの中核をなす。ソーシャルワークの理論、社会科学、人文学、および地域・民族固有の知を基盤として、ソーシャルワークは、生活課題に取り組みウェルビーイングを高めるよう、人々やさまざまな構造に働きかける。」

▷1　日本社会福祉教育学校連盟・社会福祉専門職団体協議会による訳。

　この定義を基にすると、ソーシャルワーカーの使命（ミッション）は、人々の生活課題に取り組み、ウェルビーイングを高めることであるといえます。

2　社会福祉と「経営」

　それでは、このような使命（ミッション）を負うソーシャルワーカーと経営とは、どのような関わりがあるのでしょうか。長い間、社会福祉の分野では、経営という発想はなじまないものと捉えられてきました。なぜなら、社会福祉は、何らかのニーズを抱える人に対して、ニーズを解決するための方法を提供するものであり、必要な人には必ず提供されなければならないものだからです。こうした考え方は、今も変わりありません。「経営が成り立たないから、社会福祉を提供できない」ということは、あってはならないことです。

　しかし、最近では、社会福祉の分野でも経営という考え方が取り入れられるようになりました。その背景には、人々が抱えるニーズの多様化・複雑化があります。人々の様々なニーズに応え、ウェルビーイングを高めるには、法制度に基づいて用意されている公的福祉サービスだけでは、対応しきれません。多様な解決方法が必要です。そのため、ソーシャルワーカーに、「どうしたら、ニーズを解決できるサービスを提供できるか」という課題と向き合うことが求められるようになりました。

　ソーシャルワーカーが経営に取り組む動機は、そこにビジネスチャンスがあ

るからではありません。それは，そこにニーズを抱える人々の存在があるから
です。社会福祉の歴史をひも解くと，このことは，社会福祉の原点でありまし
た。社会福祉施設が作られるようになったのは，ニーズを抱えた人々を救おう
という動機からでした。ニーズを抱えた人々を救うためには，個人の力だけで
は限界があり，他の人と協力して取り組むために施設が作られました。つまり，
施設を作るという行為は，ソーシャルワークのプロセスの中にあったのです。

③ ソーシャルワーカーによる「経営」

　これまで説明したように，ソーシャルワーカーにとっての経営は，ソーシャ
ルワーカーの使命（ミッション）を追求するための行動の一部です。ですから，
動機はもとより，経営の方法や事業の評価も，ソーシャルワークの視点から考
えます。

　例えば，ソーシャルワーカーが何らかのサービスを提供するための組織をつ
くるとしましょう。それには，サービスを提供する人を探す必要があります。
このような場合，一般的には，求人広告を出して，仕事を探している人を募り，
その中から期待する仕事を遂行する能力の高い人を選ぶことでしょう。

　しかし，社会福祉を目的とする組織では，障害などを理由に雇用されにくい
人たちを優先的に採用する方法を選ぶことがあります。それは，ソーシャル
ワーカーは，社会的に弱い立場に置かれている人が参加できるような社会をつ
くろうという目標を持って行動するからです。そして，ソーシャルワーカーは，
このような人々を雇用することを通じて，社会に対して，社会福祉への理解を
促そうと考えます。ですから，自らの事業の成果を評価する場合にも，「この事
業を行ったことで，社会が変わったか」という点を重視します。

　ソーシャルワーカーの経営について，ここでは一部しか説明できません。詳
しくは，第Ⅱ章で深めてください。

④ 「経営」の基盤としての地域

　最後にもう一つ，ソーシャルワーカーによる経営の特徴を説明します。それ
は，地域の中で仕事をするという視点を持っているということです。

　ソーシャルワーカーは，自分が所属する事業所の利用者だけでなく，その事
業所のある地域の人々の生活に責任を持とうと行動します。もし，地域の人々
が抱えるニーズを発見したら，自分の事業所が対象としていないニーズであっ
ても，解決することに取り組みます。そのために，自分の所属する事業所で新
たなサービスの提供を開始することもありますし，他の事業所や団体と連携し
て取り組むこともあります。このような地域を基盤とした経営への期待は，こ
れから益々高まっていくことが予想されます。　　　　　　　　（小松理佐子）

Ⅰ 社会福祉の「経営」の要件

 原理・原則

 原　理

　社会福祉の「経営」において，その前提として確保されなければならない社会福祉の基本的な要件を，ここでは原理と呼ぶことにします。

　◯権利性

　権利性とは，社会福祉を利用することが人々の権利（人権）として保障されていることを意味します。日本国憲法第25条に生存権が規定されていますが，社会福祉の利用を権利として保障するためには，もう少していねいに考えてみる必要があります。例えば，福祉サービスの利用の申請は，その人の居住地にある機関・組織の窓口で行われますから，利用の前提として，居住が保障されていなければ成立しません。また，福祉サービスの利用についての自己決定権▷1や，不服申立て権▷2などが福祉サービスの提供のしくみの中に担保されていることも必要です。

　◯普遍性

　普遍性とは，福祉サービスがすべての人々が利用できるものとなっていることを意味します。例えば，高齢者の介護サービスは，だれもが必要になる可能性をもっていますから，それをすべての人に利用可能なしくみにしておくことは重要です。ただし，すべての人々を対象とした福祉サービスの供給が，どのような方法によって実現するかについては，慎重に取り組まねばなりません。もし，社会福祉の財源上の必要から利用者に負担を求めた結果として，自己負担が困難な人が福祉サービスを利用できなくなる事態を招いてしまったら，本末転倒だからです。

　◯公平性

　公平性とは，人種，職業，性別，年齢などその人の属性に左右されることなく，だれにでも公平に福祉サービスが提供されることを意味します。公平性を確保するためには，第1に制度・政策の設計において公平なことが必要です。それに加えて，実際に福祉サービスの利用の手続きや審査・決定等の過程において，公平性が確保されているかどうかを考えてみる必要があります。日本で生活する外国籍の人々の増加に伴って，それらの人々に公平に制度・政策が用意されているか，それらの情報が当事者に理解できる方法で説明されているかなど，公平性をめぐる新たな課題も生まれています。

▷1　自分の生活の仕方を自分で決めることができる権利。ここでいう生活には，日々の生活はもとより，人生という意味も含まれている。

▷2　行政庁による処分や，その他の公権力による行使に対して，不服があった場合に，不服申立てできる権利。

◯総 合 性

　総合性とは，狭義の社会福祉の領域のサービスだけでなく，所得，保健医療，住宅，労働，教育等の社会サービスが，ニーズに応じて総合的に提供されることを意味します。さらに最近では，制度化されたサービスと合わせて，住民やボランティア，民間事業者などによる生活支援サービスも含めて，一体的に提供することが課題となっています。

❷ 原　　　則

　福祉サービスの供給の過程の中で確保されるべき要件を，ここでは原則と呼ぶことにします。

◯接 近 性

　福祉サービスの提供システムは，あらゆる人が社会福祉を利用しやすいように設計される必要があります。それには，福祉サービスについての情報が十分に提供されていること，利用手続きなどの方法がだれにでも簡単にできるようになっていること，等の条件が整備される必要があります。また，福祉サービスの利用者の中には，自分で判断することが困難な人も少なくありませんから，そうした人々の利用過程を支援するしくみ（利用支援）も必要です。

▷3　　XV‐4　参照。

◯選 択 性

　福祉サービスの提供システムは，利用者が利用するサービスを選ぶことができるよう選択性が担保されていなければなりません。それには，選択できるだけのメニューと量が用意されていることが前提となります。その上で，利用過程の諸段階において，利用者の自己決定権が行使できるようなしくみになっている必要があります。

◯透 明 性

　福祉サービスは，それを直接提供している組織が公的な組織であるか民間の組織であるかにかかわらず，税・保険料を基に提供される，公共性の高いサービスです。したがって，福祉サービスを提供する側には，集められた財源が適切に使用されているか，投入した費用に見合う効果を挙げているか等を，人々に報告する義務があります。また，提供者は個々の利用者に対して，サービスの選択時におけるサービス内容やそれによって期待される効果に関する説明，利用後における報告事項等を説明することも求められます。

▷4　　Ⅱ‐2　参照。

◯参　　加

　福祉サービスの提供は，それを必要とする人からみて，望ましいかたちであることが期待されます。それには，福祉サービスの供給の様々な場面に，利用者となる市民が参加することが有効であると考えられています。例えば，行政機関による政策決定への参加，福祉サービスの評価への参加，個々の組織の経営への参加，等が想定されます。

(小松理佐子)

参考文献
濱野一郎(2007)「社会福祉の原理」『エンサイクロペディア社会福祉学』中央法規出版，472-479頁。
古川孝順(2001)『社会福祉の運営』有斐閣。

第1部 社会福祉の「経営」へのアプローチ

I 社会福祉の「経営」の要件

枠組み

福祉サービス提供組織の経営

　福祉サービスを提供している組織と聞いて、みなさんがまず思い浮かべるのは、保育所や特別養護老人ホームといった、施設・事業所という単位でしょう。施設・事業所では、それぞれに、運営方針や提供するサービス内容などについての事業計画や予算を策定する、サービスを提供できるように職員の体制を整える等の組織経営が行われています。

　それに加えて、福祉サービス提供組織の場合には、図I-1に示したように、施設（事業所）を経営する主体になっている法人という単位で経営が行われています。近年、社会福祉の分野では、この法人という単位での経営を強化することが求められるようになっています。例えば、社会福祉法では、社会福祉法人の会計を法人単位で行うことや、残額が出た場合にはその使途についての計画（社会福祉充実計画）を立てることなどが規定されています。

　法人単位の経営の強化が課題となっているのは、法制度に基づいて提供される公的福祉サービスだけでは、人々の多様化・複雑化するニーズに応えきれず、様々な「制度の狭間」の問題が生まれてきているためです。こうした状況を背景に、特に、社会福祉の推進を目的として設立されている社会福祉法人に対して、人々のニーズに応じたサービスを独自に提供することが期待されるようになっています。

2 国・地方公共団体と福祉サービス提供組織

　一般に福祉サービスと呼ばれているものの中には、法制度に基づいて提供されている公的福祉サービスと、福祉サービス提供組織が独自に提供しているサービスとがあります。ここでは、公的福祉サービスの経営について説明します。

　図I-2に示したように、公的福祉サービスの経営には、国・地方公共団体（都道府県、市町村）が関わっています。公的福祉サービスの提供の責任を負っているのは、国・地方公共団体です。それゆえに、公的福祉サービスの財源の大部分は、税・保険料といった公費によって賄われています。ですから、国や地方公共団体には、公費を調達し、福祉サービスを必要な人にサービスが提供で

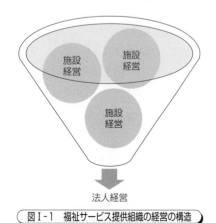

図I-1　福祉サービス提供組織の経営の構造

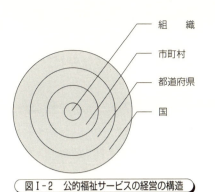

図Ⅰ-2　公的福祉サービスの経営の構造

図Ⅰ-3　福祉サービス供給の4部門

きるようにするための経営が求められます。

国・地方公共団体は，サービスを提供する対象など，提供に関わるルールを法・通知によって定めています。また，必要とされるサービス量を推計して，サービス供給計画を立てます。そして，サービスを提供するための財源を調達し，サービス提供組織に支払います。

国・地方公共団体の役割分担は，時代とともに変化してきています。従来は，国の役割が大きな割合を占めていましたが，地方分権の推進とともに，市町村の役割が大きくなる傾向にあります。それは，人々の身近な市町村が役割を担う方が，地域の実態に即した福祉サービスの提供をすることができると考えられたからです。

市町村を中心とした運営が行われる中で，国や都道府県には，市町村間に生じる格差の解消，市町村の運営を円滑にするための条件整備の役割を担うことが期待されるようになっています。これについては，Ⅳ-7で深めることにしましょう。

福祉サービス提供組織は，このようなしくみの下で，公的福祉サービスを提供しています。当然のこととして，コンプライアンス（法令遵守）の経営が求められます。他方で，福祉サービス提供組織の経営は，どれだけ公費を調達できるかなど，国や地方公共団体によって営まれている部分の影響を受けます。このような国－地方公共団体－組織の関係の中で，法令に則って公的福祉サービスを提供しながら，本項①で説明したような法人としての役割をどのように果たすかが，福祉サービス提供組織の経営の課題となっています。

❸ 福祉サービスの供給部門

Ⅰ-2で説明したように，政府は，人々の生存権を保障するための福祉サービスの供給の責任を負っていますが，実際には，あらゆる福祉サービスを政府が直接供給しているわけではありません。図Ⅰ-3に示すように，福祉サービスを供給している部門は，大きく4つに分類することができます。これは社会

▷1　Ⅲ-1参照。

▷2　ここでは平岡公一による類型を紹介している（平岡公一ほか〔2011〕『社会福祉学』有斐閣，463頁）。

第1部　社会福祉の「経営」へのアプローチ

▷3　 Ⅱ-4 参照。

福祉を政府部門で一元的に供給するよりも，多様な組織によって供給する方が望ましいとする福祉多元主義の理論を背景にしています。

政府部門は，中央・地方政府機関による直営のサービス提供を意味しています。

非営利部門は，非営利事業者によるサービス提供を意味しています。福祉サービスを提供する非営利事業者には，社会福祉法人や特定非営利活動法人（NPO法人），医療法人などがあります。また，非営利事業者は，活動による利益を出資者等組織の関係者に還元せずに，事業に配分するものと理解されていますが，この部門の中には，一定の範囲内で出資者に配当や余剰金を配分することが認められている協同組合も含まれています。協同組合には，農業協同組合，消費生活協同組合，労働者協同組合（ワーカーズコレクティブ）などがあります。

民間営利部門は，株式会社などの営利事業者によるサービス提供を意味しています。民間営利部門によって提供されるサービスは，元々は社会福祉領域のサービスとは区別されて捉えられてきました。しかし，今日，営利事業者は，介護報酬，自立支援給付費を財源にして供給される公的福祉サービスの提供や，ソーシャルビジネスの一部を担うようになっており，社会福祉領域とそれ以外という境界線はあいまいになりつつあります。

インフォーマル部門は，家族・親族，近隣住民，友人によって行われている援助活動を意味しています。インフォーマル部門によるものは，親しい間柄の中で行われる相互扶助の行為としてみなされてきました。しかし，最近では，町内会・自治会の有志等が，移動や買い物等のちょっとした困りごとを支援するためのサービス提供のしくみを作って活動している例もみられています。そうしたしくみの中には，依頼しやすくすることを目的に，低額の利用料を設定している場合あり，相互扶助とは異なる構造で提供されるサービスも存在しています。

このように，福祉サービスの供給部門は，大きくは4つに分類できますが，公的福祉サービスに加えて「制度の狭間」に対応するサービスの供給も期待されていることもあって，それぞれの部門の内容は複雑になってきています。さらには，複数のタイプの組織が一つのサービスを供給するために新たな組織を形成して供給するような協働型（コラボレーション型）の供給も生まれています。協働型（コラボレーション型）の実際については， ⅩⅦ-1 で解説します。

❹ 福祉サービス提供組織と地域の関係

これまで説明してきたように，福祉サービス提供組織の経営の目的は，人々が必要としているサービスを提供することにあります。それには，人々のニーズを把握し，それに応えるサービスを創り出すことのできる経営である必要が

あります。

　福祉サービス提供組織が，こうした経営を可能にするために重要な役割を担うのが地域です。図Ⅰ-4に示すように，地域は，公的福祉サービスの供給主体である市町村とは別の角度から組織に関わり，組織を動かすはたらきをします。地域の果たす役割には，いくつかのレベルが想定されます。

　1つ目には，インフォーマル部門で紹介した，市町村や組織によるサービス提供にはなじまないニーズへの対応を担う役割です。例えば，一人暮らし高齢者の見守りや，ちょっとした困りごとの支援，等が挙げられます。

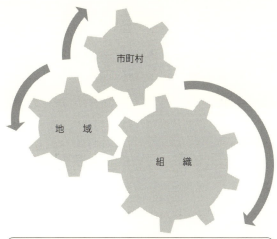

図Ⅰ-4　福祉サービス提供組織と市町村・地域の関係

　2つ目には，個々の提供組織の経営を助ける役割です。例えば，組織に対して地域のニーズについての情報を提供する，ボランティアのような形で，組織の提供するサービスのサポートをする，等が挙げられます。また，サービス提供組織の経営について，利用者の側から提言する，ステークホルダー（利害関係者）としての役割も期待されます。

　3つ目には，福祉サービスの提供組織同士がつながる場を提供する役割です。地域から寄せられるニーズの中には，単独の組織では対応しきれないものも少なくありません。複数の組織がつながることにより，地域のニーズに応えるサービスを提供することができます。地域は，複数の組織，さらにいえば，組織と同じ問題意識をもつボランティアなど多様な人々をつなげる場といえます。

　こうした機能をもつ場は，プラットフォームとも呼ばれています。地域というプラットフォームは，福祉サービス提供組織の経営の土台となって，個々の組織の機能を高め，新たな福祉サービスを創出するためのネットワークを広げる役割を果たすと考えられます。

　4つ目として，福祉サービス提供組織だけでは担いきれない地域のニーズを，政策を担う市町村に対して提言する役割です。

　人々のニーズに応える福祉サービスの供給は，市町村，組織，地域の歯車が上手にかみ合い，動くことではじめて成立するといえます。　　（小松理佐子）

参考文献
平岡公一・杉野昭博・所道彦・鎮目真人（2011）『社会福祉学』有斐閣。

Ⅰ 社会福祉の「経営」の要件

4 構成要素

1 社会福祉の「経営」

　長い間，社会福祉の分野では，施設・事業所を動かしていくことを意味する言葉として，運営あるいは運営管理という言葉が使われてきましたが，最近では経営という言葉が使われることが増えています。運営は，「組織や機構を動かすこと」という意味であるのに対して，経営は「企業を運営して事業を営むこと」という意味を持っています。経営という言葉が使われるようになったということは，社会福祉の組織に，法律を受けてそのとおりに組織や機構を動かすという受け身の姿勢ではなく，事業を営むという主体的な姿勢が求められるようになってきたことを意味しているといえます。

　ここでは，社会福祉の経営を，「多様な社会資源を動員し，人々のウェルビーイングを高めるための事業を営むこと」と定義します。それを構成する要素として，社会資源，場，場のマネージャーとしてのソーシャルワーカーを挙げることができます。社会福祉分野で営まれる経営の特徴をみてみることにしましょう（図Ⅰ-5）。

2 社会福祉の経営資源

　経営学の分野では，企業経営に必要な資源として，ヒト（人的資源）・モノ（物的資源）・カネ（資金）・チエ（情報資源）が挙げられています。社会福祉の分野においても，これらが資源であることには変わりありません。ただし，社会福祉の場合には，次のような特徴があります。

　企業の資源としてのヒトは，経営者や従業員（雇用関係を結ぶ対象としてのヒト）が想定されています。社会福祉の経営では，これらに加えて，ボランティア，地域住民，利用者の家族，さらにはサービスの受け手として想定される「当事者」等，雇用関係とは異なる多様な立場の人が資源として想定されます。

　事業の資金となるカネには，企業の場合には，投資家からの出資金や，銀行からの融資等が挙げられます。社会福祉の組織の場合には，組織の目的に賛同する人々からの寄付金，組織の活動に参画しようという意思をもつ人々からの会費，組織に限定せずに広く社会福祉を支えようとする人々による共同募金の配分金，公費から支出される委託金・補助金・助成金，民間団体からの助成金など多様な資金が考えられます。

▷1　井原久光（1999）『テキスト経営学』ミネルヴァ書房，6頁。

▷2　ニーズを充足するための手段を生成するために活用できる制度，人的・物的諸要素，情報のこと。

▷3　井原，前掲書。

▷4　「当事者」という捉え方については，XVII-3 参照。

Ⅰ-4 構成要素

建物や設備等のモノは，企業の場合には，自らの資金で購入されます。ところが，社会福祉の組織の場合には，公共施設を無料で借用する，空き家や空き店舗を無償で提供を受ける等の方法で調達することもあります。事業をする上で必要となる備品等も，家庭で不要となったリサイクル品の提供を受ける，企業の製品を寄付として受け取る等，様々な調達方法があります。

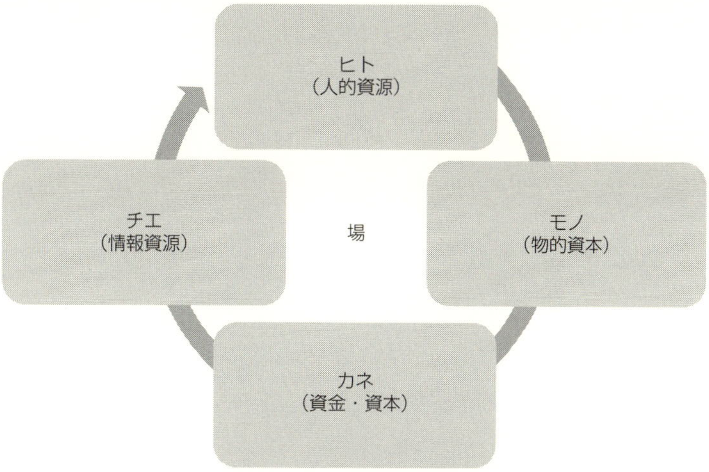

図Ⅰ-5　社会福祉の経営

チエ（情報資源）には，技術・特許などの知的所有権，信用力，ブランド力，流通支配力などがあります。公的福祉サービスを中心に提供される社会福祉分野の場合には，チエに関わる要素の中に，国によって管理・統制されている部分をもっていることが特徴です。例えば，社会福祉法では，第三者評価制度や情報公開等が義務づけられています。また，技術力を示す方法として，例えば，全職員に占める資格所有者の数を示す等の方法も使われています。

3　場とソーシャルワーカー

これら多様な社会資源を動かす空間を，場と呼ぶことにしましょう。[5] 社会福祉の実践の中での場には，組織のレベルと地域のレベルとが想定されます。組織のレベルに創り出される場には，例えば，社会福祉施設の中で行われている職員会議やケースカンファレンス，苦情処理の委員会，リスクマネジメントの委員会等を挙げることができます。また，地域のレベルに創り出される場には，介護保険事業運営協議会，障害者総合支援法に基づく協議会等，法制度に基づいて設定されている各種の委員会・会議があります。

これらの場はいずれも定型化されているものですが，既存の場では対応できない課題が生じた時には，新たな場を作ることも必要になってきます。

そこで重要になるのが，場をマネジメントするソーシャルワーカーの役割です。ソーシャルワーカーには，所属している組織の中だけにとどまらず，地域全体を見渡し，必要に応じて場を作り，それを効果的に動かしていくことが期待されます。

（小松理佐子）

▷5　伊丹敬之は，組織はシステムだけでは動かず，現場のプロセスから生まれる秩序が組織を動かすエネルギーになると考え，エネルギーを生み出す空間を「場」と呼んでいる。そして，「組織の中に様々な場を生み出し，それらの場を機能させていくことによって組織を経営しようとするマネジメントのあり方」を「場のマネジメント」とした。それは，「場をそもそも生成させるためのマネジメント」と「生成した場を生き生きと動かしていくための場のかじ取りのマネジメント」の2つからなる（伊丹〔2005〕『場の論理とマネジメント』東洋経済新報社，152頁）。

参考文献

井原久光（1999）『テキスト経営学』ミネルヴァ書房。
伊丹敬之（2005）『場の論理とマネジメント』東洋経済新報社。

第1部　社会福祉の「経営」へのアプローチ

I　社会福祉の「経営」の要件

5　ニーズ

1　社会福祉の政策分野におけるニーズ

　社会福祉の対象を表す言葉として，社会福祉学のテキスト等では，ニード[1]，ニーズ，欲求，需要，必要等の用語が使われています。同じようなことが説明されているにもかかわらず，本によって異なる用語が使われていて戸惑うこともあるでしょう。論者によってはこれらの用語の意味を厳密に区別して使い分けている場合もありますし，区別せずにこれらを総称してニーズという言葉が使われている場合もみられます。このような用語の使用の仕方の違いが生まれてきた一つの要因に，政策と実践との分野での違いがあります[2]。

　1980年代に，三浦文夫は実践分野で使用されているニードという用語と区別して，政策分野でのニードの定義を示しました。政策分野においては把握するニードは，「個々のニードに共通する社会的な要援護性として把握する」必要があるという理由からでした。三浦は，「ある種の状態が，一定の目標なり，基準からみて乖離の状態にある」ものを広義のニードとし，狭義のニードを「回復，改善等を行う必要があると社会的に認められたもの」と定義しました[3]。

　その後，2000年代に入って，三浦と同じ政策分野からニーズ論を捉えようとした武川正吾は，ニードやニーズではなく必要という用語を使用すべきだと指摘しています[4]。その第1の理由は，ニードやニーズと言い換えると，社会福祉が必要であるか否かを考えるのを妨げるからであるといいます。必要は，「何らかの価値判断，しかも社会通念として確立した価値判断を前提にして」おり，ここにニード・ニーズとの違いがあるといいます。また，必要と需要の違いを，表I-1のように説明しています。

2　ニードの類型[5]

　ブラッドショー（J. Bradshaw）は，ニードを，規範的ニード（normative need），感じられたニード（felt need），表出されたニード（expressed need），比較ニード（comparative need）の4つに分類しました。

　規範的ニードとは，その人あるいはその集団の状態と，専門家や行政官などが「望ましい」と考えた基準とを比較して，基準に達していないと判断されたものをいいます。感じられたニードとは，ニードがあることを本人が自覚しているものをいいます。表出されたニードとは，本人が自覚したニードがサービ

---

[1]　政策分野の三浦文夫による定義では，ニードという用語が集合論的に捉えた概念として使用されている。それに対して実践分野では，個人のもつニードが一つではなく複数あるという意味で，ニードの複数形であるニーズという用語が使用されてきた。今日では，社会福祉学全体として，ニーズという用語が使用される傾向にある。

[2]　社会福祉の分野ではこの他に，心理学者のマズローによる欲求という概念もしばしば登場する。また，岡村重夫は，「社会生活の基本的欲求」として，経済的安定，職業的安定，家族的安定，保健・医療の保障，教育の保障，社会参加ないし社会的協同の機会，文化・娯楽の機会，を挙げている（岡村重夫〔1983〕『社会福祉原論』全国社会福祉協議会，82頁）。

[3]　三浦文夫（1980）『増補　社会福祉政策研究』全国社会福祉協議会，59-60頁。

[4]　武川正吾（2008）「福祉政策における必要と資源」社会福祉士養成講座編集委員会編『現代社会と福祉』（新・社会福祉士養成講座④）中央法規出版，119-142頁。

[5]　社会福祉の分野でしばしば引用されるブラッドショーによるニード論は，社会政策の分野における代表的な社会的ニード分類である。

スの利用行動へと結びついたものをいいます。比較ニード
とは，サービスを利用している人と同じ特性をもちながら，
サービスを利用していない人がいる場合に，ニードがあると
判断するものです。

ブラッドショーによるニードの類型は，感じられたニード
が即表出されたニードとはならないこと，専門家等が判断す
る規範的ニードと当事者の感じられたニードとは同じではないことなど，社会
福祉の経営において考えるべき重要な点を示唆してくれています。

表Ⅰ-1　必要と需要の対比		
	必　要	需　要
根　拠	道徳・価値	欲望・欲求
根拠の性質	客観的・外在的	主観的・内在的
判断基準	善悪（正・不正）	利害（快・不快）

出所：武川正吾（2008）「福祉政策における必要と資源」
社会福祉士養成講座編集委員会編『現代社会と福祉』
（新・社会福祉士養成講座④）中央法規出版，126頁。

❸ 社会福祉の「経営」におけるニーズ

ここまで政策分野でのニーズ論を紹介してきました。政策分野でニーズを議
論するのは，政策立案者が，どのように資源を配分するかを検討するために必
要だからです。前述したブラッドショーによるニードの類型は，政策立案者が
行うプラグマチックな解釈であるといわれます。それは，規範や比較といった
視点が含まれている点にみることができます。

ここで社会福祉の経営におけるニーズと比較してみましょう。社会福祉の経
営でニーズ論を取り上げる目的は，どのようにサービスを創出するかを検討す
るためです。政策分野と共通する部分もありますが，政策分野では資源とニー
ズとの間を調整しようとしますが，経営分野ではニーズから資源を創り出そう
とします。この違いが，ニーズの捉え方の違いに現れます。

経営分野では，ニーズを把握するのに，正義という視点を重視します。その
ニーズを把握するのは，サービス提供組織の外側にある地域です。一言でいえ
ば，地域による「人道的にみて，このような生活水準であってはならない」と
いう判断されたものが，ニーズであるということです。

❹ ソーシャルワーカーが掘り起こすニーズ

このようなニーズの判定の仕方は，「そのような生活状態にあるのは，個人の
責任」と短絡的に判断されかねない危うさをもっています。それゆえに，経営
におけるニーズ把握では，プロセスが重要になります。適切な構成員の参加の
もとに，丁寧な協議が重ねられてはじめて，本質的なニーズを把握することが
可能になります。

また，地域のニーズを把握しようとする場合，例えば，「昔からこの地域はこ
のような生活だった」といった理由でなどで，当事者が困っていることを認知
しないために，「この地域にはニーズはない」と判断されることがあります。こ
のような場合には，ソーシャルワーカーが潜在化したニーズを顕在化する働き
かけをすることが必要になります。経営分野のニーズは，ソーシャルワーカー
が掘り起こすものであるといえます。

（小松理佐子）

▷6　本書における社会福祉の経営の定義については，Ⅰ-4参照。

▷7　H. ディーン／福士正博訳（2012）『ニーズとは何か』日本経済評論社。

▷8　ここで地域という言葉を使っている意味については，Ⅰ-3参照。

Ⅰ　社会福祉の「経営」の要件

6　役割転換

1　福祉サービスの利用者という役割

　本項のタイトルである役割転換という用語は，福祉サービス提供組織による先駆的な実践の中に見出される共通の特徴を表す言葉として，本項のために新たに作ったものです。ここでは役割転換を，「社会や制度の下で規定された役割から異なる役割へ変えること」という意味で使うことにします。社会福祉の経営という場面に即していえば，具体的には，福祉サービスの受け手の立場（役割）にいる人を，人々のニーズを解決するための諸活動の担い手の立場（役割）に変えることを意図しています。

　福祉サービスに限らず一般にサービスというものは，提供者と利用者がいて初めて成立します。この関係を成立させるために，福祉サービスの提供場面では，サービスを利用する人は利用者という役割を担うことになります。

　この利用者という役割は，福祉サービスを利用する場合の提供者との関係によって成立するものです。ですから，例えば，高齢者のデイサービスの利用者は，他の場面で，祖父の役割，地域住民の役割など，別の役割も持っています。ところが，福祉サービスの場合には，利用者という役割を得ることが，その人の本来持っている他の役割から遠ざけることになることが少なくありません。

　例えば，一人暮らしの高齢者が，ホームヘルプサービスを利用するようになったとしましょう。ヘルパーが訪問していることを知った周囲の人は，他に困っていることはないかと心配し，「一人暮らし高齢者を対象とした食事会に誘おう」など，何らかの支援をしようと取り組むことでしょう。もちろん，支援の必要な人を周囲の人が気に掛けることは望ましいことです。しかし，その人を支援の対象として見ているうちに，例えば，地域住民の一人として地域の仕事を頼む等，別の役割について期待をもつことがなくなりがちです。周囲から徐々に利用者という役割に追い込まれていくことにもなりかねません。

2　社会福祉制度の下での利用者

　社会福祉制度に基づいて提供される福祉サービスは，提供する対象を決めるための基準を設定し，利用申請した人がその基準を満たしていることが確認されると，サービスが提供されるしくみになっています。このようなしくみの下では，提供する側と利用する側に力関係が生じるため，提供する側は「利用者

らしい」行為を求める力が必要以上に働きます。このことが、ひとたび利用者となった人が、利用者から他の役割に変わることを難しくします。

些細な例ですが、高齢者福祉施設で、自分の食事を自分で運ぶことのできる高齢者が、サービスの提供者が配膳するのを、テーブルの前に座って待っている光景を目にすることがあるでしょう。施設の利用者として期待される振る舞いをしているわけです。もっとも、このような方法をとっているのには多くの高齢者を受け入れている施設という場所の限界が要因ともいえます。

社会に目を向けてみると、「障害のある人は、皆が助けなければならない人」など、制度の対象者に対する固定化された価値観が見受けられます。障害があっても、できること、人の役に立つことがあるにもかかわらず、弱さの部分だけが理解されていることが少なくありません。こうした社会からの利用者という役割に求める力が強く働くと、その人の持っている他の役割が小さくなり、利用者という役割だけが強くなりかねません。

③ 受け手から担い手へ

福祉サービスを利用している人が、利用者としての役割に固定されがちであったり、役割にぴったりあった行為を求められたりする場面は、社会や制度が創り出しているものであるといえます。こうした構造の中で、ソーシャルワーカーには、利用者に向けられる社会や制度からの力を弱め、利用者に他の役割をとるための支援をすることが期待されます。

例えば、名古屋市で配食サービスをしているボランティア団体「清水なかまの家」では、高齢者サロンに通ってくる人（利用者）が、配食サービスの利用者に届ける弁当のメニュー表のイラストに色を塗ったり、弁当と一緒に誕生日に届けるカードづくりをしたりしています。サロンの利用者でありながら、配食のボランティアでもあるのです。高齢者福祉施設でも、食事の時におしぼりを配る係を利用者に頼むなどの工夫がみられるようになりました。ちょっとした工夫で、担い手という役割を作ることは可能です。

さらに、次のような実践も生まれています。千葉県にある社会福祉法人福祉楽団では、障害のある人が、地元の高齢者と一緒に里山を保全するプロジェクトを始めました。高齢化の進行によって里山の手入れをする人が減っていくことが深刻な課題になっている地域で、障害のある人が里山を支える一員として力を発揮しています。障害のある人は、社会生活の中で様々な支援を受ける立場にありますが、里山プロジェクトでは地域を支援する立場になっています。一人ひとりが持っている力を活用する方法や場を生み出すことによって、受け手と担い手とは別の多様な関係を生み出す可能性は、これからもっと広がることでしょう。

(小松理佐子)

（参考文献）

E・ゴッフマン／丸木恵祐・本名信行訳 (1980)『集まりの構造』誠信書房。

宮島喬 (2012)『社会学原論』岩波書店。

岡村重夫 (1983)『社会福祉原論』全国社会福祉協議会。

I 社会福祉の「経営」の要件

 ## 財　源

1 財源とは何か

　福祉サービスを提供するためには，そこで働く人の賃金，施設の整備・維持のための費用などのお金が必要です。このサービス提供に必要なお金の「出所」を財源と呼びます。主な財源は，租税か保険料です。租税として徴収する場合に，社会保障・社会福祉の目的税とすれば，使途を限定することができます。保険料として徴収すれば，その保険の運営もしくは給付に使われることになります。一方で，社会保険制度では，保険料を払えない人，払わない人を制度から排除することにもなります。

2 国庫支出金──負担金と補助金

　社会福祉サービスの供給には，国にも一定の責任があります。しかしすべてのサービスを国が直接実施することはできません。そのため，国が経費の一部を負担することで地方公共団体が実施をしたり，社会福祉法人に委託をしたりすることになります。

　国が出すお金のことを「国庫支出金」と呼びます。国庫支出金には，「国庫負担金」▷1と「国庫補助金」▷2そして「国庫委託金」▷3があります。

　例えば，生活保護費負担金は，国庫負担金の一つで，国庫負担対象事業費の3/4が国から生活保護を実施した地方公共団体に交付されます。

3 施設整備補助金

　社会福祉法人の設置する社会福祉施設の整備には，補助が行われます。施設整備補助金と呼ばれ，定率補助となっています。国が定めた経費のうち，国が1/2，都道府県が1/4の補助を行います。このため施設を設置する社会福祉法人は経費の1/4を負担します。生活保護法に基づく救護施設，児童福祉法に基づく障害児施設，障害者総合支援法に基づく障害福祉サービス事業，施設入所支援・共同生活援助を行う障害者施設などが該当します。

　一方で，三位一体の改革▷4によって，高齢者関係施設や保育所などの施設整備補助金はなくなりました。代わりに，2005年度から「地域介護・福祉空間整備等交付金」「次世代育成支援対策施設交付金」として交付されています。

▷1　国庫負担金は，国が費用の一定割合を出すことが，法律で義務づけられている支出金。例えば，介護保険法の場合，居宅サービスの給付に必要な財源のうち25％，施設サービスの給付に必要な財源の20％を支出することが規定されている。

▷2　国庫補助金は，国が出すことが「できる」と規定されている支出金。奨励的補助金としての位置づけが強く，補助金を交付することで，政策を誘導する効果がある。また，財源の問題から支出されない場合もあり，支援費制度においては，市町村の財源不足の要因ともなった。
本項中では，国庫支出金の一つとして国庫補助金の説明をしているが，国が地方公共団体に対して支出するものすべてを合わせて「国庫補助金」と呼ぶ場合もある。

▷3　例えば，国政選挙に関する経費や健康保険，厚生年金保険，国民年金，労働者災害補償保険，雇用保険，船員保険および特別児童扶養手当に要する経費などがある。

▷4　2004〜2006年度に行われた，国と地方公共団体との間の財政関係に関する改革の名称。地方分権の推進の一環で行われた。①税源移譲，②国庫補助金の削減，③地方交付税制度改革の3つを同時に行ったこと

I-7 財源

4 措置費と介護報酬・自立支援給付費

措置費は，措置委託費とも呼ばれるもので，措置権者からサービス提供者に支払われる費用です。サービス提供に必要な費用について事業費と組織の管理運営のための事業費に分けて算出しています。

これに対して介護報酬・自立支援給付費は，サービスの利用者の支給するものを事業者が「法定代理受領」として受け取っているものです。このため，措置費に比べて使途の制限がゆるくなっています。

5 利用料（自己負担・利用者負担）

利用者から徴収する利用料も財源の一つです。措置制度においては，措置権者が費用徴収を行います。これが利用者負担とも呼ばれます。費用徴収の金額は，所得に応じて変わる「応能負担」で決まります。介護保険制度の自己負担，障害者総合支援法における利用者負担も，所得に関係なく決まる「応能負担」となります。

6 社会福祉協議会・特定非営利活動法人などにおける会費

民間団体の場合，会費を徴収することもあります。例えば，社会福祉協議会の場合，地域に住む住民全員が会員であり，世帯単位で定められた会費を納入します。これによって社会福祉協議会は自主財源をもつことになり，独自の事業を展開することができるようになります。

特定非営利活動法人（NPO法人）の場合は，会費を納入することにより，組織のメンバーとなります。サービスの利用者や活動メンバーだけでなく，会の趣旨に賛同した人が会員となり，会費を納めることもあります。

7 寄付金

篤志家や団体にゆかりのある人から寄付[5]を受けることがあります。地方自治体や社会福祉法人に寄付を行うと，個人の場合，所得税，個人住民税の対象となる所得から一定額が控除されます。また，相続や遺贈による財産からの寄付の場合は，相続税の対象ではなくなります。法人の場合は，損金として扱うことができます。NPO法人では，国税庁から認定[6]を受けると，このような税制上の優遇が受けられます。

社会福祉協議会の場合，対象とする事業を指定して寄付を受け付けています。

社会福祉を目的とする事業を行う団体，社会福祉に関する活動をする団体は，自らの活動について積極的な広報を行い，寄付という形での協力を積極的に求めることも必要であるといえます。　　　　　　　　　　　　　　（大藪元康）

から，このように呼ばれる。この結果，国庫負担金，国庫補助金を含めた広義の「国庫補助金」は削減の傾向にある。
中川真（2005）「平成17年度補助金改革（三位一体の改革）について」『ファイナンス』65-71頁，西田安範（2006）「平成18年度　補助金改革（三位一体の改革）について」『ファイナンス』60-70頁，が参考になる。

▷5　イギリスなどでは，チャリティと呼ばれる制度が確立している。非営利民間団体は政府からチャリティナンバーを交付されるため，寄付を募る時の信頼性を高めている。日本においては，多くの人が寄付をしやすくするための制度の充実が必要であるといえる。
▷6　NPO法人への寄付をうながすことを目的に2001年10月に開始された制度。①寄付金や会費が経常収入金額に占める割合が一定以上であること，②会員等に対するサービス（共益的な活動）が全体の50%未満であること，③組織運営や経理が適切であることなどが求められる。

I 社会福祉の「経営」の要件

 地域福祉の財源

1 制度外サービスの財源

　だれもが住み慣れた場所で暮らし続けることを可能にするための地域包括支援システム▷1を整備するには，制度に基づいて提供するサービスだけでは十分ではなく，日常生活に関わるちょっとした困りごとを支援するための制度外サービスが必要とされています。生活に関わるちょっとした困りごとに対応するサービスは，介護保険法の中では生活支援サービスと呼ばれています。生活支援サービスには，一人暮らしの高齢者の見守り，栄養改善を目的とした配食サービスなどが想定されていますが，具体的なサービスメニューが決められておらず，地域のニーズに応じたメニューを開発することが期待されています。

　生活支援サービスの提供主体は，ボランティア，NPO法人，民間企業，協同組合等の多様な主体が想定されています。従来の制度に基づいて提供されるサービスは，税・保険料といった公費を財源としていましたが，生活支援サービスの場合には，サービスの提供主体が財源の調達に取り組むことが求められます。

2 共同募金

　共同募金は，社会福祉法第112条に規定され，地域福祉の推進を目的にして実施される寄付のしくみです▷2。共同募金は第一種社会福祉事業とされていることから，事業は共同募金事業を行うことを目的とし設立される社会福祉法人でなければ行うことができないこととなっています（法第113条）。現在は，都道府県ごとに共同募金会が組織され，この運営を担っています。

　実際の募金は，個別募金，街頭募金，法人募金，職域募金，学校募金，イベント募金などの方法で集められます。そして，その使いみちは，都道府県共同募金会に設置された配分委員会によって決められます。配分委員会には市民が参加しており，地域で集めた募金を集めた地域で使うという考え方の下に，共同募金は市民によって運営されています。

　実際に，図 I-6 にあるように，多くの募金が地域福祉活動のために使われています。

▷1　ニーズを抱える個人・家族を，生活の場となる地域を基盤として，総合的に支援するためのシステム。政府部門のみならず，民間も含めた多様な部門によって，保健・医療・福祉をはじめ，生活に関わるすべてのサービスを提供することを意図している。
介護保険制度の領域では地域包括ケアシステムという用語が用いられてきたが，地域共生社会に向けた国の政策では，地域包括支援システムという用語が用いられている。

▷2　「この法律において「共同募金」とは，都道府県の区域を単位として，毎年1回，厚生労働大臣の定める期間内に限つてあまねく行う寄附金の募集であつて，その区域内における地域福祉の推進を図るため，その寄附金をその区域内において社会福祉事業，厚生保護事業その他の社会福祉を目的とする事業を経営する者（国及び地方公共団体を除く。以下この節において同じ）に配分することを目的とするものをいう。」

③ WAM助成（社会福祉振興助成事業）

WAM助成は，NPO法人やボランティア団体などの民間福祉活動を支援することを目的に，WAM（独立行政法人福祉医療機構）によって運営されている事業です。助成対象となる団体は，NPO法人，社会福祉法人，医療法人，一般社団法人・一般財団法人，公益社団法人・公益財団法人などです。実際には，図I-7のように，助成金の大部分はNPO法人や非営利任意団体に助成されています。

この財源は，国庫補助金です。WAMが国から補助金を受け取り，民間福祉活動団体を助成するしくみになっています。WAMは，国の政策を反映した助成テーマを設定することを通じて政策の実現を図ったり，福祉現場の声を受けて国に提言したりするなど，国と民間団体との間をつなぐ役割を果たしています。

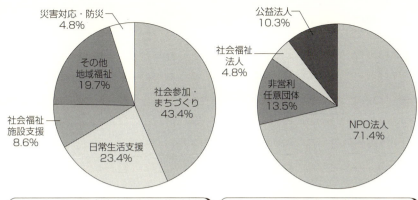

図I-6 共同募金助成活動の目的別内訳（2016年）
出所：中央共同募金会『平成28年度年次報告書』24頁。

図I-7 WAM助成 運営主体別の採択件数割合（2016年）
出所：福祉医療機構パンフレット「WAM助成ごあんない 平成29年度」12頁。

④ その他の民間財源

これ以外にも，民間企業による福祉活動への様々な助成があります。民間企業の中には，会社組織とは別に公益法人を設立して取り組んでいる例も少なくありません。企業の社会的責任（CSR）への関心が高まっていることを背景に，今後民間企業による地域福祉活動への支援が充実することが期待されています。

民間企業による助成の情報は，全国社会福祉協議会などを通じて提供されています。

⑤ ソーシャルワーカーの課題

ここで紹介したような税・保険料の調達とは異なる資金の調達のしくみが確立することによって，制度外サービスが提供できる可能性は高まっていくことでしょう。その際，サービス提供主体には，様々な助成金の情報を収集し，助成を得るための申請書の作成等のスキルが必要となります。

また助成する側には，助成した事業の評価を行う等，貴重な財源を活用するための取り組みや，資金提供者に成果を還元する等の取り組みが求められます。

（小松理佐子）

参考文献
中央共同募金会「平成28年度年次報告書」。
福祉医療機構パンフレット「WAM助成ごあんない 平成29年度」。

Ⅱ 社会福祉の「経営」の基礎理論

「経営」の特徴と目的
―― 社会的な問題の解決

 社会的な問題の解決――社会福祉における「経営」の目的

社会福祉によって解決を目指す問題（ニーズ）は，個人的な要因によって生じている問題（個人的問題）ではなく，社会的な要因によって生じている問題（社会的問題）です。したがって，その解決にあたっては，「社会的に問題を解決する」ことが求められます。では，社会福祉の文脈で「社会的に問題を解決する」ということは，具体的にどのようなことを意味するのでしょうか。このことを理解するためには，現在の福祉サービスが，どのようなしくみで提供されているのかを理解する必要があります。

社会福祉は大きく分けて政策（制度）領域と援助領域に分かれます。政策（制度）領域はニーズに基づいて，その解決を目指す上での理念，必要な財の調達方法，（福祉）サービス提供主体とそこに従事する人々の（資格）要件などを立案し，それを実施・管理する領域です。援助領域とは，その政策（制度）に基づいて，援助者が実際に福祉サービスを提供する領域のことです。これらのしくみを社会的に用意することが，すなわち「社会的に問題を解決すること」という意味にほかなりません。

この中で本書が焦点を当てるのが，前述した福祉サービスの提供主体の特徴や経営についてです。福祉サービスの提供の大部分は，第Ⅲ～Ⅸ章で解説する社会福祉法人・特定非営利活動法人（NPO法人）・医療法人，国や地方公共団体等の組織が担っています。近年では，社会的企業などと呼ばれる組織もその一翼を担うようになってきています。これらの組織における経営は，一般的な商品・サービス（財）を提供する組織における経営と大きく異なります。なぜなら，ある福祉サービスがなくなることは，それを必要としている人たちにとって死活問題となるからであり，それゆえ，その提供を簡単にやめることは社会的に許されないからです。これは取りもなおさず，福祉サービスの提供主体における経営が，「社会的な問題を解決すること」を目指して行われるからです。

福祉サービスの提供主体の経営の特徴

福祉サービスの提供主体における経営は，このような理由から，一般的な商品やサービス（財）を提供する組織のそれとは，いくつか異なる特徴があります。詳しくは，本項以降の項目で解説しますが，ここで簡単に説明しておきま

しょう。なお，これから述べる特徴は，すべてに共通する事項もあれば，組織（事業体）だけにみられる事項もある点に注意が必要です。

福祉サービスの提供主体における経営の特徴は，第1にそれが，公共性に根ざしたものでなければならないということです。これは，社会福祉の問題が，ある特定の個人やグループの問題ではなく，社会を構成するすべての人々の問題であるからです。

第2に，公と私の関係（公私関係）です。伝統的に福祉サービスは，国・行政（公）によって提供されてきましたが，近年では，それら以外の多様な供給主体（私）によっても提供されています。具体的には，NPO法人等に代表されるサードセクター，社会的課題をビジネスの手法を用いて解決していこうとするソーシャルビジネス，社会的企業等が挙げられます。それぞれの長所や短所を活かし，公と私がどのように協力して福祉サービスを提供するか，すなわちガバナンスが問われています。

第3に，福祉サービスが提供される場の特殊性です。一般的な商品やサービスは，「市場」と呼ばれる場で提供されていますが，福祉サービスは「準市場」や「社会市場」と呼ばれる場で提供されています。Ⅱ-5 では，この中でも「準市場」を取り上げます。これは，「準市場」が，比較的新しい考え方で，福祉サービスを提供する上での理念の変化や，その提供主体の多様化等の理由によって導入されたものだからです。

第4に，組織の財源を獲得する際の特殊性です。福祉サービスを必要とする人々の中には，経済的な問題を抱える人が少なくありません。そのため，福祉サービスの対価のすべてを利用者に求めることには限界があります。そこで，福祉サービスの提供主体は，利用料とは別のしくみで組織の財源を獲得しなければなりません。そこで行われるのがファンドレイジングという手法です。社会福祉の文脈におけるファンドレイジングとは，平たくいえば，NPO法人等の民間の非営利組織が，資金を集めるために行う様々な活動のことを意味します。近年では，インターネットネットを使ったクラウドファンディングという取り組みも盛んに行われており，福祉サービスの提供主体の新たな財源獲得の手法として注目が集まっています。

第5に，福祉サービスの供給主体とそれを利用する人の関係性です。一般的な商品やサービス（財）における需要者（買い手）は，あくまでお金を介してその商品を買うだけですが，福祉サービスの利用者は，そのサービスの供給の仕方や，内容について積極的に意見したり，運営に参画することが不可欠です。それは，福祉サービスは，何よりも利用者のニーズに沿って提供される必要があるからです。

（後藤広史）

▶1 福祉サービスの提供主体の経営を考える際の枠組みには，組織（ここでは個々の福祉サービスを提供する事業体という意味），小地域，市町村，都道府県，国のレベルがある。（Ⅰ-3 参照）。

II 社会福祉の「経営」の基礎理論

公 共 性

1 公共性

○公共性とは何か

　公共性とは，公共のもつ性質のことで，いろいろな意味に用いられます。齋藤純一は公共性には，①国家に関係する公的な（official）もの，②特定のだれかというのではなくすべての人に関係する共通のもの（common），③だれに対しても開かれている（open），という3つの意味合いがあるとしています。[1]

　①は，国家や地方公共団体が法や政策などに基づいて行う活動を指しています。例えば，公共事業・公的資金の投入・公教育・公安の維持等が挙げられます。これに対置されるのは，民間の私人の活動です。

　②は，共通の利益・財産，共通に妥当すべき規範，共通の関心事等を指します。例えば，公共の福祉，公益，公共の秩序，公共心などが挙げられます。これに対置されるのは，私権や私利・私益，私心等です。

　③は，公開討論，情報公開，公園など，だれもがアクセスすることが可能な空間や情報を指します。これに対置されるのは，秘密やプライバシー等です。

○対立する公共性

　3つの公共性に関する意味をみると，互いにぶつかり合う場合があります。例えば，②は，「共通のもの」という意味合いですが，日本では「公共の福祉」を目的として私権を制限して公共事業や社会資本の整備を行ってきました。そこでは国家や地方公共団体が行う行為は，社会全体の人々が対象なので公共的性質を有しているとされ，公権力の行使を正当化しています。この場合，特定の利害に偏っていないといえますが，権利の制限や個別性を無視する側面があります。

　また，1960年代後半から公害問題や環境問題などをきっかけに市民が公共的な関心をもって参加する運動がありました（市民運動）。ここでは運動によって社会に働きかけて世論を形成することで，市民の欲求を国家や地方公共団体の政策決定に反映させるという，公権力に対置する公共性という側面があります。

2 公共性の再定義

○公共性の端緒

　公共性の議論で代表的なのは，アーレント（H. Arendt）とハーバーマス（J.[2]

▷1　齋藤純一（2000）『公共性』岩波書店, viii-x 頁。

▷2　アーレントは，人間の行動を「仕事」と「労働」と「活動」の3つに分け，このうち「活動」に参加することが公共性に関わることだとした。「活動」とは，自由な市民が相互に行う「対話」によって成立する開示されたコミュニケーション行為を指す（H.アーレント／志水速雄訳（1994）『人間の条件』ちくま学芸文庫）。

▷3　中世末から19世紀前半までの「公共性」の成立過程から19世紀後半以降の「社会あるいは私的領域に対する国家の介入の問題」を比較して，その変質から「市民的公共性」を概念化した（J. ハーバーマス／

Habermas[3]) です。

アーレントは，古代ギリシャのポリスの政治を例に「ポリス的公共性」として論じています。アーレントのいう公共性は，公共性を国家と個人を垂直の関係として位置づけるのではなく，対等で異質な人々の活動という水平な関係として捉えた点で画期的な意義があります。

ハーバーマスは，近代社会のヨーロッパのカフェで展開された市民による文化や芸術に関する自由な討論を「文芸的公共性[4]」としています。この生成過程から公共性はそれまでの形式的公共性[5]ではなく，社会の変化変動から生まれた新しい社会ニーズに応えることを通じて，社会や市民から実質的に支持される公共性（市民的公共性）に構造を転換させることだとしています。

○公共性議論の停滞

19世紀までは，国家と社会は分離していたため，市民的公共性は国家から自律していました。しかし，19世紀に各国で労働組合や労働者によって組織された政党は社会権[6]の確立を求め，20世紀には福祉国家を実現しました。これは市民的公共性に大きな変化をもたらし，人々は行政サービスを受ける側になったために批判的に政府に向き合うことができなくなりました。例えば，民主主義社会では，社会集団，政党，行政機構，報道機関が大衆の感情や利益に働きかけることで，議会での多数派を形成することが可能となります。そうなれば公共性の本質である議会は機能を喪失し，討論ではなく利害調整の場になってしまいます。このようにして「公共性」の議論は，社会に福祉が充実し，民主主義が浸透するにつれて関心が薄れていきました。

○求められる新しい公共性

ハーバーマスは公共性の再生[7]を試みています。市民的公共性は民主主義社会で様々な集団間の構造的利害対立などによってその存立が疑問視されました。そこでハーバーマスは諸集団の均衡と，その組織の内部において公共性を確立することを提案しています。つまり公共性を「言語によって構築された，開かれた空間」と再定義し，諸集団を通じたコミュニケーションに参加させるネットワークづくりを目指しています。

1980年代以降，社会変動によって公共性を「公」と「私」という二元論的な枠組みでは捉え難くなってきており，「公」と「私」を対置して捉えるのではなく，お互いの違い（異質性）を認め合って（相互承認），議論を基礎としてどのように合意形成をはかっていくのかという点が，「新しい公共性」の課題となりました。それは，どのようにして「私」を活用して，私的な行為の中に社会に共通する利益としての公共性を見出していくのかということです。新しい公共性[8]の担い手は市民や生活者で，そこに公共空間が生まれ，彼らが目指す方向は個々の生活の安定や自己実現などであり，そこに生まれる公共空間は民主的な話し合いによって形成されていくと考えられます。　　　　　　　　（尾里育士）

細谷貞夫・山田正行訳(1999)『公共性の構造転換第2版』未來社）。

▷4 文芸サロンでは身分に関係なく市民が議論を行う公共的空間として発展し，やがて市民による討議が，国家に対する世論形成の母体となるとしている。

▷5 法律や制度の手続きに則って形式だけが整っている公共性。

▷6 個人の生存，生活の維持・発展に必要な諸条件を確保するために，国家に積極的な配慮を求める権利。日本では，生存権・教育権・勤労権などが日本国憲法に規定されている。

▷7 ハーバーマスは，『事実性と妥当性 上・下』（河上倫逸・耳野健二 訳，2002-3年，未來社）で新たに「政治的公共性」を提示している。国家の権力によって実際に通用している法の実効力（事実性）と，市民の自由な討論によって法が吟味・訂正される（妥当性）という2つの要請が，近代国家では緊張関係にあるとする。この間の言語コミュニケーションによって公共性が生産されるとしている。

▷8 山脇直司は「公私」二元論からの脱却を唱えている。すなわち，山脇は「政府の公/民の公共/私的領域」を相互関係にあるものとして捉え，「滅私奉公」ではなく「活私開公」という理念を打ち出している（〔2004〕『公共哲学とは何か』筑摩書房）。

（参考文献）

佐々木毅・金泰昌（2001）『公と私の社会科学』東京大学出版会。

塩野谷祐一・鈴村興太郎・後藤玲子編（2004）『福祉の公共哲学』東京大学出版会。

Ⅱ 社会福祉の「経営」の基礎理論

 # ファンドレイジング

1 ファンドレイジングが必要とされる背景

ファンドレイジングとは、「民間団体が事業に必要な資金を社会から調達する方法」を指しますが、特に企業や個人からの寄付金・出資金等を獲得するための手法を指す取り組みとして重要視されつつあります。なぜ、このような取り組みが重視され始めているのでしょうか。

福祉サービスを提供する組織が様々な事業を展開する上で、最も必要かつ不可欠なものが「資金」です。人件費や設備費等、事業を進める上で資金が必要となるからですが、このような資金は、民間企業ではサービス顧客からの利用料や会費などサービス提供から得る事業収入、もしくは株式を上場している場合は株によって確保されることが一般的です。しかしながら福祉サービス利用者は、ホームレスや生活困窮者、障害のある人や高齢者などサービス内容に見合った対価を支払うことが厳しい状況にある者も少なくないため、そのような収入で事業資金を獲得することは難しいといえます。

前述のような状況から福祉サービスを提供する組織の多くは、国や地方公共団体から交付される資金、公的資金によって事業運営費を確保しています。その形態には、補助金や事業委託金、事業委託金の一形態である指定管理者制度や助成金、特に高齢・障害者福祉の領域では代理受領という方法で資金供与がなされています。

ただ公的資金は基本的には公＝行政が本来行わなければならないサービスを「公の支配」を基に民間団体に対して助成を行うものであり、その資金の使途は公＝行政の目的に適うかたちで執行される必要があります。ですので福祉サービスを提供する組織が、公的助成金の範囲外の福祉課題に取り組む場合は、独自の資金を確保する必要があるのです。

また特に今日、社会福祉の中で問題となっていることの一つは、ホームレス問題や高齢者の孤立死といった社会的孤立の問題、買い物難民といった移動困難者の問題などこれまで福祉制度が想定してこなかった、あるいは従来の福祉制度では十分に対応できない「制度の狭間」という問題です。このような問題の解決のための資金は、そもそも行政からの公的資金を得ることは難しく、また国そのものも少子高齢化の進展に伴って、高齢者介護・医療ニーズの拡大による財政悪化の問題が表面化する中で、十分な資金を準備することは厳しい状

▷1 鵜尾雅隆（2014）『改訂版 ファンドレイジングが社会を変える』三一書房、11頁。

▷2 日本国憲法第89条には、公金その他の公の財産は、公の支配に属さない慈善、教育、博愛の事業に対して支出・支弁してはならないことが明記されているが、事業主体の設立や運営に関して行政の監督を受ける場合、公的助成を受けることができるようになることを指す。

▷3 山内はファンドレイジングのサイクルについて、①ファンドレイジングの目的と目標額、目標達成時期の設定、②資金力があり目的にも賛同してくれそうな潜在的寄付者を探して寄付の依頼・勧誘の対象を絞り込む、③絞り込まれた潜在的寄付者に対して、実際に寄付を依頼する、④寄付をした個人や企業に対してお礼とともに受領した寄付がどのように使われ、活動目的の達成にどのように役立ったか評価・報告する、というサイクルがあるとしている（山内直人〔2014〕「ファンドレイジングとは何か」『情報の科学と技術』68（8）、295-296頁）。またファンドレイザーという専門家がファンドレイジングのプロセスを担うことが欧米では一般的である。

▷4 鵜尾雅隆、前掲書、20-21頁。

▷5 日本の寄付市場は、

表Ⅱ-1　寄付の諸形態

項　　目	内　　容
街頭募金・個別募金・職域募金	対面方式で寄付を呼びかける方式
寄付付き商品	商品等を購入するごとに，企業等が一定の割合で売り上げの一部を寄付
ポイント還元による寄付	各種カードのポイント等の交換メニューの一つとしての寄付
ダイアル募金	番組等で観た視聴者が電話をかけ，情報量に応じTV局等が寄贈
クリック募金	ウェブサイト内のクリックの数に応じて，スポンサー企業が寄付
ツイッター募金	ツイッターのツイート数に応じて，募金を行う企業が寄付
マッチングギフト	集めた寄付金に企業側が一定額上乗せした上で，団体等に寄付
「もったいない」寄付	書き損じたハガキや切手，プリペイドカード，本，衣類などを寄付
給与天引きによる寄付	希望する社員が，給与から一定額天引きで寄付
支援者が集める寄付	支援者（チャレンジャー）のチャレンジ情報発信に対して，寄付者（サポーター）が寄付
クラウドファンディング	事業の目的や計画，目標金額などをインターネットで提示し，寄付を呼びかける
遺　　贈	資産が譲渡される先を指定した遺言等による寄付
相続寄付	自らが相続した財産から寄付

出所：日本ファンドレイジング協会『寄付白書　2013』等を基に内閣府が作成したものに筆者加筆。

況にあります。

2 ファンドレイジングのサイクルと形態 [3]

　ファンドレイジングでは，単なる資金の獲得を目的とする行為ではないことが重要となります。寄付自体は，個人や企業から資金提供されますが，個人や企業が寄付という資金提供を行うのは，寄付を行う先の団体のミッション（mission）や取り組みへの共感・理解が前提となる行為なのです。つまりファンドレイジングは「団体が行っている活動の価値を認識してもらうと同時に，存在する社会問題について啓蒙するプロセス[4]」であるといえます。

　また寄付行為は，伝統的に募金ボランティアが各家庭を訪問して募金を依頼する個別募金や街頭募金など対面的方法による寄付行為が中心でしたが，今日，CSR（企業の社会責任）の浸透やITの発達に伴って様々な手法が導入されてきています（表Ⅱ-1）。

3 日本の寄付市場の状況と今後 [5]

　国や地方公共団体の財政状況，「制度の狭間」の問題等に代表される福祉問題の複雑化と多様化を鑑みると，ファンドレイジングという手法は今後，福祉サービスを提供する組織にとって重要な資金獲得の方法であるとともに，さらに寄付を通した社会問題への喚起・解決への主体形成の方法としても重要であるといえます。一方，NPO法人に寄付をしたいと思わない理由として，「寄付をした後の効果が見えにくい」という回答が最も多いという現状もあります。団体がファンドレイジングの手法を高めつつも，「社会的インパクト評価[6]」といわれるような団体の事業が社会問題の解決にどのように資することができたのかといった効果を客観的に測定し，公表することも寄付行為の活性化には重要となってきています。

（熊田博喜）

個人寄付を見ても2009年の5,455億円から2012年では6,931億円と確実に増加している。特に高齢社会の進展とともに遺産・遺贈寄付の潜在性は高く，年間の相続額は63兆円という推計がある一方で，約24%の人が相続の一部を寄付することに関心があるとしている（日本ファンドレイジング協会編〔2015〕『寄付白書2015』日本ファンドレイジング協会，134頁）。

▷6　短期，長期の変化を含め，当該事業の結果として生じたアウトカム（人々・環境の変化・効果）を定量的・定性的に把握し，価値判断を加えること。

（参考文献）

鵜尾雅隆（2014）『改訂版ファンドレイジングが社会を変える』三一書房。

内閣府（2016）「社会的インパクト評価に関する調査研究最終報告書」。

日本ファンドレイジング協会編（2015）『寄付白書2015』日本ファンドレイジング協会。

山内直人（2014）「ファンドレイジングとは何か」『情報の科学と技術』68(8)。

第1部　社会福祉の「経営」へのアプローチ

Ⅱ　社会福祉の「経営」の基礎理論

 公私関係

 社会福祉の公私関係とは何か

　今日，複雑化した生活課題やニーズに対応するため，様々な福祉サービスが提供されています。具体的には，高齢者や障害のある人の自立を支えたり，生活に困窮する人の相談に応じたり，子育てをしている親に対して支援をするなどのサービスを挙げることができるでしょう。それでは，このような多様なサービスの提供は，だれによって担われているのでしょうか。現在，サービス提供の担い手は，行政や社会福祉法人，ボランティア団体や特定非営利活動法人（NPO法人），さらには民間企業等，様々です。

　とはいえ，前述のような多様な担い手によって福祉サービスの提供がなされるしくみが成立したのは，本格的には2000年の介護保険制度の開始以降のことです。

　「福祉サービスはだれが提供するべきなのか」という問いを立てた時，「公＝行政」と「私＝行政以外の福祉サービスの担い手」の関係性のことを「公私関係」と呼びます。様々な福祉サービス提供の担い手の中で，とりわけ「公」と「私」の関係が重要となるのは，福祉サービスは国民の生命や生活のあり方を左右する重要なサービスの一つであるため，公である行政がそのサービスの提供に責任を負うことが求められているからです。しかしながら，どのようなかたちで，その責任を担うのかという「公」の役割や「私」との関係性については，その社会状況によって大きく異なり，普遍的なものではありません。

 公私関係の考え方とその内容

　「福祉サービスはだれが提供するべきなのか」という公私関係についての考え方は，日本のみならず多くの国において議論がなされてきました。その関係性のあり方は，大別すると3つに分類できます。

　1つ目が，福祉サービス提供に関わる公と私にはそれぞれの役割があり，その役割はあたかも平行棒のように交差することはないという考え方です。20世紀初頭，イギリスのグレイ（B.K. Gray）が提唱した「平行棒理論」が代表的なもので，第2次世界大戦以前では中心的な公私関係のあり方でした。

　2つ目が，公である行政が中心的に福祉サービス提供を行い，私はあくまでも公の補助的な役割を果たすという考え方です。これは第2次世界大戦以降，

1970年代までのイギリスや日本において主流であった公私関係です。

　3つ目が公と私が協働して福祉サービスを提供するというもので，古くはウェッブ（S. Webb）の「繰り出し梯子理論」から現在の「福祉多元主義」や「準市場」まで，今日の公私関係の考え方の中心となっています。

　特に現在の公私関係の考え方に大きな影響を及ぼしているのが，「福祉多元主義」です。福祉多元主義とは，公＝行政が中心に福祉サービスを提供するのではなく，行政によるサービス提供（フォーマル部門）と合わせて，近隣や家族，友人などによるサービス提供(インフォーマル部門)，ボランティア団体やグループなどによるサービス提供（ボランタリー部門），民間企業などによるサービス提供（営利部門）などそれぞれの特徴を活かして，多様な担い手から福祉サービスを協働的に提供するという考え方です。

　日本では，行政（行政型供給組織），社会福祉法人や福祉公社（認可型供給組織），民間企業（市場型供給組織），そしてボランティア団体（参加型〔自発型〕供給組織）に福祉サービス提供の担い手を分類し，「社会福祉供給体制」として，公私関係のあり方を考えることが主流となっています。そこでは公＝行政が衣食住等の基礎的な生活を支えるサービス，私＝行政以外の福祉サービスの担い手が見守りなどの追加的に生活を支えるサービスを提供するという考え方，また私があたかも商品を販売するように福祉サービスを他団体と競争して提供し，公はその条件整備をはかるという「準市場」という考え方も台頭し，協働的な公私関係の考え方にも多様性があります。

▷1　Ⅱ-5 参照。

③ 公私関係のこれから

　公私関係について様々な考え方があるのは，その時々の社会状況の中で，生活課題やニーズの変化に合わせて，その生活課題やニーズへの対応とそのあり方も変化するからです。今日，高齢者介護をどうしていくのかが，社会が取り組むべき課題として注目を集めています。しかし50年前では，高齢者介護の問題が取り上げられることはほとんどありませんでした。そして高齢者介護をだれが担うのかを考えると，行政＝公だけが中心的に担うより，近隣やボランティア団体，そして企業もともに担う方が，介護や家事，話し相手や見守りなど多様な生活課題やニーズに対応できるようになると考えられています。

　現在，「公」の役割は，直接福祉サービスを利用者に提供する役割から「私」が福祉サービスを提供しやすい環境づくりを行うものへと変化する一方で，「私」の役割は，福祉サービス提供の中心を担うというものになりつつあります。生活課題やニーズが変化したとしても，福祉サービスが国民の生活を支えるかけがえのないサービスであることに変わりありません。その意味で「公」の責任を「私」に転嫁しない公私関係を基盤とすることが大切であるといえます。

（熊田博喜）

(参考文献)

秋山智久（1984）「公私分担の視点と新しい課題」阿部志郎・右田紀久惠・永田幹夫・三浦文夫編『地域福祉教室』有斐閣。

N. ジョンソン／青木郁夫・山本隆監訳（2002）『グローバリゼーションと福祉国家の変容』法律文化社。

古川孝順（2002）『社会福祉学』誠信書房。

三浦文夫（1995）『増補改訂社会福祉政策研究』全国社会福祉協議会。

Ⅱ 社会福祉の「経営」の基礎理論

 準市場

準市場とは何か

福祉サービス提供の担い手の中で,「公」＝行政と「私」＝行政以外の社会福祉法人やボランティア団体,民間企業などの役割と関係性のことを「公私関係」と呼びます。そして公私関係の考え方の中で,今日,大きな影響力をもち,実践されているものが,「準市場」という考え方です。では,準市場とはどのような考え方でしょうか。

▷1 Ⅱ-4 参照。

例えば,私たちが食料品を購入することを例にしてみましょう。私たちが食料品を購入する場合,食料品を販売している店で買います。普通,食料品を販売している店は何軒かあるものですが,その何軒かある店の中で,どこで食料品を購入するでしょうか。私たちが食料品を購入する際には,高い―安いという値段,鮮度が良い―悪いという品質,品揃えが良い―悪いという種類,自宅から近い―遠いという利便性などを基準にして考えます。一般的には,値段が安く,品質が良く,種類が多く,利便性が良いという条件を重視し,そのような条件が揃っている店を,多数の客が利用することになります。逆に値段が高く,品質が悪く,種類が少なく,利便性が悪い店は客が利用しないため,結果的にはつぶれてしまいます。また店としてもつぶれてしまわないように,値段を安くしたり,品質を良くしたり,種類を多くしたり,利便性を良くする等して,店を利用してもらえるように努力します。

前述のように,客の買いたいという動機（需要といいます）と店の売りたいという動機（供給といいます）をめぐってやり取りが行われる場を,「市場」と呼びます。市場では,需要を確保するために供給者側はお互いに競い合うことになりますが,そのような「競争」が起きることによって,商品やサービスの質が良くなるとされています。

つまり,社会福祉の分野に市場の要素を導入して,福祉サービス提供の効率や質を高めようとする試みが,準市場という考え方です。

2 準市場の特徴

とはいえ,なぜ「準」市場と呼ぶのでしょうか。準市場には,私たちが日常的に食料品を店で購入するといった市場といくつか異なる点があります。

1点目として,一般的な市場では,供給者側が利益を上げることを目的に競

争を行いますが、社会福祉の市場では、利益を上げることを目的とする民間企業だけではなく、利益よりも「社会福祉や社会を良くする」といった社会的使命を達成することを目的とするボランティア団体や社会福祉法人も供給者となっています。つまり、元々性格の異なる供給者による競争ですので、一般的な市場とは異なります。

2点目として、利用者が福祉サービスを購入する場合のお金は、税金や保険料であるということです。一般的な市場では、商品を購入する際のお金は、全額購入者が支払っています。しかし社会福祉の市場では、一部利用者の自己負担金があるとはいえ、多くは公＝行政からお金が支払われています。そのような意味で、福祉サービスの供給者が勝手にサービスの値段を決めることはできませんし、行政の役割が非常に高いことも一般的な市場とは異なっています。準市場において、行政はサービスの値段やサービスの供給者を決定するといった市場の条件整備の役割を担います。

3点目として、一般的な市場では、私たちが自ら判断して自らの望む商品を選択しますが、社会福祉の市場ではどうでしょうか。福祉サービスを利用する人の多くは、障害があるなどして、適切に福祉サービスを選択することが困難な立場にあります。そのため介護保険制度におけるケアマネジャーのように、利用者の立場に立って適切に福祉サービスを選択する人の存在が不可欠となります。この点でも一般的な市場と異なっています。

以上のような市場のしくみを一部取り入れたものとなっているため、「準」市場と呼ばれているのです。

3 準市場の意義と課題

このような準市場の導入には、生活課題やニーズの多様化、特に介護に関するニーズの量的・質的増大に対して、私＝社会福祉法人やボランティア団体、民間企業が福祉サービス提供の担い手になるとともに、互いに競争することによって、より質の高いサービスを提供できるようにすることが意図されています。実際、公＝行政がすべての福祉サービス提供を担うことは、福祉サービスの質や提供の効率性という観点から考えると現実的ではありません。

とはいえ、準市場も様々な課題を抱えています。例えば、障害の重い利用者は、福祉サービスの供給者からすると大変な労力と配慮を必要とします。ですので、そのような利用者を供給者が引き受けたがらないといった介護難民の問題が生じてきています。さらに、競争の中で利益を上げなければならない供給者が、不正を行って行政からお金を受け取るといった問題も起きています。今後、準市場の成否も含め、福祉サービス提供のあり方、さらには公私関係のあり方について検討と議論を進める必要があるといえます。　　　　　　（熊田博喜）

▷2　準市場というしくみが有効に機能するための必要な要件について、準市場理論に大きな影響を与えているルグラン（J. Le Grand）とバートレット（W. Bartlett）は、次の点を指摘している。①市場構造（準市場も市場である以上、多様な供給者による競争が必要となるが、勝手に福祉サービスの提供をやめてしまうと利用者は生活に困るため、そのようなことがないようにする）、②情報（利用者に対して供給者がサービスの質の情報提供がなされなければ、サービスの選択ができない）、③取引コストと不確実性（供給者から購入者へサービス提供が行われる過程の中で何かトラブルが生じる場合もある。そのような不測の事態に対応できるようにしておく）、④動機づけ（市場である以上、供給者は利益の追求のもとにサービスを提供する必要がある一方で、ケアマネジャーは利用者の福祉の追求という動機を大切にしなければならない）、⑤クリームスキミング（いいとこどり）（供給者に自分たちに都合のよい利用者を選ばせないようにする）。

（参考文献）

駒村康平（2004）「擬似市場論」渋谷博史・平岡公一編『福祉の市場化をみる眼』（講座福祉社会⑪）ミネルヴァ書房。

駒村康平（2008）「市場メカニズムと新しい保育サービス制度の構築」『季刊社会保障研究』44(1)。

平岡公一（2002）「福祉国家体制の再編と市場化」小笠原浩一・武川正吾編『福祉国家の変貌』東信堂。

Le Grand, J., Bartlett, W. (1993) *Quasi-Markets and Social Policy*, Macmillan.

Ⅱ 社会福祉の「経営」の基礎理論

サードセクター

1 サードセクターとは何か

　サードセクターとは，伝統的な公共セクター（政府）または市場セクター（営利企業）に属さない組織や事業から成る領域を指します。アメリカとヨーロッパでは，異なるサードセクターの伝統が存在します。

　アメリカにおけるサードセクターの定義では，組織の非営利性と自発性が重視されています。よく引用されるジョンズ・ホプキンズ大学の国際比較プロジェクトでは，非営利組織は，①正式に組織されていること，②非政府・民間であること，③利益配分をしないこと，④自己統治を行っていること，⑤自発的であること，と定義しています。非営利組織は，特定の個人の利益を増進させるための利潤配分を行わないため，社会目的に賛同する人々の自発的な参加を動員できることが特徴的です。なお，アメリカでは非営利組織という用語が使用されているのに対し，イギリスでは寄付やボランティアなどの自発性が強調され，ボランタリー組織という用語が用いられます。

　大陸ヨーロッパではアメリカと異なるサードセクターの伝統があります。大陸ヨーロッパにおけるサードセクターは独自のセクターとしてではなく，政府，市場，コミュニティの規範が重複する領域として捉えられています。このため，ヨーロッパにおけるサードセクターは完全な利潤の非配分性に基づく非営利組織だけでなく，成員の共益目的のために事業収益を成員に配分する協同組合や，利潤の完全な非配分制約はなくても営利に対して社会目的を優先させ，収益の一部をコミュニティの公益目的のために再投資する社会的企業を含みます。このように，ヨーロッパにおけるサードセクターにとって重要なのは非営利（non-profit）であるかどうかよりも，営利が第1目的ではない（not-for-profit）ということです。

　日本ではサードセクターという言葉が定着してきたのが最近なので，どちらのサードセクターの伝統に属しているかは言い切れませんが，アメリカ型の非営利・自発的組織も，大陸ヨーロッパの伝統に近い協同組合も存在します。日本のサードセクター組織として特定非営利活動法人（NPO法人）のことを思い浮かべる人も多いでしょう。日本では戦前から様々な自発的組織が存在していましたが，1990年代以降，非政府・非営利の組織を指すNPO（非営利組織）という用語が普及し，1998年に特定非営利活動促進法が制定され，自発的な公益活

▷1　Johns Hopkins Comparative Nonprofit Sector Project.

▷2　ペストフの有名な福祉トライアングルは，サードセクターを国家，市場，コミュニティの中間に位置づけ，非営利・自発的アソシエーションよりも広く捉えている（図Ⅱ-1）。

▷3　株主の私的利益を追求する営利企業と異なり，利益配分において公益，あるいは連帯や共益性の優先が重視される（表Ⅱ-2）。

動を行う団体はNPO法人として法人格を取得できるようになりました。NPO法人は，保健医療や福祉，まちづくり，教育，文化，国際協力，環境保護など様々な分野で活動しています。しかし，サードセクターはこのように法人格を持つNPO法人だけでなく，インフォーマルな自発的組織やボランティア団体なども含みます。

② 公益組織と共益組織

サードセクターに属する組織は，不特定多数の人々への援助を目的とする公益組織と，成員の共通の利益を目的とする共益組織とに区別されることがあります。公益組織には，環境問題や人権問題の改善，社会的弱者の支援などを目的とする非営利・ボランタリー組織があります。これに対し，協同組合は第一義的には組合員が自らの共益を目指す共助組織です。しかし，近年ではコミュニティの利益のためにサービスを提供し，共益性と公益性を併せ持つハイブリッド型の社会的協同組合が登場しています。

③ サードセクターによるサービス供給

日本では，2000年の介護保険制度導入および2005年の障害者自立支援法（現・障害者総合支援法）により，利用者の「選択」を実現するため，高齢者福祉と障害者福祉領域においてそれまでの措置制度に代わり，契約に基づく多様な民間事業者の参入が図られました。このため，従来の市町村や社会福祉法人に加え，NPO法人や協同組合などのサードセクター組織が介護保険に基づくサービス提供者として参入するようになりました。さらに，2014年の介護保険法改正では，市町村が主体となる「新しい介護予防・日常生活支援総合事業」が導入され，社会福祉法人や民間企業の他，ボランティア，NPO法人や協同組合が高齢者の在宅生活を支える生活支援サービスの担い手となることが構想されています。

（遠藤知子）

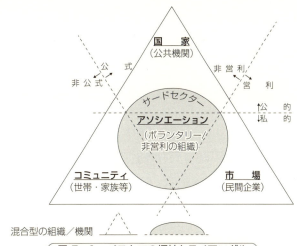

図Ⅱ-1　ペストフの福祉トライアングル

出所：ペストフ（2000）。

表Ⅱ-2　アメリカとヨーロッパにおけるサードセクター

	市場セクター	ヨーロッパのサードセクター	
		アメリカのサードセクター	
原理	営利	非営利	連帯
組織形態	営利企業，株式会社	非営利組織，ボランタリ組織，財団	協同組合，共済組合，社会的企業
事業目的	個人（所有者・株主）の経済的利益	公益	共益
利益配分	保有する株に応じた利益配分	利益非配分制約	共益のための利益配分（出資額に関わらず事業利用に応じた払い戻しなど）
ガバナンス	保有する株に応じた議決権		出資額に関わらず一人一票の民主的ガバナンス

参考文献

大沢真理編著（2011）『社会的経済が拓く未来』ミネルヴァ書房。

V. ペストフ／藤田暁男ほか訳（2000）『福祉社会と市民民主主義』日本経済評論社。

内閣府HP（https://www.npo-homepage.go.jp/about/npo-kisochishiki/npoiroha，2016年10月31日アクセス）。

Ⅱ 社会福祉の「経営」の基礎理論

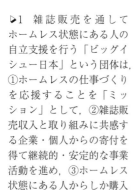 ソーシャルビジネス

1 ソーシャルビジネスとは何か

現在，社会福祉の課題解決に向けて，行政，社会福祉法人，ボランティア団体やNPO（Non-Profit Organization），そして民間企業など様々な主体が支援を展開しています。近年ソーシャルビジネス（Social Business）という手法を用いた新たな主体が，ホームレス支援や障害者就労支援など国の政策のあり方にも影響を与える実践を行い，大きな成果を挙げています。◁1

ソーシャルビジネスとは，「社会的課題を解決するために，ビジネス的手法を用いて取り組むもの」とされ，①社会性（現在解決が求められている社会的課題に取り組むことを事業活動のミッションとすること），②事業性（①のミッションをビジネスの形に表し，継続的に事業活動を進めていくこと），③革新性（新しい社会的商品・サービスや，それを提供するしくみを開発・活用したりすること，またその活動が社会に広がることを通して，新しい社会的価値を創出すること），の要件を満たす主体であるとされています。◁2

2 ソーシャルビジネスの特徴と支援方法

それでは何故，社会的課題の解決にビジネス的手法を用いるソーシャルビジネスという主体が台頭してきたのでしょうか。

1つ目が，「行政の下請け化」が特にNPOの中で進んできていることが挙げられます。行政の下請け化とは，「行政の仕事を続けていくうちに，次第に活動の大半を行政からの仕事で占めるようになり，その結果，NPOとしての自発性や自由な発想と創造性を失っていくこと」であるとされています。◁3 この背景には，多くのNPOは事業を経営する資金を確保する力が弱いため，行政から事業を受託することでその経営資金を確保しています。しかし，そのような状態が続くと，次第に行政から受託した事業を推進することが団体の目的化していくという課題が現れてきています。ソーシャルビジネスは，団体が開発した新しい社会的商品やサービスそのものが社会に受け入れられることで，そこから収入を得て，団体の目的に適った取り組みを進めることができるようになることを意図しています。

2つ目が，ビジネスとして事業を展開することで課題を抱えた利用者の社会的活躍の場を広げることができることが挙げられます。例えば一般的に福祉

▷1 雑誌販売を通してホームレス状態にある人の自立支援を行う「ビッグイシュー日本」という団体は，①ホームレスの仕事づくりを応援することを「ミッション」として，②雑誌販売収入と取り組みに共感する企業・個人からの寄付を得て継続的・安定的な事業活動を進め，③ホームレス状態にある人からしか購入できない雑誌という新しい社会的商品を開発しているところに特徴があり，代表的なソーシャル・ビジネスの一例である。

▷2 経済産業省（2008）「ソーシャルビジネス研究会報告書」3頁。

▷3 田中弥生（2008）『NPO新時代』明石書店，42頁。

サービス利用者の就労を考えると，何か製品を製造してそれを販売するということがありますが，その商品があまり社会に求められる商品でないことも少なくありませんし，そのような状況では就労の場は広がりません。ソーシャルビジネスは，社会から求められる商品・サービスを生み出すことを重視していて，そのような商品・サービスが社会から求められることで，事業収益を確保するとともに利用者が働くことができる場を新たに開拓しているのです。

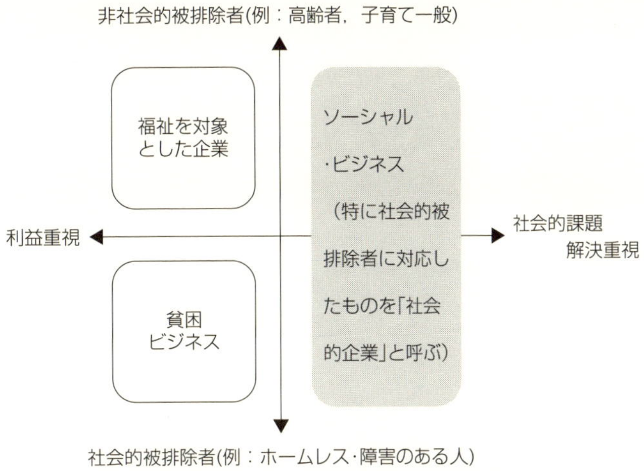

図Ⅱ-2 社会福祉領域におけるビジネス的手法を用いる組織の基本的布置

この2つ目の内容は，「社会的包摂」という重要な支援内容にもつながります。社会的包摂とは，「複雑な社会関係の網の目の中で，その人らしく生きていくために，必要な関係を選び取って，その網の目の中に入り込んでいくこと[4]」であるとされています。その人がその人らしく生きていくことを実現するために，ソーシャルビジネスは，①利用者自らがソーシャルビジネスで働くことを通して社会的包摂を実現する方法，②ソーシャルビジネスが開発した商品・サービスを介して社会的包摂を実現する方法があります[5]。

③ ソーシャルビジネスの形態と課題

ソーシャルビジネスは，新しい事業のあり方であり，社会福祉法人やNPO法人，協同組合，民間企業など様々な主体によって担われていますが，その核になるものは，「社会的課題」の解決にあります。近年，少子高齢社会に呼応して多くの民間企業が福祉領域に参入してきています，これらの企業とソーシャルビジネスが決定的に異なる点は，社会的課題に対してどれだけコミットメントしているかにあるといえます。なお特にホームレスや障害のある人等，社会的に排除されている者の社会的課題の解決に取り組む主体を「社会的企業」と呼んでいます。

また近年，特にホームレス支援の領域で「貧困ビジネス」と呼ばれる生活保護費や年金を利用料という名目で搾取し，利益を上げるといったビジネスが問題となっています（図Ⅱ-2）。このような不正に対してもアドボケイトすることが，ソーシャルワーカーにとって重要な役割となってきています。

（熊田博喜）

▷4 岩田正美（2008）『社会的排除』有斐閣, 174-175頁。

▷5 ①については，雑誌の販売や無添加の質の高いパンの製造等のように実際に事業を生み出すという方法で，就労支援を行うものが該当する。②については，移動困難者の買い物の支援や利用者が安心して生活できる住宅を確保するための仲介といった商品・サービスの開発・提供を行うものが該当する。

参考文献

岩田正美（2008）『社会的排除』有斐閣。

大室悦賀編著（2011）『ソーシャル・ビジネス』中央経済社。

経済産業省（2008）「ソーシャルビジネス研究会報告書」。

田中弥生（2008）『NPO新時代』明石書店。

ビックイシュー日本（2015）「団体紹介パンフレット」。

Ⅱ 社会福祉の「経営」の基礎理論

社会的企業

1 社会的企業とは何か

　社会的企業は，国や地域によって様々な捉え方をされています。北米では営利企業のCSR（企業の社会的責任）や，低所得者層を対象とするBoP（ボトム・オブ・ザ・ピラミッド）事業など，資本主義経済の枠組みの中で営利目的と社会目的を融合させようとする事業や起業家精神（アントプレナーシップ）を指す傾向があります。

　これに対し，ヨーロッパにおける社会的企業は，成員の共益，またはコミュニティの利益を実現することを第1目的として収益事業を行う社会的経済組織の一形態として捉えられています。社会的経済組織は，特定の個人の経済的利益の極大化を目指す資本主義の原理に対して，共益・公益目的の優先性を担保するために収益事業による所有者への利潤配分に一定の制約が設けられていることが特徴的です。

　イギリスにおける社会的企業は，協同組合，チャリティ，コミュニティ利益会社など多様な組織形態を包含する包括的な概念ですが，最低限の共通理解として，①社会・環境問題に取り組むことを主要目的とすること，②そのために（公共セクターとの契約を含む）財やサービスの取引による収益事業から収入の一部を獲得すること，③収益の余剰を社会目的のために再投資することが挙げられています。これに対し，協同組合の伝統が強い大陸ヨーロッパでは連帯の原則に基づく成員の共益と民主的な意思決定プロセス等が強調されます。

　日本では，社会的企業という用語に前述の多様な理解が混在しており，コミュニティビジネスやソーシャルアントプレナーシップを強調する論者がいる一方で，事業活動を行うNPOを社会的企業として捉える論者もいます。

2 社会的企業発展の背景

　ヨーロッパでは，「古い」社会的経済組織と「新しい」社会的経済組織とを区別し，社会的企業を「新しい」社会的経済組織として捉える見方があります。「古い」社会的経済組織とは，19世紀ヨーロッパにおいて労働者や農民の生活の質を向上させるために誕生した協同組合や共済組合，慈善組織などを指します。これに対して，「新しい」社会的経済組織とは，1990年代以降，雇用の不安定化，格差の拡大，高齢化等が生み出す社会的排除や増大するサービスのニーズを満

▷1　地域に利益を生み出すことを目的とする事業活動。活動分野は地域振興，商店街振興，福祉サービス供給や就労支援などが該当する。
▷2　政府から独立した利益配分を行わない非営利の自発的組織。一般的に各種の市民団体，公益法人，ボランティア団体を指す。日本におけるNPOは，法人格を取得した非営利組織であるNPO法人を指す場合もある。

たすために登場した社会的経済組織を指し、「社会的企業」は、これらの組織を傘下に置く包括的用語として用いられています。

3 社会的企業をめぐる各国の政策

1990年代以降、失業や高齢化に対応するため、各国政府は社会的企業を促進する政策を整備してきました。イタリアでは1991年に「社会的協同組合」の法人格ができました。社会的協同組合は、福祉、医療、教育などの社会サービスを提供するA型と、社会的弱者の労働統合を目的とするB型に区別されています。2006年には社会的企業法が制定され、協同組合に限らず多様な法形態を有する非営利組織が社会的企業として活動できるようになりました。

イギリスでは、1997年に発足した労働党ブレア政権が社会的企業を公共サービス提供における政府のパートナーとして位置づけ、2001年に貿易産業省に社会的企業局が設置され、2004年には財産や利益をコミュニティに還元するコミュニティ利益会社（CIC）という社会的企業のための法人格が設けられました。2010年以降の保守党政権は、社会的企業を長期失業者の就労支援、犯罪・再犯予防、若者支援などの分野における社会的投資の受け皿として位置づけてきました。

▷3 事前に社会問題を防ぐことで将来の社会支出を削減しようとする社会政策。

韓国では、主に社会的弱者の労働統合を目的として、2007年に社会的企業育成法が、2012年には協同組合基本法が制定されています。

4 今後の課題

各国で公共サービスの民営化が進められる中で、社会的企業は営利目的ではなく社会目的を優先させることで市場の限界を克服し、同時に組織の社会目的に賛同する市民の自発的な参加を資源とすることで、官僚制や画一性など政府の限界も克服することが期待されてきました。

その一方で、貧困や格差、社会的排除などの問題を解決するには社会全体で取り組む制度的な対応が必要です。制度の狭間に存在する社会課題の受け皿として社会的企業を促進するだけではなく、社会的企業が市民の参加や協働の場としての強みを活かすためのしくみについて考えることが求められます。

（遠藤知子）

参考文献

大沢真理編著（2011）『社会的経済が拓く未来』ミネルヴァ書房。

川村暁雄・川本健太郎・柴田学・武田丈編著（2015）『これからの社会的企業に求められるものは何か』ミネルヴァ書房。

Ⅱ 社会福祉の「経営」の基礎理論

9 ガバナンス

1 ガバナンスとは何か

　ガバナンスは元来,「統治」を表す語です。しかし,近年,社会科学では,ガバナンスが「国家や政府が社会を構成する様々な主体と協働して公共的問題の解決を志向するしくみ」を表す用語として,広く用いられています。ガバナンスが成立するためには,単に国家や政府と企業,NPO,コミュニティ組織といった様々な社会の構成員とが対等な関係を築いているだけでは十分ではありません。それらの多様な主体が協働し,その社会が抱える公共的問題の解決を志向するという機能を有していなければならないのです。

　このガバナンスと対置されるのが,旧来型の統治概念としての「ガバメント」です。ガバナンスが多様な組織による協働を重視する統治形態であるのに対し,ガバメントは国家や政府が唯一の統治機構として他の主体を統制する統治形態を表します。

2 ガバナンス論の台頭

　現在は地域社会から国,国際社会に至る様々な領域において,「ガバメントからガバナンスへ」の転換が強調されています。その要因として,それぞれの領域における国家や政府の統治能力の低下が進んだ結果,これを補完するために非政府セクターの役割が拡大していることが挙げられます。

　例えば,国際社会では,グローバル化の進展により,金融取引や資本と情報の移動が国境を超えて行われるようになると,国家による規制や監督が困難となりました。一方,金融や環境,感染症対策など,国際的な社会問題の解決において,国際機関や多国籍企業,NGO（非政府組織）といった国家以外の様々な組織が重要な役割を担うようになりました。これらの傾向にともない,国家と国家以外の様々な組織による協働的な統治形態,すなわち,ガバナンスが有効である,という認識が一般化しました。

　また,1970年代以降,経済成長の停滞および社会保障支出の増大を契機として,「福祉国家の危機」が強調されるようになり,先進諸国では中央政府の権限を地方政府や民間部門（企業やNPO,コミュニティ組織等）へと移譲する分権改革が推進されています。以後,中央政府と地方政府,あるいは政府と民間部門の役割分担のあり方は複雑化しており,社会の多様な構成員が合意に基づき協

▷1　その社会を構成するすべての人々に共通するため,個人ではなく,社会全体で解決すべきとされる問題。

▷2　Ⅸ-5 側注参照。
▷3　最も住民に近い行政機構である市町村は,地域の実情を正確に把握したり,地域の組織と緊密な関係を築いたりすることが可能となる。このため,市町村は一般的にローカル・ガバナンスの中核的な役割を担う。

働するガバナンスを国レベルで形成することへの関心が高まっています。

3 ローカル・ガバナンスの創造

　日本の地域社会では現在，急速な少子高齢化の進展や地域経済の低迷を背景に高齢者介護，子育て支援，虐待，自殺，ホームレスや外国人の社会的排除等，様々な課題が発生しています。この結果，これらの多様化，深刻化する課題のすべてを国や地方政府（地方公共団体）が解決することはきわめて困難となりました。

　一方，日本では1990年代以降，分権改革によって市町村が福祉サービスの総合的な実施責任を負うことになると同時に，介護保険制度が導入された高齢者介護の分野を中心に，多様な民間の組織が福祉サービスに参入するようになりました。

　このような社会情勢から読み取れるのは，市町村が福祉サービスを供給する民間事業者はもちろん，地域の様々な組織や住民との連携に基づき，地域社会全体で住民の福祉課題の解決を目指す必要に迫られているということです。すなわち，地域社会においても，地域レベルにおけるガバナンスである「ローカル・ガバナンス」の創造に期待が集まっているのです。

　もっとも国家や政府が非政府系の組織や住民に対し，ガバナンスへの貢献を強制するのであれば，それは単なる「動員」にすぎません。ガバナンスはあくまで構成員の自発的な参加および構成員同士の対等な関係を前提とするのです。ローカル・ガバナンスを創造する際，地域社会の構成員にガバナンスへ自発的に参加する機会を提供するとともに，それぞれのガバナンスにおける役割について協議し合意を形成する場となるのが，市町村地域福祉計画です。

　地域福祉計画の策定に際し，市町村は地区懇談会やアンケート調査，当事者のグループインタビュー等，様々な方法を用い，すべての地域住民の福祉課題を明らかにしていきます。次に，明らかになった福祉課題について，地域の社会資源を活用して解決すべく，行政や企業，社会福祉法人，自治会，NPO法人など，地域社会の構成員がそれぞれの役割分担について協議を重ね，最終的に解決策を決定していきます。これらの一連の営みにより，地域社会を構成するそれぞれの組織や住民は，公私の役割分担を行政と協議し，これによって得られた合意形成に基づき，ローカル・ガバナンスにおける自らの役割を果たしていくのです。

　このようにガバナンスを創造する際，国や地方公共団体は統治機構としての自らの責任や担うべき役割を明確にするとともに，非政府系の多様な組織や住民の自主的，自発的な協力に基づいてガバナンスが形成されるよう留意する必要があるのです。

（川村岳人）

▷4　地域住民の生活問題全般を地域住民の生活の場である地域社会という枠で捉え直した上，総合的かつ網羅的に解決することを目的とする計画。社会福祉法に基づき，市町村が定める。

▷5　地域住民の福祉課題を把握する際，住民が外部に知られることを避けようとする課題や，ホームレスや外国人労働者のように社会から排除された人々の課題等，表面化しにくい課題も把握できるように留意する必要がある。

参考文献

澤井安勇（2009）「ソーシャル・ガバナンスの概念とその成立条件」神野直彦・澤井安勇編『ソーシャル・ガバナンス』東洋経済新報社，40-55頁。

澤井勝（2005）「ガバナンスの時代と地域福祉」武川正吾編『地域福祉計画』有斐閣，237-257頁。

永田祐（2008）「地域福祉の視点から見るローカル・ガバナンス」『地域福祉研究』36，日本生命済生会，2-4頁。

長谷川万由美（2007）「社会福祉と公私・政府間関係」仲村優一・一番ヶ瀬康子・右田紀久惠監修『エンサイクロペディア社会福祉学』中央法規出版，324-327頁。

山本隆（2009）「ガバナンスの理論と実際」山本隆『ローカル・ガバナンス』ミネルヴァ書房，22-55頁。

和気康太（2007）「社会福祉の運営・管理」仲村優一・一番ヶ瀬康子・右田紀久惠監修『エンサイクロペディア社会福祉学』中央法規出版，406-411頁。

Ⅱ 社会福祉の「経営」の基礎理論

 参　　加

1 参加とは何か

　参加とは，使われる文脈によって異なる意味を持つ多義的な言葉といえます。社会福祉においては，「あるコミュニティの一員として，そのコミュニティ内の諸活動と関わりをもつこと」と定義できます[1]。このように，単にそこにいるだけでは参加とはいえず，何かすることによって，人は参加したということができます。本項では，社会福祉の「経営」における参加の意義や内容について考えます。

▷1　武川正吾（1996）「社会政策における参加」社会保障研究所編『社会福祉における市民参加』東京大学出版会，7-40頁。

2 当事者が参加する意義

　社会福祉の「経営」における参加は，サービスを利用する者や地域で生活する者のように，福祉専門職ではない当事者の参加が重要になります。なぜなら，人々の生活課題が多様化・複雑化し，社会福祉の法制度に基づく公的サービスだけでは対応できない状況にある中で，どのように生活課題を把握し，どのように対応するかについて，福祉専門職の発想だけでは偏りが生じ，効果のある方策が取れない場合があります。その際，当事者の参加により，当事者自らの体験等の情報がもたらされ，福祉専門職のみでは考えつかない生活課題の把握や対応についてのアイデアが生まれる可能性があります。すなわち，専門家視点だけでなく，当事者の視点も含めた社会福祉の経営によって，より効果的な実践が可能になります。

　また社会福祉における非対称性に対応できることも重要な意義の一つといえます。専門性を持つサービス提供者（専門家）と，専門性を持たないサービス利用者（当事者）の間には非対称性が存在し，専門家に権力が生まれ，専門家支配とも言える状況が生み出されます[2]。このような専門家支配の状況を打破することもまた，当事者が参加する意義といえます。

▷2　武川正吾（2014）「社会福祉における非対称性」『社会福祉研究』121, 22-29頁。

3 参加の様々な形態

　社会福祉の経営における当事者の参加については，様々な形態が想定されます。ここではいくつかの実践事例を紹介しながら，参加の内容について考えます。

❍自治会活動への参加

自治会活動は最も代表的な一つの形態といえます。サービス提供事業所において，サービスを利用する当事者が自治会を組織し，様々な活動を行い，時にはサービス提供事業所の経営について意見を述べます。

例えば，「空とぶくじら社」という事業所では「仲間の会」という自治会が組織されています。[3]「仲間の会」の活動は多岐にわたりますが，自由参加のディスカッションである「井戸端会議」を定期的に開催し，当事者の本音を話し合う場があります。この「井戸端会議」には職員が参加する場合もあり，当事者の本音を聞くことにより，実践に活かされています。また事業所に対し，自治会による要望書をまとめ，提出するといった活動を行い，事業所の経営に参加しています。

▷3 空とぶくじら社(2002)『施設を変える利用者たち』かもがわ出版。

❍事業所における会議への参加

自治会が組織されていない事業所の場合であっても，当事者の参加を促すことは可能です。例えば，事業所における会議にその事業所が提供するサービスを実際に利用している当事者が参加することも考えられます。

ある障害のある人の就労支援事業所では，今後，どのような事業を展開するかについて，事業所の職員とその事業所を利用している当事者が一緒に会議に参加して決めました。その事業所はただ働くのではなく，お客さんとの交流をしたいという当事者の強い思いから，お店を開店することになりました。その結果，お客さんからの一言が，スタッフである当事者の自信とやりがいに良い影響を与えています。

❍地域における参加

地域においても様々な当事者の会が組織され，活動を行っています。また地域福祉計画等の計画策定時には，地域で生活する住民の参加も求められます。地域を基盤とした福祉専門職は，これら地域住民や当事者の会との協働により，様々な事業の展開が可能になります。

④ 今後の課題

上記の他にも，障害や病気の困りごとを専門家任せにせず，似た経験を持つ者同士でその困りごとのメカニズムや対処法を探索する取り組みとして，当事者研究が注目されています。[4]

近年の社会福祉の実践においては，専門家視点のみで展開することの限界が指摘されています。そのため，ソーシャルワーカーにはその限界を認識し，当事者の参加を促す経営が求められています。 　　　　　　　　　　（相馬大祐）

▷4 熊谷晋一郎(2015)「当事者研究への招待」『生産研究』67(5)，467-474頁。

参考文献

永田祐(2015)「社会福祉における『住民参加』の進展と課題」『社会福祉研究』123，19-27頁。

第 2 部

社会福祉組織の「経営」

Ⅲ　組織経営の基礎知識

 組織倫理

組織の使命

　福祉サービスは，ソーシャルワーカーやケアワーカー，保育士等がそれぞれ個々にクライエントに対して，支援を行うというものではありません。各専門職は組織に所属し，その組織に属した専門職として，他のスタッフ（専門職）とチームワークを組み，チームアプローチで支援を行います。

　個々の専門職は，職業倫理を前提に知識・技術を活用して支援を行います。その専門職が属する組織自体も，クライエントの生活がより良いものになるよう方向づけられたサービスを提供しています。組織に所属する職員が，そのような支援やサービスを行うよう方向づけるのです。そのためには組織自体も，運営についての倫理を持ち，与えられた社会的役割を遂行するという使命を果たさねばなりません。

2 福祉サービスを提供する組織

　福祉サービスを提供する組織について，社会福祉法では，「社会福祉を目的とする事業を経営する者は，その提供する多様な福祉サービスについて，<u>利用者の意向を十分に尊重</u>し，地域福祉の推進に係る取り組みを行う他の地域住民等との連携を図り，かつ，保健医療サービスその他の関連するサービスとの<u>有機的な連携を図るよう創意工夫を行いつつ</u>，これを総合的に提供することができるようにその事業の実施に努めなければならない」（社会福祉法第5条），（下線筆者）と規定しています。

　福祉サービスを提供している組織は，2つの捉え方に整理することができます。一つは，社会福祉事業を行うことを目的とした組織です。社会福祉法第22条に規定されている「社会福祉法人」がそれにあたります。社会福祉法人は，強い公的規制を受ける一方，税制優遇や公的助成等を受け公益性をもった事業を行います。当然，社会福祉法人は社会福祉事業に対する使命を持ちます。

　もう一つは，福祉サービスを現に提供している組織です。具体的には，社会福祉法人のほか，株式会社，NPO法人，医療法人，地方公共団体，任意団体，等まで含まれます。社会福祉法人以外の種別の法人であっても，福祉サービスを提供する組織は，前述の通り，社会福祉法に規定されている内容が，組織の使命として含まれることになります。

▶1　社会福祉法人の行う事業として，社会福祉法第22条および第26条には，社会福祉事業，公益事業，収益事業が規定されている。

③ 組織倫理

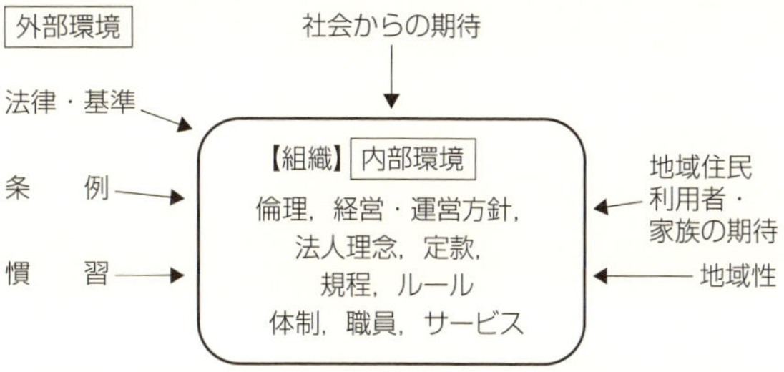

　福祉サービスを提供する組織（法人，施設・事業所）は，社会福祉法に規定されるような理念，いわばミッションを含み，それぞれ組織独自のサービス提供に関する基本的な理念を設定します。組織が設定する理念は，提供されるサービスの目標や方針，実践の上位概念となります。いわば法人の「憲法」のような位置づけになるものです。法人の活動は，この理念に基づいて行われます。

　組織は，組織内部に設定される理念や方針といった内部環境と，法律や基準，クライエントや地域住民等からの期待などの外部環境の両方に規定されることになります。福祉サービスを提供する組織のコンプライアンス（法令遵守）[2]として，法令を遵守しながら経営の健全性を維持し，社会からの期待に応えます（図Ⅲ-1）。

　その理由はいくつか挙げられます。第1に，そのサービスの性質上，介護報酬や自立支援給付，措置費等の公的な資金により運営されていることです。また第2に，社会福祉法人等では税制上の優遇があります，そして第3に，利用者を含むステークホルダー（利害関係者）への社会的責任があることです。特に福祉サービスは，利用者の生命と生活を下支えするので大変責任の重い取り組みなのです。

④ 組織文化[3]

　組織の持つ倫理を自ら遵守するためには，組織内の実践および情報の良い循環が必要です。

　組織のトップや経営者の倫理観・支援観は，組織倫理の中心に据えられます。提供するサービスのあり方や方針，地域等への貢献の仕方，組織の活動の方向性等が含まれます。それらを随時直接・間接に情報発信（組織内／組織外）を行い，組織に属する職員に共有してもらわなければなりません。個々の職員が行う実践そのものが組織の提供するサービスだからです。

　また，組織内の職員間で情報共有がしやすい「言い合える環境・雰囲気」が重要です。施設内研修や外部研修，実習生やボランティアの受け入れ，第三者評価の受審等により，施設内の実践を改善したり，外部の意見からサービスを自己点検したりすることも求められます。　　　　　　　　（本多　勇）

図 Ⅲ-1　福祉サービスを提供する組織のおかれた環境

▷2　主に組織が，社会秩序を乱す行動，社会から非難される行動をしないこと。

▷3　その組織の構成員が共有する意味のシステム。組織の価値を位置づける主要な特性として，革新およびリスク性向，細部に対する注意，結果志向，従業員重視，チーム重視，積極的態度，安定性の7点が挙げられる。この意味システムにより他の組織から区別される（スティーブン，P. ロビンス／髙木晴夫訳〔2009〕『新版 組織行動のマネジメント』ダイヤモンド社，372-401頁）。

参考文献

スティーブン，P. ロビンス／髙木晴夫訳（2009）『新版 組織行動のマネジメント』ダイヤモンド社。

Ⅲ　組織経営の基礎知識

2　意思決定

1　意思決定とその考え方

　私たちが社会福祉の対象者を支援する際には，常に何が最善の方法なのかを考え，そして行動を選択しています。例えば，ある人が地域の高齢者に温かい食事を配達することを考えた場合，「どのような高齢者に対して」「どのような方法で」「どのような食事を」提供するのか決定しなければ，活動に取り組むことはできません。このような課題に対して「案を考え実行する」一連の行為を[1]「意思決定」と呼びます。

　意思決定は，サイモン（H.A. Simon）によって理論化された概念で，その過程をある目的の実現のために，①代替的戦略または選択肢を列挙すること，②その戦略または選択肢の各々から生じる結果を確定すること，③これらの結果の集合を比較評価すること，であるとしています（意思決定の例）。

　但し，この意思決定過程には課題もあります。つまり①すべての代替戦略または選択肢を列挙すること，②すべての戦略または選択肢から生じる結果を確定することは不可能である，ということです。つまり意思決定には「合理性の限界」があるということですが，その合理性の限界を克服するためにつくられるものが，「組織」です。

　組織は，①仕事をメンバー間に分割することによる意思決定の限定，②標準的な手続きの確立，③権限と影響のシステムの確立による決定の伝達，④コミュニケーション経路による意思決定のための情報提供，⑤メンバーの訓練・教化による組織が求める意思決定の内面化，によって合理性の限界を克服することができるとしています。つまり組織の活動とは「多数の構成員各自が行う選択行為が一定の秩序で合成されたもの」であるといえます。

2　社会福祉の組織における意思決定の特質

　福祉サービス提供の多くは，行政・社会福祉法人・NPO法人・民間企業などによって組織的に行われています。そのような意味で，意思決定も一般の経営組織と同様の決定プロセスが確認できますが，相違もあります。

　1つ目は，企業は利益を最大化すること，つまり事業によって利益を上げることが目的（goal）となりますが，社会福祉の組織の多くは利益を最大化することが目的ではないということです。福祉サービスを担う組織は，社会福祉法人

▷1　中島一（2009）『意志決定入門　第2版』日本経済新聞出版社，15頁。
▷2　経営学史学会監修・田中政光編著（2011）『サイモン』（経営学史叢書Ⅶ）文眞堂，25-26頁。
▷3　高齢者への配食サービスで，温かい食事を高齢者宅に届けるという目的実現のためにどのような方法で配食するのか考えた場合，①についていえば，徒歩・自転車・車などを考え，②であれば，徒歩（時間が掛かる／コストは掛からない）・自転車（徒歩よりは早い／コストは掛からない）・車（早い／コストは掛かる）などの結果を想定して，③最終的に自転車での配食とした，といった一連の過程が意思決定となる。
▷4　H.A. サイモン／二村敏子・桑田耕太郎ほか訳（2009）『新版　経営行動』ダイヤモンド社，171-172頁。
▷5　森田朗（2000）『改訂版　現代の行政』放送大学教育振興会，92頁。
▷6　社会的孤立等，既存の福祉サービスでは対応困難な問題群を指す概念。
▷7　コンフリクトは，①個人的葛藤（個人的意思の葛藤），②組織内葛藤・対立（一組織内での個人的葛藤または一組織内での集団対立），③組織間対立（組織間または集団間の対立）があるが，このようなコンフリクトに対して，①問題解決，

やNPOなどの非営利組織と呼ばれる形態の組織に担われています。そのような組織の特質は、使命（ミッション）を実現することが目的であり、その目的に即して意思決定がなされることです。

2つ目は、非営利組織には、経営陣や事業を担う有給職員に加えボランティアスタッフ、団体への寄付者や会員、サービス利用者とその家族も構成員となる点です。また行政も補助金や事業委託等で組織の目的に影響を及ぼします。このような団体の目的に関わって利害関係を有する者を「ステークホルダー」と呼びますが、このような人々は「利益の最大化」ではなく、「使命の実現」を目的しており、その使命の実現をどのように捉えるのかについては、多様性があるため、意思決定のプロセスは複雑化します。

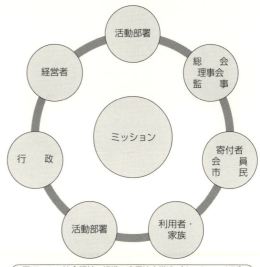

図Ⅲ-2　社会福祉の組織の意思決定構造（ネットワーク型）

3　社会福祉の組織の意思決定をめぐる課題

一般的に社会福祉の組織も、他の経営組織と同様にピラミッド型の意思決定の分業が行われてきました。この方式ではミッションという目的を頂点に、総会－理事・監事－経営者－活動部署によって、タテレベルとヨコレベルの意思決定が行われつつ、ステークホルダーである寄付者・会員・市民・利用者と家族・行政がその意思決定に複雑に絡み合うかたちとなっています。このようなピラミッド型組織は、機能ごとに問題解決と意思決定を割り振り、上部がそれを統括する形態となっています。しかし今日、「制度の狭間」といわれるような、例えば「配食していた高齢者宅に50代の引きこもりの子どもがいた」といった課題が発見された場合、このような機能ごとの意思決定では十分に対応できないことが明らかになってきています。このような課題に対しては、各部署が組織全体に留意を払いつつも、他の部署と連携・情報の確保できるネットワーク状の意思決定の分業が求められています（図Ⅲ-2）。

また組織の意思決定には「コンフリクト」という意見の対立や利害の不一致が生じるリスクも孕んでいます。

社会福祉の課題の多様化・複雑化に伴って、組織としての「意思決定」は重要な意味を持ちます。どのような状況下においても、問題解決に向けてメンバーが協調的に協働しつつ、適切な意思決定が行える社会福祉の「組織デザイン」のあり方と検討が求められています。

（熊田博喜）

②説得、③交渉、④政略という方法で解決に向けての努力が向けられるとされている（J.G. マーチ＆H.A. サイモン／高橋伸夫訳（2014）『オーガニゼーションズ 第2版』ダイヤモンド社、142-171頁）。

参考文献

経営学史学会監修、田中政光編著（2011）『サイモン』（経営学史叢書Ⅶ）文眞堂。

H.A. サイモン／二村敏子・桑田耕太郎ほか訳（2009）『新版 経営行動』ダイヤモンド社。

榊原清則（2002）『経営学入門 上』日本経済新聞社。

桑田耕太郎・田尾雅夫（1998）『組織論』有斐閣。

田尾雅夫・川野祐二編著（2004）『ボランティア・NPOの組織論』学陽書房。

中島一（2009）『意志決定入門 第2版』日本経済新聞出版社。

J.G. マーチ＆H.A. サイモン／高橋伸夫訳（2014）『オーガニゼーションズ 第2版』ダイヤモンド社。

森田朗（2000）『改訂版 現代の行政』放送大学教育振興会。

Ⅲ 組織経営の基礎知識

経営戦略

1 経営戦略とは何か

　社会福祉の組織は，相談援助・生活支援・介護や家事援助・就労や居場所の提供等，様々なサービスを提供しています。また，その対象も介護の必要な高齢者や障害のある人，一人暮らしの高齢者やホームレス，児童や母子など多岐に渡っています。社会福祉の組織は日々，利用者の生活を様々な部面において支えていますが，このような組織の経営が立ち行かなくなった場合，利用者の生活への影響は甚大です。そのような意味で組織は存続することが求められている一方で，それを実現するためには何が必要なのでしょうか。

　組織の存続について，バーナード（C.I. Barnard）は，組織と外的な状況との均衡の重要性とともに，①組織の有効性（環境状況に対して組織目的が適切か否か），②組織の能率（組織と個人の間の相互作用）を挙げています[1]。例えば①について，ある移動困難地域を対象とした移送サービスを実施する団体の事業エリアに，コミュニティバスが開通して利用者の移動環境が改善された場合，団体を取り巻く環境が団体に対して求めることと一致しなくなってきているため，その団体の存続は危うくなる可能性があります。また②について，同団体がスタッフの都合を無視した配車を行えば，団体に対する不信感は高まってスタッフが退職すると，団体の存続は厳しくなるといえます。

　つまり団体の存続にとって組織の有効性と能率を高めることが重要となりますが，組織の存続と成長を実現するための基礎となる考え方を「経営戦略」と呼びます。経営戦略は，チャンドラー（A.D. Chandler）の「企業における長期目標の決定と，その目標達成に必要な進路の選択及び資源配分」の定義が有名です[2]。

2 社会福祉の組織における経営戦略

　利用者の生活を適切かつ効果的に支えるために組織の維持と発展に必要な方策，すなわち「経営戦略」はどのように構成されているのでしょうか。経営戦略は，①ドメインの確定（組織が相互作用を行う環境を決定し事業の定義），②資源展開（組織に必要なヒト・モノ・カネ等の経営資源と知識・スキル等の情報資源の蓄積・配分），③競争優位性（競合者に対して優位な地位の確立），④シナジー（ドメインの確定や資源展開から得られる相乗効果）によって構成されます[3]。

　これを前述した社会福祉の組織を例で考えてみることにします。ある移動困

▶1　C.I. バーナード／山本安二郎ほか訳（1968）『新訳　経営者の役割』ダイヤモンド社，86頁。

▶2　榊原清則（2002）『経営学入門 上』日本経済新聞社，35-36頁。

▶3　金井一頼（2016）「経営戦略の概念と内容」大滝精一ほか『経営戦略 第3版』有斐閣，8-10頁。

難地域を対象とした移送サービスを実施する団体があったとして，この団体が①「高齢者の移送サービス」をドメインとして設定すると，②移送を行うドライバー【ヒト】や移送車両【モノ】，そして当該地域でサービスを利用する人の多くが高齢者であるならば，ドライバーに介助技術【知識・スキル】が求められる可能性もあります。また，③その地域で別の移送業者が事業を展開している場合，その競合団体と比較して価格が安い/使い勝手が良いなどの競争優位を示す必要もありますし，④新たに地域の商店街から高齢者への商品宅配を受託する機会があると，既に移送サービスを担う人材や車両があるため実施することも可能ですし，宅配サービスから新たな移送サービス利用者を，相乗効果として開拓することも可能であるといえます。

　もし同団体が，①のドメインを「高齢者の地域生活支援」に設定するとどうなるでしょうか。②はドライバーだけではなく相談援助・生活支援に関する知識を持つ人材が必要になりますし，③では多くの移送サービス同業者と比して優位性を示すことも容易となるとともに，④では高齢者のデイサービスなどの事業の受託も可能になるなど，シナジーを発揮しやすくなります。何よりも前述したコミュニティバス開通という環境変動にも対応できます。

③ 社会福祉の組織における経営戦略の実際

　社会福祉の組織の経営戦略において，その方向性を決める核となる要素は，利用者や地域社会のニーズ（生活課題）です。例えば前述の「高齢者の移送サービス」「高齢者の地域生活支援」のいずれをドメインとして確定するのかは，組織の環境である利用者や地域社会のニーズそのものに規定され，その場合，利用者や地域社会のニーズを受け止める「ニーズキャッチ」が重要となります。そのようなニーズは，行政や専門職・民生委員などのフォーマルな資源，住民や自治会・商店などのインフォーマルな資源から提供されることと合わせて，利用者との関わりからもたらされる場合も多く，現場での日々の支援活動の積み重ねからニーズキャッチが行われ，ドメインの確定や資源展開の戦略が形成されるといったプロセスが一般的です。そのような戦略形成を「創発的戦略」[4]と呼びます。例えば，高齢者の移送サービスを実施する過程の中で，利用者の[5]多くは自分で「ゴミ出し」をできないことを発見するといったケースです。このようなニーズの発見もスタッフ各々の経験が共有化される中で明らかになる場合も多く，経営戦略形成のプロセスにおいては，色々な問題とその解決策がごちゃまぜになって入れられた「ゴミ箱の中での選択」となる傾向があり，そのような意思決定を「ゴミ箱モデル」[6]と呼んでいます。特に社会福祉の組織において「制度の狭間」等，複雑化するニーズに対応できる経営戦略を形成するためには，スタッフの経験が共有できる「場」とともに，現場での経験が戦略に活かされる組織体制が重要であるといえます。　　　　　　　　　　（熊田博喜）

▷4　意図的戦略の対義語で，「策定された戦略を基に施策を策定し業務を遂行する」ものを意図的戦略とすると創発的戦略は「日々の業務の積み重ね，環境との相互作用から戦略が形成されるもの」をいう（経営戦略研究会〔2008〕『経営戦略の基本』日本実業出版社）。
▷5　経営戦略研究会（2008）『経営戦略の基本』日本実業出版社，21-22頁。
▷6　宮川公男（1995）『政策科学入門』東洋経済新報社，153-156頁。

参考文献

大滝精一ほか（2016）『経営戦略 第3版』有斐閣。
矢沢サイエンスオフィス経済班編（2004）『経営学のすべてがわかる本』学習研究社。
経営戦略研究会（2008）『経営戦略の基本』日本実業出版社。
榊原清則（2002）『経営学入門 上』日本経済新聞社。
田尾雅夫・川野祐二（2004）『ボランティア・NPOの組織論』学陽書房。
C.I. バーナード／山本安二郎ほか訳（1968）『新訳 経営者の役割』ダイヤモンド社。
宮川公男（1995）『政策科学入門』東洋経済新報社。

Ⅲ 組織経営の基礎知識

 # チームマネジメント

1 福祉サービスはチームで行っている

　福祉サービスは，専門職個人が1人で行っているのではありません。必ずその専門職が所属している組織が存在します。また，サービスを提供するチームのメンバーが複数であることがほとんどです。

　在宅支援サービスであれば，複数の事業所から訪問介護（ホームヘルプ）や訪問看護などの訪問サービス，デイサービス等の通所サービス，福祉用具のレンタル等の複数のサービスが提供され，それぞれにその業務を担当する職員（スタッフ）が存在しています。

　施設サービスであれば，施設職員に，介護，看護，医療，機能訓練・リハビリテーション，ソーシャルワーカー，栄養・調理担当職員，事務等の部署と所属スタッフがいて，役割分担しながら業務にあたっています。入所施設ならば夜間帯も夜勤職員や宿直職員がいます。

2 マネジメントとマネージャーの役割

　マネジメントとは，組織をコントロールし運営していくプロセスです。資金や資源を活用し，スタッフに効率的かつ有効に業務を行ってもらうことです。マネジメントの機能として，組織が掲げた目標を達成するために，①目標を定め戦略を練り業務を進めるためのプランを立て（計画），②誰がどのように行うか組織化し（組織化），③スタッフの業務を指示し協調させ（リーダーシップの発揮），④プラン通り業務が進められるよう管理・監督する（コントロール），という4つがあります。

　マネジメントには，表Ⅲ-1の通り3つの階層があります。「トップ・マネジメント」は経営の最終責任を持つ上位層です。逆に下位層にあたる現場業務の管理は「ロワー・マネジメント」です。トップとロワーの中間層に位置し，トップの示す理念をロワーに伝えたり，目的実現のための戦略や業務を推進したり，現場の声を経営者に伝達したりする「ミドル・マネジメント」は中位層です。

　社会福祉施設でいえば，トップ・マネジメントは，法人理事長や施設長が行います。ミドル・マネジメントは，課長や係長，セクション長（介護長，看護師長，相談員長，リハビリ室長等）や主任・フロアリーダー等が行います。そして，ロワー・マネジメントは，その日のスタッフリーダーや行事の企画担当責任者

表Ⅲ-1 社会福祉施設のマネジメント

レベル	主な役割
トップ・マネジメント (top management)	組織の理念・方針の提示，組織全体の総合的管理，俯瞰的把握を行う。制度政策の遵守や，組織への地域住民の要望の受け止めも含む。
ミドル・マネジメント (middle management)	トップ（経営者サイド）の理念をロワー（現場スタッフ）に伝え，ロワー（現場スタッフ）の意見や現状をトップ（経営者サイド）に伝える。現場での指示・管理（職位の上下関係を伴う）。
ロワー・マネジメント (lower management)	現場の一時での指示・監督（職位の上下関係を伴わない）。

等が行います。

3 チームをマネジメントする

○理念・方針の共有と雰囲気の醸成

社会福祉のチームマネジメントでは，組織の理念や方針の共有が非常に重要です。クライエントや地域に対して，組織としてどのような倫理・理念・方針に基づいて支援を行っていくかを，組織に属する構成員（スタッフ）全員が共有しておく必要があるからです。どのように伝え共有してもらうか，トップ・マネジメントの役割が大きくなります。

この共有された理念・方針が浸透している実践（ケア，対応，支援，接遇等）をスタッフが行うには，個々のスタッフのより高いモチベーションやそれに裏づけられた行動が必要です。それらを維持するためのチームの雰囲気の醸成やスタッフ間の人間関係調整には，ミドル・マネジメントの役割が重要です。

○組織内の会議（カンファレンス）

組織全体の経営方針等については，運営会議等経営陣（トップ・マネジメント）がメンバーになっている会議を中心に議論され決定されます。一方，現場における支援方法や方針，利用者に関する情報については，定期的および随時のケア（ケース）カンファレンス，連絡会議・連携会議，サービス担当者会議を行います。ここでは，ミドル・マネジメントやロワー・マネジメントがその調整を担当することになります。

○実務（業務）における指示・管理および牽制

マネージャーは，各レベルにおいて，スタッフの実務（業務）に対する指示や管理を行います。マネージャーとスタッフは業務執行・実践をPDCAサイクルの中で行っていきます。また，マネージャーは，スタッフが倫理や価値観に反した実践（不適切なケア，虐待等）を行わないように，チームメンバー相互の牽制機能を調整することもあります。

（本多　勇）

1　PDCAはPlan, Do, Check, Actの4つの頭文字をとったものである。それぞれの意味は，次の通り。①Plan（計画）。これまでの実績やこれから先の予測などを基にして計画を立てる。②Do（実行）。計画を実行する。③Check（評価）。実行した内容が計画に沿っているかどうかをチェックする。④Act（改善）。実行した内容が計画に沿っていない部分を見つけて改善する。この4つの行程が循環していく。

参考文献
スティーブン．P．ロビンス／髙木晴夫監訳（2014）『マネジメント入門』ダイヤモンド社。

Ⅲ 組織経営の基礎知識

5 キャリアマネジメント

1 福祉現場におけるキャリアマネジメント

　一般的にキャリアとは，仕事における経験や経歴，職歴を指します。また，キャリアパスとは，職員の職位，職責または職務内容等に応じた任用等の要件を定め，その要件に応じた賃金体系を構築し，職員に示すことを前提に，何年働き，どのような資格を取得すれば，どのような役職について，いくら給料を貰えるのかといったキャリアの道筋を示すものです（図Ⅲ-3）。

　さらに，マネジメントとは，目標・課題を達成するために必要なことを分析し，成功するための行動といわれています。

　すなわち，キャリアマネジメントとは，より質の高い福祉サービスを提供することを目標に，それを達成するために必要な現場経験や資格取得等の要件，職員の人間関係，労働条件，福利厚生や職員の採用選考方法，リーダーシップのとれる中核的な人材育成や教育の方策を整えることを指します。

　福祉サービスにおけるキャリアマネジメントを遂行するためには，職員一人ひとりの福祉現場の経験に応じた悩みや課題を現場において共有し，適切にスーパービジョンを行っていく必要があります（表Ⅲ-2）。

2 福祉現場におけるモチベーション

　モチベーションとは，一言でいえば「やる気」「意欲」を意味しています。つまり，勤労者の働く意欲（ワーク・モチベーション）をどのように維持，継続させ，高めていくかが大きな課題となります。

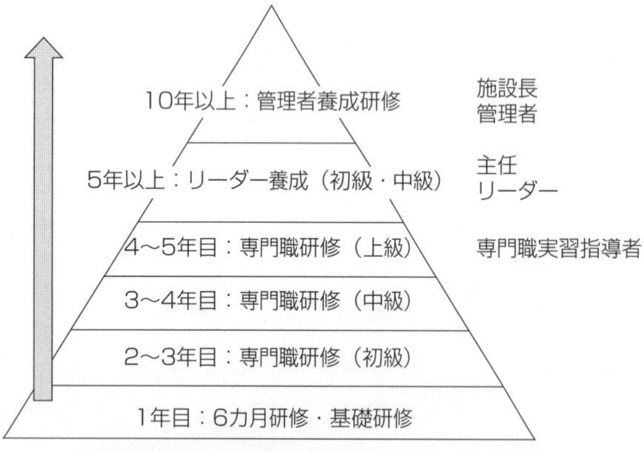

　しかし，他の産業に比べ社会福祉領域の離職率が高いことが指摘されており，いかにして社会福祉現場におけるワーク・モチベーションを維持，向上させるかが問われています。モチベーションの捉え方には，マズローの欲求階層理論▷1やマグレガーのXY理論▷2，マクレランドの欲求理論▷3，ハーズバーグの衛生要因と動機づけ要因▷4，マレーの外発的動機づけと内発的動機づけ▷5など様々な理論があります。

▷1　下位の欲求がある程度充足して，初めてその上位の欲求が生じるという欲求階層理論。上位の欲求の出現は，下位の階層の欲求が100％の充足感に基づくものではなく，相対的満足度が関係すること等を示している。自己実現の欲求として，仕事のやりがい，意味，意義等が位置づけられる。

▷2　マグレガーは，ワーク・モチベーションの重要性を管理行動の2タイプ（XY）の比較で指摘している。X理論は，人間は生来怠け者であり，できれば働きたくないと思うものであるとする性悪説に基づき，権力によって部下に目標達成をさせるという方法，一方，Y理論は，人間とは本来，成長を望むものであり，働くことは自然の行動であるという性善説に基づき，人間の成長を重要視している捉え方である。

図Ⅲ-3　社会福祉施設のキャリアパスの例

- 10年以上：管理者養成研修　施設長・管理者
- 5年以上：リーダー養成（初級・中級）　主任・リーダー
- 4～5年目：専門職研修（上級）　専門職実習指導者
- 3～4年目：専門職研修（中級）
- 2～3年目：専門職研修（初級）
- 1年目：6カ月研修・基礎研修

出所：社会福祉法人A職場内研修資料。

	1年目	2年目	3年目	4年目	5年目
心の情景	霧・もや		霧が晴れてくる	晴れ・晴天	
職務の状況	目の前の業務に追われる。業務を覚えるだけ。業務に慣れる（大変・きつい）。	業務理解が進み，施設における自らの役割や位置づけが理解できてくる（少し楽になってくる）。	施設全体における自らの業務の意義や他の部署との関わりの理解（業務を円滑に遂行できるようになってくる）。	自らの業務だけでなく，後輩や実習生の指導などの本来業務以外の仕事が増加してくる（後輩等の育成も業務に含まれてくる）。	
職務の視点	自分自身の業務のことで精一杯。大学で学んで来た事との突合せ。	一施設職員，組織の一員としての業務遂行。	施設全体の業務理解。	勤務施設だけでなく地域の社会資源への働きかけやネットワーク形成。	
職務における役割			後輩職員・実習生への対応・指導。	部門・班・担当などの主任，班長，マネージャーなどの中間管理職的役割。	

表Ⅲ-2 職務経験年数による変化

出所：飛永高秀・大橋明・大場義貴ほか（2008）「福祉専門職の業務遂行の困難性に関する研究——C大学卒業生，のインタビュー調査から」『純心現代福祉研究』。

③ 福祉現場における人事管理

○採用・育成・評価・処遇

　福祉サービスの提供を継続的に実施する際に必要となるのは，「利用者」「労働者」「事業者」の3者が，それぞれその事業からメリットを受けている状態が維持されることが必要となります。しかし，福祉サービスの提供においては，利用者主体・本位等のサービスの質の向上とともに事業の安定的な経営が求められるため，経営における支出の大部分を占める人件費（労働者の賃金）を下げざるを得ないというデメリットが出てきます。

　そのためキャリアマネジメントにおいては，事業経営を積極的に展開し，利用者へのサービスの質を担保し経営の安定化を図りながらも，多様な人材をより効果的かつ効率的に活用するための方策，すなわち，人材採用，人材育成，人材評価，人材処遇を一体として検討することが必要となります。

○人事考課

　人事考課とは，職員一人ひとりの人事情報を収集，整理し適切な人事管理を行うために，決められた基準により評価することをいいます。従来の人事考課は，年功序列型で年齢や経験年数によって，組織内の地位や給与が決定していました。しかし，近年では人材育成に力点をおいた評価制度に転換する必要性が指摘され，職員個々の強化すべき知識や技術を明確にした上で，PDCAサイクルに基づき，研修管理を徹底することにより，資質の向上を効果的に図ることが重要となっています。

（飛永高秀）

▷3　マクレランドは人間が給与や地位への欲求を満たすためだけに働いているわけではない点に注目し，社会的欲求が仕事への動機づけを高めるとした。仕事への動機づけに影響を及ぼす主要な動機（欲求）として，「達成動機（欲求）」「支配動機（欲求）」「親和動機（欲求）」の3つを挙げた欲求理論を展開した。

▷4　ハーズバーグは，人間の欲求を「衛生要因」と「動機づけ要因」の2つに分けている。衛生要因は「同僚，部下及び上役との対人関係」「身分」「職務保障」「給与」等，動機づけ要因は「達成」「達成の承認」「仕事そのもの」「責任」「昇進」「成長の可能性」等をいう。

▷5　マレーは，外発的動機づけを報酬のために活動が遂行され，外部からの指示や命令に従い，報酬を得るために行動するとしている。一方，内発的動機づけは，その活動自体から得られる快や満足のために活動が遂行されるとし，自発性によってもたらされるとしている。

Ⅲ 組織経営の基礎知識

6 会 計

1 非営利法人等の会計

本書で扱う会計の対象は、社会福祉法人、特定非営利活動法人（NPO法人）、医療法人という非営利法人または当該法人の施設・事業所です。ここでいう非営利とは、法人の出資者（所有者）に利益配当の分配、解散時に残余財産の分配という形で分配しないことをいいます。一方、株式会社を典型とする営利法人は、利益配当の分配や解散時の残余財産の分配が行われる法人です。この非営利法人の会計基準（会計処理の会計基準と表示様式の会計基準）の近年の整備は、営利法人の会計基準に近似するという形で変化してきています。教育、医療・福祉等の公共サービスまたは公共セクターの組織が民間セクターのサービスまたは民間セクターの組織におけるマネジメント（会計を含む）を積極的に導入すること等は新公共経営（New Public Management）または新公共財務管理（New Public Financial Management）という考え方・政策の一つです。

2 会計の領域

上場株式会社の会計は、財務会計と管理会計に大きく2つに分けられます。前者は株主と債権者等の会社外部の利害関係者に報告するための会計ですが、法律の規制等に準拠して実施されるため制度会計とも呼ばれます。後者は経営管理に役立つ資料を会社内部の経営者に提供することを目的にした会計です。

非営利法人の場合、所轄官庁が縦割りで会計基準を定めており、同法人が作成する財務書類にはその会計基準を適用する必要があるので、非営利法人の会計は制度会計です。非営利法人の会計にも上場株式会社の財務会計や管理会計と同様の財務会計や管理会計が存在するとはいえませんが、その制度会計は一定の利害関係者への開示を求める点では財務会計的要素を持っており、予算作成等を求める点では管理会計的要素を持っているといえるでしょう。

3 非営利組織会計の変化

表Ⅲ-3は代表的な非営利組織と営利組織の会計基準を簡単に比較しています。非営利組織の会計基準は、株式会社（この場合は上場株式会社等の特定の株式会社）のそれに類似してきています。

非営利組織に株式会社の会計基準が導入されていること、同組織に黒字・赤

▷1 会計基準には大きく分けて、会計処理の基準と表示様式の基準がある。会計処理は取引の認識、測定を行い、その取引を勘定科目（表示科目）と貨幣額に変換する。表示様式は、勘定科目と貨幣額を計算書類の特定の場所に配置したり、必要な補足的情報を追加したりする。

▷2 企業会計は、金融商品取引法の下で上場株式会社等に適用される会計基準に基づく財務会計である。企業会計のグローバル化の主体は、新自由主義、自由貿易主義を思想的基盤とする先進諸国主導の国際会計政策である。この政策を左右するその他の主要な利害関係者には、経済・金融領域の国際的機関と多国籍企業およびその代理機関があり、会計・監査領域として国際会計基準委員会および国際会計士連盟と多国籍監査事務所ビック4およびその代理機関がある（新谷司〔2007〕「発展途上国の会計グローバリゼーションの現状と将来」伊藤秀俊編『会計グローバリズムと国際政治会計学』創成社、133-160頁）。

Ⅲ-6 会計

表Ⅲ-3 代表的な非営利組織の会計基準または会計指針の特徴（営利組織＝株式会社との比較含む）

種別	会計基準の名称	財務諸表または計算書類の体系
公益法人	「公益法人会計基準」 1985年9月公表	・収支計算書（予算・実績対比） ・正味財産増減計算書（ストック式が原則） ・貸借対象表 ・財産目録
	「公益法人会計基準」 2004年10月公表	・正味財産増減計算書（フロー式に統一） ・貸借対照表 ・財産目録 ・キャッシュ・フロー計算書（大規模法人のみ）
社会福祉法人	「経理規程準則」 1976年公表	・収支計算書 ・貸借対照表 ・財産目録
	「社会福祉法人会計基準」 2000年4月公表	・資金収支計算書（予算・実績対比） ・事業活動収支計算書 ・貸借対照表 ・財産目録
	「社会福祉法人会計基準」 2011年7月公表 「社会福祉法人会計基準」を省令化（従来の局長通知から省令へ変更） 2016年3月公表	・法人単位資金収支計算書，資金収支内訳表，事業区分資金収支内訳表，拠点区分資金収支計算書 ・法人単位事業活動計画書，事業活動内訳表，事業区分事業活動内訳表，拠点区分事業活動計算書 ・法人単位貸借対照表，貸借対照表内訳表，事業区分貸借対照表内訳表，拠点区分貸借対照表
医療法人等の病院	「病院会計準則」 1983年8月全面改正	・損益計算書 ・貸借対照表 ・利益金処分計算書又は損失金処理計算書 ・附属明細表
	「病院会計準則」 2004年8月全面改正	・損益計算書 ・貸借対照表 ・キャッシュ・フロー計算書 ・附属明細表
医療法人	社会医療法人債を発行した社会医療法人 「社会医療法人債を発行する社会医療法人の財務諸表の用語，様式及び作成方法に関する規則」（表示様式のみ）2007年3月公表	・事業報告書 ・財産目録 ・貸借対照表 ・損益計算書 ・キャッシュ・フロー計算書 ・純資産変動計算書 ・附属明細表
	上記以外の医療法人 「医療法人における事業報告書等の様式について」（表示様式のみ）2013年8月公表	・事業報告書 ・財産目録 ・貸借対照表 ・損益計算書
特定非営利活動法人（NPO法人）	特定の会計基準なし（ここでは1999年「特定非営利活動法人の会計の手引き」に準拠）	・財産目録 ・貸借対照 ・正味財産増減計算書を取り込んだ形の収支計算書（実績のみ）
	「NPO法人会計基準」2010年7月公表	・活動計算書 ・貸借対照表
株式会社（証券取引所に上場されている有価証券の発行会社の場合）	金融商品取引法　内閣府令の「財務諸表等規則」等（表示様式）企業会計審議会公表の「企業会計原則」など，企業会計基準委員会公表の「企業会計基準」など（会計処理）↑企業会計の基準	・貸借対照表／連結貸借対照表 ・損益計算書／連結損益計算書 ・キャッシュ・フロー計算書／連結キャッシュ・フロー計算書 ・附属明細表／連結附属明細表 ・株主資本等変動計算書／連結株主資本等変動計算書

注：（1）金融商品取引法の下で作成される連結貸借対照表，連結損益計算書，連結キャッシュ・フロー計算書などの連結財務諸表は，複数の株式会社が支配・従属関係にある場合にその複数の株式会社の資産・負債，費用・収益などを合算し，一定の調整計算を行った財務諸表である。
　　　（2）発行総額1億円以上の公募債（50名以上の募集）で社会医療法人債を発行する社会医療法人は，金融商品取引上の規制を受ける。
　　　（3）2016年4月に「医療法人会計基準」が公表され，会計処理の基準が示されたが，一定の規模以上の医療法人（社会医療法人を含む）に適用される。

字の採算性を示す損益計算書（公益法人の場合にはフロー式の正味財産増減計算書，社会福祉法人の場合には事業活動計算書〔NPO法人の場合には活動計算書〕）が導入されていること，などが確認できます。

　非営利組織の会計は，日本の企業会計の基準への接近と国際的な企業会計の基準への接近という形で，企業会計化の動きが進んできています。

（新谷　司）

第2部　社会福祉組織の「経営」

Ⅲ　組織経営の基礎知識

 情報管理

1　福祉サービスと情報管理

　現代社会には様々な情報が溢れています。それは福祉サービスを提供する場面においても同様です。そのため，利用者に関する情報をはじめ，職員に関する情報，雇用や会計・財務等の経営に関する情報，相談や苦情に関する情報等，非常に多くの情報を適切に管理しなければなりません。社会福祉法や介護保険法等では，サービス利用に関わる情報について規定されています。▷1

　今日の高度情報社会の進展により，利用者情報などサービス提供に伴う情報等は，パソコンによってデータとして管理されIT化が進んでいます。また，インターネットに接続することにより，その情報を容易に活用できる状況にあります。そのためコンピューターシステムの適正な利用と活用を行うなどセキュリティ対策を十分行っていくことが必要となります。そこでは，パソコンを操作し，情報を管理する人間のモラルが問われることはいうまでもありません。

　このように法人や事業所内で適切な情報管理を行うことは，コンプライアンス（法令遵守），財務状況の信頼性を確保するためにも必要不可欠な条件となります。

2　福祉サービスの利用者情報の管理

○個人情報と個人に関する情報

　個人情報とは，生存する個人に関する情報であって，当該情報に含まれる氏名，生年月日，その他の記述等により特定の個人を識別することができるものをいいます。▷2

　ここでは，生存している個人情報が法的対象ですが，利用者の死亡後も，当該者の情報を保存している場合は，漏洩，滅失又は毀損等の防止を図るなど適正な取り扱いを求められています。

○個人情報の匿名化

　個人情報の匿名化とは，個人情報から，当該情報に含まれる氏名，生年月日，住所の記述等，個人を識別する情報を取り除き，特定の個人を識別できないようにすることをいいます。匿名化された情報は，個人情報ではなくなります。

　また，顔写真については，目の部分にマスキングすることで特定の個人を識

▷1　厚生労働省「福祉分野における個人情報保護に関するガイドライン」では，福祉関係事業者は，多数の利用者やその家族に関して，他人が容易に知り得ないような個人情報を詳細に知り得る立場にあり，社会福祉分野は個人情報の適正な取り扱いが特に強く求められる分野であるとし，福祉関係事業者が遵守すべき事項等について具体的に示している。

▷2　「個人に関する情報」とは，氏名，性別，生年月日，住所，年齢，職業，続柄等の事実に関する情報に限らず，個人の身体，財産，職種，肩書等の属性に関する判断や評価を表すすべての情報を指す。公刊物等によって公にされている情報や映像，音声による情報も含まれる。

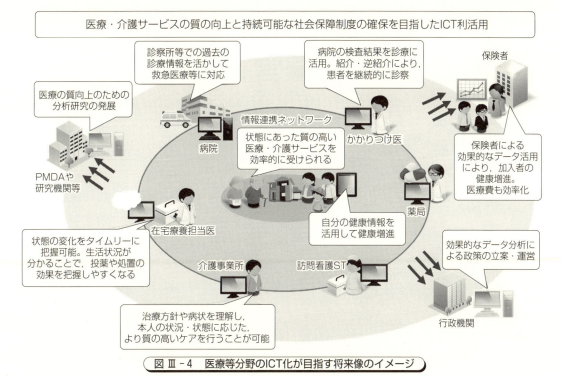

図Ⅲ-4　医療等分野のICT化が目指す将来像のイメージ

出所：厚生労働省（2014）「健康・医療・介護分野におけるICT化の推進について」。

別できないと考えられています。しかし，事業所内で得られる他の情報により匿名化できない場合もあるため，顔写真の使用においては，本人の同意を得るなどの対応も考慮する必要があります。

3　福祉サービス提供におけるICT化による情報共有

　今後ますます医療や介護のニーズが増加してくる中で，医療・介護の質の向上と国民の健康づくりを推進していくことが国家的な課題となってきます。そのため，国，市町村，医療機関，介護事業者，保険者，国民が一体となって，医療や介護の情報共有や情報の活用の高度化を進め，情報による付加価値を高めていくことが求められています。特に地域包括支援システムの構築にあたり，基礎自治体や医療，介護，住民等も含めた地域社会を効率的に情報によってつなぎ，住民が住み慣れた地域で安心して暮らすことができる体制づくりを進めることが必要となります。そのため，膨大な医療・介護情報等を効率的に行うためにICTを活用することが推進されています。厚生労働省は，医療情報連携ネットワークの普及促進による医療の質の向上と効率化の実現を目的に，病診連携・病病連携，救急医療，在宅医療・介護の連携，レセプトコンピュータの活用による診療所の情報共有を推進することとしています（図Ⅲ-4）。

（飛永高秀）

▷3　Information and Communication Technologyの略語。

Ⅳ 制度に基づく施設の「経営」

1 措置施設の「経営」

1 措置制度とは何か

　措置では，生活問題を抱えた人が福祉サービスを実施している機関（実施機関）に相談するのをきっかけにして，実施機関に与えられた権限（職権）に基づいてサービスを利用できるかどうかが決定されます。生活問題を抱えた人が相談するに当たって利用者の申請権は認められていません。つまり，措置では生活問題を抱えた利用者の福祉サービスの利用は，実施機関（措置権者）の行政処分（措置）の結果として可能となる反射的利益です。社会福祉施設への入所を例にすると，措置を実施した地方公共団体は委託した費用（措置費）を施設に支払い，施設は入所を受託した利用者にサービスを提供します。

2 措置費

　措置費は，図Ⅳ-1のとおり，施設で働く職員の給与などの人件費，施設の維持管理に必要な管理費などの事務費，飲食物費など施設を利用する人が最低限度の生活水準を維持するための事業費からなっています。

　措置施設に支払われる措置費は，利用者一人（世帯）当たりの月額単価（保護単価）に，毎月初日の在籍者数（措置費＝保護単価×毎月初日の在籍人数）から計算されます。なお，事務費は施設を運営するために必要な費用なので，定員に応じて支払われ（定員払い方式），事業費は実際に施設を利

▷1　社会福祉の領域において，行政庁が社会福祉の対象者に対して社会福祉に関する法律に基づいて行う援護，育成，保護，更生に関する行政処分のこと。
▷2　公の機関や公務員などがその地位や資格に基づいて一定の行為をなしうる権限およびその範囲。
▷3　国や公共の機関などに対して認可・許可その他一定の行為を求める権利。
▷4　Ⅹ-2側注参照。
▷5　行政機関が国民に対し，法律と規則に基づいて

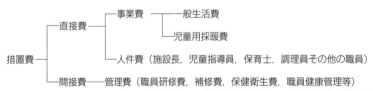

1	生活諸費	一般生活費：給食に要する材料費等及び日常生活に必要な経常的諸経費
2	教育諸費	①教育費：義務教育用の学用品費，教材代等 　　　　　特別加算費：高等学校等の入学時や資格取得時等に加算がある ②学校給食費：学校から徴収される実費 ③見学旅行費：小学6年生，中学3年生の修学旅行の交通費，宿泊費等 ④入進学支度金：小学1年，中学1年への進学に必要な学用品などの購入費 ⑤特別育成費：高等学校等教育用の学校納付金，教科書代，学用品費，通学費等 　　　　　特別加算費：高等学校等の入学時や資格取得時に加算がある ⑥夏季等特別行事費：夏季等に行われる臨海，林間学校等に出席するために必要な交通費等
3	その他の諸費	①期末一時扶助費：年末の被服等の購入費 ②医療費：診察，治療，投薬，手術等のいわゆる医療費 ③職業補導費：義務教育修了児が職業補導機関に通う交通費 ④児童用採暖費：冬季の採暖に必要な燃料費 ⑤就職支度費：退所児の就職に伴い必要な寝具類，被服類等の購入費等 ⑥大学進学等自立生活支度費：退所児の大学進学等に伴い必要な住居費等 ⑦葬祭費：死亡児の火葬又は埋葬，納骨費等

図Ⅳ-1　児童福祉施設における措置費の内容

出所：児童育成協会監修（2016）『児童保護措置費・保育給付費手帳 平成28年版』中央法規出版，15頁を筆者修正。

56

IV-1 措置施設の「経営」

表 Ⅳ-1　措置施設の措置費負担割合

施設種別	措置の主体の区分	支弁義務者	施設サービス利用料の徴収者	負担区分			
				町村	市	都道府県 指定都市 中核市	国
生活保護施設	都道府県知事 指定都市長 中核市長	都道府県 指定都市 中核市	都道府県 指定都市 中核市			1/4	3/4
	市長（福祉事務所設置 町村を含む）	市	市		1/4		3/4
老人福祉施設	市町村長	市町村	市町村長	10/10			
婦人保護施設	都道府県知事	都道府県	都道府県知事			5/10	5/10
児童福祉施設	都道府県知事 指定都市長 児童相談所設置市長	都道府県 指定都市 児童相談所設置市	都道府県知事 指定都市長 児童相談所設置市長			1/2	1/2

注：児童福祉施設とは，保育所，母子生活支援施設，助産施設を除いた施設である。
　　老人福祉施設の措置費の費用負担は，指定都市・中核市を含む市町村である。
出所：厚生統計協会（2008）『国民の福祉の動向2008』厚生統計協会，202頁を加筆修正。

用している人数に応じて支払う（現員払い方式）こととなっています。

３　措置施設

措置施設には，以下の施設があります。それぞれの施設の国と地方公共団体の措置に関する費用の負担割合は表Ⅳ-1のとおりです。

① 生活保護関係（救護施設，更生施設，授産施設，宿所提供施設）

② 老人福祉法関係（養護老人ホーム）

③ 児童福祉法関係（乳児院，児童養護施設，児童心理治療施設，児童自立支援施設）

④ 売春防止法関係（婦人保護施設）

４　措置施設の課題

措置施設の経営には，いくつかの課題が挙げられます。

措置制度は，行政処分によって福祉を必要とする対象者に対して福祉サービスを提供するしくみです。このため，利用者のサービス選択権や決定権は認められていません。福祉サービス利用の仕方が「措置」から「契約」へと移行する中で，措置施設も利用者との「契約」による福祉サービス提供について段階的な利用制度の検討が求められています。高齢者施設や保護施設では，介護を必要とする利用者が増えており，これに対応した施設のあり方が問われています。また，施設運営に要する費用は公費で賄われるため，社会福祉法人等の民間施設の経営は独自の財源をもつことがほとんどありません。ですから，その自主性，独自性を喪失しがちで，いかに自立的な経営を確立するかが大きな課題です。

（尾里育士）

権利を与えたり義務を負わせたりすること。

▷6　法律に基づいて行政処分されることで反射的に生み出される利益として利用者が福祉サービスを利用できること。

▷7　福祉サービスの利用にあたっては，利用者本人もしくは扶養義務者に対して，その負担能力に応じた費用徴収（応能負担）が行われる。

参考文献
古川孝順（2008）『福祉ってなんだ』岩波書店。
厚生統計協会（2008）『国民の福祉の動向2008』厚生統計協会。

Ⅳ 制度に基づく施設の「経営」

 ## 介護報酬による施設の「経営」

介護報酬の利用の流れと負担額

　介護保険制度では，利用者が特定の介護サービスを受けた際に，各市町村ごとに蓄えられた介護保険料から介護報酬が支払われます。また要介護状態に応じて支給限度額が定められています。介護サービスを１カ月間利用した場合，支給限度額は，要支援１で５万30円，要介護５で36万650円（表Ⅳ-３）と定められており，支給限度額の範囲内でサービスを利用した場合は，１割（一定以上所得者の場合は２割）の自己負担となります。また，限度額を超えてサービスを利用した場合は，超えた分が全額自己負担となります。また，サービス利用料の他に必要となる，居住費・食費・日常生活費・医療費は自己負担となります。

介護保険制度の対象者

▶１　寝たきり状態，病気・けがなどによる障害，認知症状態などによる要介護状態の者。
▶２　脳血管疾患，パーキンソン病，初老期認知症など老化を原因とする特定疾患による要介護状態の者。
▶３　身体上または精神上の障害があるために，入浴，排泄，食事などの日常生活における基本的な動作の全部または一部について継続して，常時介護を要すると見込まれる状態であって，その介護の必要の程度に応じて認定区分のいずれかに該当する者。
▶４　市町村などに設置されている介護認定審査会において79項目の基本調査か

表Ⅳ-２　介護保険で利用できる介護サービス

対象者	給付区分	在宅（居宅介護サービス）	施設（施設介護サービス）
要介護１〜５	介護給付	訪問介護（ホームヘルプ） 訪問看護 訪問リハビリテーション 通所介護（デイサービス） 通所リハビリテーション（デイケア） 訪問入浴 短期入所生活介護（ショートステイ） 短期入所療養介護（ショートステイ） 認知症対応型共同生活介護（グループホーム） 特定施設入所者生活介護 　（養護老人ホーム・有料老人ホーム・ケアハウスなどでの介護サービス） 福祉用具の購入・貸与 住宅改修 居宅療養管理指導（医師の訪問による指導）	介護老人福祉施設（特別養護老人ホーム） 介護老人保健施設（老人保健施設） 介護療養型医療施設 　（療養病床―病院，診療所，老人性認知症疾患療養病棟）
		ケアプランの策定，相談など。このサービスは利用者の１割負担なし。	居宅介護支援事業者
要支援１・２	予防給付	上記サービスのうち，認知症対応型共同生活介護（グループホーム）以外のサービスが利用できる	（利用できない）

出所：厚生労働省資料を基に筆者作成。

IV-2 介護報酬による施設の「経営」

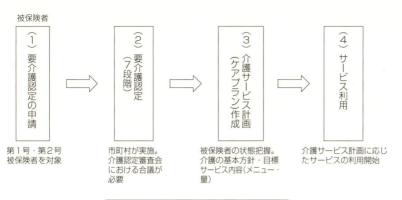

図IV-2 介護サービス利用の手続き

出所：表IV-2と同じ。

表IV-3 介護報酬の支給限度額

要支援・要介護度	支払限度額
要支援1	5万30円
要支援2	10万4,730円
要介護1	16万6,920円
要介護2	19万6,160円
要介護3	26万9,310円
要介護4	30万8,060円
要介護5	36万650円

出所：表IV-2と同じ。

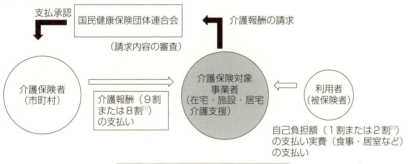

図IV-3 介護報酬と負担額の流れ

注：(1) 一定以上所得者の場合。
出所：表IV-2と同じ。

　介護保険制度の介護サービスを利用できるのは，第1号被保険者，第2号被保険者の要介護状態の人と，日常の生活支援を必要とする程度の要支援状態の人です。介護サービスを受ける場合は，まず市町村が実施する要介護認定を受け，それによって要介護者（要介護1～5）もしくは要支援者（要支援1・2）と認定された人が，介護支援専門員（ケアマネジャー）に介護サービス計画（ケアプラン）を作成してもらい，利用者の了解の上でサービスを利用できます。

3　介護報酬制度の課題

　介護保険制度のねらいの一つは，サービス利用の手続きの簡便化，利用しやすさの実現でしたが，実際の利用開始には要介護認定の通知を待つ必要があり，利用者の切迫した状況では，必ずしもすぐに利用できない場合があります。
　また，施設経営においては介護報酬請求から支払いまでの期間が2カ月かかることから資金繰りを圧迫していることや，十分なサービスを提供するため介護報酬額の見直しが必要であるという意見もメディアなどで報道されています。

（中村英三）

▷1～▷3 ら，要介護認定等基準時間の算出によるコンピュータの一次判定の結果と，特記事項ならびに主治医の意見書などに基づいた二次判定の結果により決定する，認定区分（要支援1・2もしくは要介護1～5）。
▷5 要介護認定の結果，要介護状態区分で最も軽いランクに該当する者。予防給付が保険給付として行われ，家事援助など日常生活を支援するサービスが中心となる。
▷6 ケアプランは，制度上自分や家族が作成してもよいことになっているが，実際は居宅介護支援事業者の下にいるケアマネジャーに作成してもらう場合が多い。

59

Ⅳ　制度に基づく施設の「経営」

自立支援給付による施設の「経営」

1　自立支援給付とは何か

　障害者総合支援法のサービスは，自立支援給付と地域生活支援事業に分類できます。さらに自立支援給付は，介護給付，訓練等給付，自立支援医療，補装具に分類されます。

　施設等の事業者側が提供するサービスは，日中の介護等を提供する生活介護や夜間の生活の支援を集団的に行う施設入所支援等の介護給付と，主に身体障害のある人の機能の訓練を行う機能訓練や夜間の生活の支援を少人数で行う共同生活援助等の訓練等給付に限定されます。そこで，ここでは自立支援給付の中でも介護給付と訓練等給付について考えます。

2　施設の収入と支出

　施設等の事業者の収入の多くは，介護給付と訓練等給付を利用者に提供した際に支払われる報酬です。この報酬は介護給付の場合は介護給付費，訓練等給付の場合は訓練等給付費と呼ばれ，これらの報酬が支払われる流れは図Ⅳ-4のとおりです。なお，利用者負担分を除いた介護給付費，訓練等給付費は公費負担となり，その内訳は国が50％，都道府県が25％，市町村が25％となっています。一方，施設等の事業者の支出の約6割は職員の給与です。

▷1　厚生労働省(2014)「平成26年 障害福祉サービス等経営実態調査結果」。

▷2　同前。

3　報酬算定の構造

　介護給付費や訓練等給付費は，サービスごとに単位が決められています。また1単位の単価は，サービスと地域ごとに設定されており，10円から11.44円の間に設定されています。

　次にサービスごとの単位を確認します。まず介護給付の内，居宅介護，重度訪問介護，同行援護，行動援護といった支援者と利用者が1対1の支援が想定されるサービスは，提供する時間によって単位が異なります（表Ⅳ-4）。一方，介護給付の内，生活介護，施設入所支援，短期入所といったサービスは，事業者の定員数と利用者の障

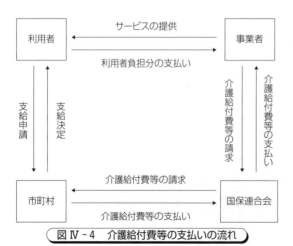

図Ⅳ-4　介護給付費等の支払いの流れ

出所：東京都国民健康保険団体連合会を参考に筆者作成。

表Ⅳ-4　居宅介護（身体介護）の報酬単位

30分未満	248単位
30分以上1時間未満	392単位
1時間以上1時間30分未満	570単位
1時間30分以上2時間未満	651単位
2時間以上2時間30分未満	732単位
2時間30分以上3時間未満	813単位
3時間以上	894単位（30分増す毎に＋81単位）

出所：「障害福祉サービス費等の報酬算定構造」1頁。

表Ⅳ-5　生活介護の報酬単位

定員20人以下	障害支援区分6	1283単位
	障害支援区分5	963単位
	障害支援区分4	683単位
	障害支援区分3	613単位
	障害支援区分2以下	561単位
定員21人以上40人以下	障害支援区分6	1141単位
	障害支援区分5	854単位
	障害支援区分4	601単位
	障害支援区分3	541単位
	障害支援区分2以下	493単位

注：この他に定員41人以上60人以下等の区分がある。
出所：表Ⅳ-4と同じ，7頁。

害支援区分によって単位が異なります（表Ⅳ-5）。また訓練等給付の場合は利用者の定員数によって単位が異なります。このように基本的な単位が設定されているとともに，サービスごとに介護度の高い利用者を受け入れた場合や専門職を配置した場合にさらに単位は増えることがあります。これを加算と言い，様々な加算がサービスごとに設けられています。

 施設の「経営」の実態と課題

　このようにサービスにより報酬額が異なることから，提供するサービスによって，事業者の収支の状況は異なります。例えば，施設入所支援とその他の事業を実施している事業者の内，赤字の事業者は11.7％であるのに対し，共同生活援助のみを実施している事業者の赤字の事業者は25.3％と実施している事業ごとの相違がうかがえます。[3]

　すなわち，事業者は報酬算定の構造を考え，新規の利用者の受入れや職員の配置を検討することが求められます。しかし，収支のみに執着し，事業者にとって都合のよい利用者のみにサービスを提供することが起こることも懸念されます。そのため，事業者の経営が障害のある人の益となるためには，事業者間のネットワーク構築を図る自立支援協議会を運営する市町村や主な事業者の指定及び監査を行う都道府県の役割が重要になります。

（相馬大祐）

▷3　北田陽平（2016）「平成26年度障害福祉サービス経営状況について」『Research Report』独立行政法人福祉医療機構。

Ⅳ　制度に基づく施設の「経営」

4 コンサルテーション

1 コンサルテーション

○コンサルテーションとは何か

コンサルテーションとは，より専門的な助言を必要としている専門職に対して，その領域の専門性を持つ機関や個人が，相談・指導を提供すること，といえます。単発的に行われる場合と継続的・組織的に行われる場合があります。

自らの専門性に基づいて他の専門職を援助するものを「コンサルタント」，援助としてのコンサルタントを受ける者を「コンサルティ」と呼びます。コンサルタントは組織外部の者の場合が多く，コンサルテーションは自由意思に基づく任意契約関係の中で行われます。ゆえにコンサルタントは，組織への管理責任がなく，基本的にクライエントへの支援を直接行うことはありません。

○スーパービジョンとの違い

コンサルテーションもスーパービジョンも，どちらも相談を受ける専門職の業務に焦点を当て，サービスや支援の質の向上のために，その資質や力量の向上を目指します。スーパービジョンは，一般的に「教育的機能」「支持的機能」「管理的機能」の3つの機能を持っているとされています[1]。コンサルテーションは，このうち管理的機能を持たず，専門的技能の指導，専門知識からの助言を行います。ただし，施設経営や運営管理に関するコンサルテーションの場合は，間接的な管理的機能を持つことになります。組織内部に所属するスーパーバイザーによるスーパービジョンは，管理責任が伴います。

2 客観的な意見を取り入れて実践を改善させる

○コンサルテーションを受ける時

福祉サービスを提供する組織内部の人材は，有限です。スタッフ各メンバーの強みと弱みもあります。組織にいるメンバーだけで，サービス実践や組織経営展開の課題克服が困難な状況の場合があります。その際，コンサルテーションを受けることがあります。法人および施設・事業所開設時等，少ないメンバーで多岐にわたる多くの業務を行わねばならない時にも，コンサルタントの助力を借りることがあります。

○サービスの質の向上

クライエントの生活を支える福祉サービス（入所型，通所型，訪問型等）や一

▶1　日本社会福祉教育学校連盟（2015）『ソーシャルワーク・スーパービジョン論』中央法規出版，59-78頁。

部の医療機関（例えば精神科や慢性期医療の長期療養病棟）等では，同じクライエントに長期的に関わることになります。支援がマンネリ化，ルーティン化[2]してサービスの質が低下したり，クライエントとの関係性が固まってしまったスタッフではチームの課題が改善しなかったりすることがあります。組織内での改善が難しければ，コンサルテーションを検討します。

○ 経営改善

福祉施設の経営は，組織の理念の共有の方法，組織としてのサービス提供の姿勢，人事・労務管理や財務管理，サービスの広報等，非常に多岐にわたります。組織のメンバーの組み合わせやチームの雰囲気，従業員（スタッフ）のモチベーション，施設の物理的な環境なども，サービスの質に影響を与え，それが経営の向上や悪化にもつながります。これらのことについて，組織内のメンバーのみで解決や改善が難しければ，コンサルテーションを受けて改善につなげることがあります。

❸ コンサルテーションの実際 [3]

福祉サービスも施設・事業所が選ばれる時代になってきています。コンサルテーションによって，組織全体のサービスの質向上，人材確保等職員に関する問題の改善，サービスの評価向上，利用率や満足度の向上，業務拡大，他事業所との差異化等が図られ，経営安定に繋がっていきます。その内容（目的）として次のようなものが挙げられます。

○ サービスの方法に関するコンサルテーション

例えば，支援・ケアのスキルと質の改善（介護技術，ケアマネジメント技術，面接技術等），チームケアの体制構築，実践に関する助言・指導等です。その他，施設内の物理的な環境評価等を行うこともあります。

○ 組織経営に関するコンサルテーション

例えば，サービス稼働率の向上改善，営業戦略や経営戦略の組み立て，マーケット調査・地域分析等です。また，人事管理を中心として，離職問題改善，職員メンタルヘルス，リーダー人材スキルアップ等を行うこともあります。合わせて施設内研修の企画・運営を行う場合もあります。

○ ICT 導入・広報活動に関するコンサルテーション

ICT 導入に関しては，電子カルテ導入等の IT コンサルティング，パソコン・システム保守などがあります。広報活動に関しては，その戦略策定と，ホームページ作成，情報共有システム導入等があります。　　　　　　（本多　勇）

▷2　日常規則的に繰り返される決まり切った仕事や生活様式のこと。英語・フランス語。ここでは，利用者やその生活の個別性を意識せず，流れ作業的に援助の仕事を行う，という意味。

▷3　本文で例示した以外にも，施設開設や事業拡大等の際には，補助金の調査と申請代行，建設業者との交渉，備品・家具等購入の調整等があります。新規事業を軌道に乗せるためのコンサルテーションもある。

参考文献

日本社会福祉教育学校連盟監修（2015）『ソーシャルワーク・スーパービジョン論』中央法規出版。

Ⅴ 福祉人材の養成と育成

福祉人材の養成

1 福祉現場の人材

社会福祉施設・機関では様々な職種の職員が働いています。施設・機関の種類によって異なりますが,例えば,施設長,生活指導員・支援員,精神科・医療ソーシャルワーカー,保育士,介護職員・介助員,医師,保健師,看護師,セラピスト(理学療法士,作業療法士等),心理・職能判定員,介護支援専門員,栄養士,調理員,事務員等の職種があります。

ここに挙げた例でもわかるように,社会福祉施設・機関では社会福祉分野の専門職だけではなく,様々な分野の専門職が働いています。また,社会福祉分野の資格をもつ者が,病院をはじめとする他分野の機関で働いている例も増えています。いずれにしても福祉の職場は,多様な専門職とのチームによって担われているところに特徴があるといえます。福祉専門職には,他分野の専門職と対等な立場で,連携できるだけの高い専門性と連携のための技術が求められます。

2 資格制度

他の専門職との対等な関係を構築するための方法の一つが,福祉専門職の国家資格化です。国家資格化には,①社会福祉専門職の社会的な地位を確立することにつながる,②社会福祉の担い手の一定の水準を確保することができる,などの利点があります。

日本では福祉専門職の国家資格化が他の国に比べて遅く,初めて誕生したのは1987年でした。現在,福祉分野の国家資格には,社会福祉士,介護福祉士,精神保健福祉士,保育士があります。これらの資格を取得するためのルートは,それぞれの資格が根拠としている法によって定められています。

また,資格取得後,さらに高度な専門性を身に付けた専門職を養成するために,認定制度が設けられています。認定社会福祉士は,社会福祉士としての実務経験が5年以上の者が,研修機関での研修を受けると認定されるものです。認定は,高齢分野,障害分野,児童・家庭分野,医療分野,地域社会・多文化分野の5分野で行われます。さらに10年以上の実務経験をもつ者に対して認定上級社会福祉士の資格が設けられています。認定資格は,更新制となっており,常に知識・技術の向上に取り組むことが期待されています(図Ⅴ-1)。

▷1 学校にスクールソーシャルワーカーが配置されたり,刑務所にソーシャルワーカーが配置されたりなど,社会福祉専門職が働く領域は拡大する傾向にある。

▷2 国が必要な条件を法律によって定めることによって得られる身分のこと。

▷3 社会福祉士及び介護福祉士法(1987年制定)に基づく資格。資格取得のルートは多様であるが,いずれにしても国家試験に合格することが必須である。

▷4 社会福祉士及び介護福祉士法(1987年制定)に基づく資格。資格取得のルートには,国家試験を受験するルートと,養成施設を修了することにより取得できるルートとがあったが,2017年(第30回)からは,養成施設ルートにも筆記試験が課せられるようになった。

▷5 精神保健福祉士法(1997年制定)に基づく資格。国家試験に合格することが必須となる。

▷6 児童福祉法に規定されている資格。保育士は従来任用資格とされていたが,法改正(2003年施行)により,法定化され,名称独占資格となった。

▷7 認定機関によって一定の能力を有していることを認めること。

③ 専門職の養成

専門職の養成は，法や施行規則に示された要件を満たす大学等の教育機関・養成施設で行われています。これら教育機関等で行われる教育内容や，科目を担当する教員の資格要件などについても，厚生労働省が定めています。このように国が基準を示すことによって，専門職の教育が一定の水準以上となるよう図られています。また，社会福祉士及び介護福祉士法は，法施行から20年が経過した2008年に改正され，教育課程等が見直されました。また，精神保健福祉士の教育課程も2012年に見直されています。

他方，教育機関等は，一般社団法人日本ソーシャルワーク教育学校連盟，公益社団法人日本介護福祉士養成施設協会，一般社団法人全国保育士養成協議会などを組織しています。これらの団体は，専門職養成のための教育内容の充実をはかることを目的として組織され，研究開発や知識の普及などに取り組んでいます。

④ 人材養成の課題

2015年9月，厚生労働省の新たな福祉サービスのシステム等のあり方検討プロジェクトチームは，「誰もが支え合う地域の構築に向けた福祉サービスの実現——新たな時代に対応した福祉の提供ビジョン」を発表しました。その中では，家族や地域社会の変容を背景にして，全世代・全対象型の地域包括支援が必要であることが指摘されました。そして，そのような支援を担う人材には，マネジメントやコーディネートのスキルを有していることが期待されています。

現在，プロジェクトチームが指摘しているような地域包括支援システムの整備は，どの地域にも共通する大きな課題となっています。こうしたシステムにおいては，多職種がチームで働くことも求められていることから，多職種連携教育への期待も高まっています。

前で説明したように，資格制度が制定された後も教育課程の見直しなどを通じて，質の高い専門職の養成に取り組まれてきました。しかし，社会状況の変化を背景に，期待される専門職像が変化しています。福祉人材の養成を担っている教育機関・養成施設には，このような社会的要請に応えるためのさらなる教育の内容見直しや充実が求められているといえます。

（小松理佐子）

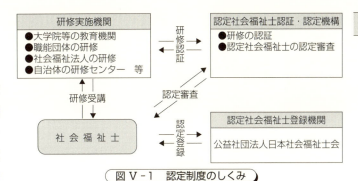

図Ⅴ-1 認定制度のしくみ

出所：認定社会福祉士認証・認定機構パンフレット『認定社会福祉士制度』3頁。

▷8 これとは別に，介護福祉士制度においても，認定介護福祉士制度が設けられており，一般社団法人認定介護福祉士認証・認定機構によって認定されている。

▷9 2008年の社会福祉士制度の改正で10年後に見直しを図ることが確認されたことを踏まえ，2018年に教育課程の見直し作業が行われた。

参考文献

厚生労働省の新たな福祉サービスのシステム等のあり方検討プロジェクトチーム（2015）「誰もが支え合う地域の構築に向けた福祉サービスの実現」。

Ⅴ 福祉人材の養成と育成

福祉人材の確保

1 人材確保対策

　福祉サービスは人によって担われるものなので、どのような人材を確保するかによってサービスの質が決まるといっても過言ではありません。また、高齢者人口の増加が見込まれる中で、量的にもサービス提供を担う人材の確保は重要な課題となっています。

　社会福祉法第89条では、国に社会福祉従事者の確保についての基本的な指針を定めることを義務づけています。これに基づいて国は2007年に、「社会福祉事業に従事する者の確保を図るための措置に関する基本的な指針」(以下、「指針」)を策定し、社会福祉従事者の人材確保に取り組んでいます。

2 人材確保の課題

　2016年度に介護保険サービス事業所を対象に実施された調査では、従業員に不足感(「大いに不足」+「不足」+「やや不足」の回答の合計)を感じていると回答した事業所は62.6%にのぼりました。また、介護サービスを運営する上での問題点を尋ねた設問では、「良質な人材の確保が難しい」という回答が一番多く、55.3%でした(複数回答)。

　こうした実態の中で、多くの優れた人材を確保するには、福祉の仕事を魅力あるものにする必要があります。そのための方策として、資格取得者の待遇改善、キャリアアップのための研修や資格取得の機会の提供、適材適所に人材が配置されるための支援などに取り組むことが課題となります。

3 人材確保の諸施策

○資質の向上

　社会福祉従事者の資質向上のための取り組みの一つは、Ⅴ-1 で説明したように専門職の資格制度を確立し、その養成教育の充実を図ることです。2つ目には、現任者に対する研修の充実を図ることです。現在、全国社会福祉協議会中央福祉学院や都道府県社会福祉協議会では、社会福祉施設長研修をはじめとする様々な現任者を対象とした研修を実施しています。

　また、社団法人日本社会福祉士会をはじめとする職能団体は、資格取得後の専門職に対して、社会福祉の動向等に関する最新情報の提供、研修や会員相互

▷1　この指針が最初に策定されたのは1993年のことである。その後、福祉・介護ニーズを取り巻く状況が大きく変化したこと等を受けて、2007年に新しい指針が策定された。新たな指針では、①労働環境の整備の推進、②キャリア・アップの仕組みの構築、③福祉・介護サービスの周知・理解、④潜在的有資格者等の参入の促進、⑤多様な人材の参入・参画の促進、の5つの視点から人材確保策を示している。

▷2　公益財団法人介護労働安定センター「平成28年度介護労働実態調査」結果。

▷3　福祉の仕事の多くが女性によって担われている。したがって、福祉の人材確保のためには、女性の就労を困難にする出産や子育てといったライフ・イベントに配慮した、女性にとって働きやすい労働環境を整備することも課題である。(介護保険サービス事業所の労働者の77.9%が女性である〔前掲調査による〕)。

▷4　専門資格をもつ従事者によって組織される団体のこと。専門性の維持・向上や社会的地位の向上等を目的として活動する。社会福祉分野には他に、社団法人日本精神保健福祉士協会、社団法人日本医療社会事業協会、日本ソーシャルワーカー協会、社団法人日本介護福祉士会、がある。

の交流の機会の提供，会員の研究活動の支援，等に取り組んでいます。こうした職能団体の活動は，専門職の質の向上とキャリアアップを内部から支えるものとして重要な役割を果たしています。

これらは国レベルの取り組みですが，こうした取り組みには限界があります。今後は，V-3〜V-5で取り上げているようなOJT，OFF-JT，スーパービジョンなど，組織や地域レベルの研修の充実が期待されています。

◯ 処遇の充実

社会福祉従事者の福利厚生のための業務は，福利厚生センター[5]によって行われています。福利厚生センターは，社会福祉事業者の福利厚生に関する①啓発活動，②調査研究，③事業の実施，④社会福祉経営者との連絡および助成，⑤その他必要な業務，に取り組んでいます。また，社会福祉施設等の職員を対象にした社会福祉施設職員等退職手当共済制度[6]が設けられています。

これまで国はこのように法制度を整備して，社会福祉従事者の処遇に取り組んできましたが，2007年に出された「指針」では，最近の社会福祉従事者の労働環境について，給与の水準が他の分野の労働者に比べて低い水準であること，非常勤職員の占める割合が増加傾向にあることが指摘されました。合わせて，介護保険サービスに従事する介護職員の入職率・離職率が高いこと[7]も指摘されています。社会福祉従事者の雇用形態や給与面の改善とともに，育児休暇・介護休暇等の労働環境の改善に早急に取り組む必要があります。

◯ 就業の促進

人材確保のための方策として，都道府県ごとに都道府県福祉人材センターを設置しています（社会福祉法第93条）。都道府県福祉人材センターでは，社会福祉の職場に就職を希望する人を対象に，無料職業紹介，福祉職場説明会，潜在的有資格者等就労促進講習会，福祉入門教室を実施しています。また，社会福祉施設・機関等に対して，人材確保相談や従事者研修を行っています。

こうした都道府県福祉人材センターの業務を支援するために，中央福祉人材センターが設置されています（社会福祉法第99条）。

4 今後の課題

介護分野の人材確保対策の一つとして，海外からの労働者の受け入れが始まりました。それに伴って，介護福祉士国家試験の資格取得ルートの一つとして，EPA（経済連携協定）ルートが設けられました。これによって，今後，福祉現場で働く海外からの労働者が増えることが予想され，受け入れ体制の整備が課題となります。また，福祉人材確保の問題は，処遇の充実という問題と切り離すことができません。このことは，個々の組織の課題ではなく，福祉に必要な費用を社会全体としてどのように捻出するかという，国レベルの経営の課題であるともいえます。

（小松理佐子）

▷5 社会福祉法第102条に基づいて，社会福祉事業従事者の福利厚生の推進をはかることを目的として，厚生労働大臣がその業務を担う社会福祉法人（全国1か所）を指名している。

▷6 1961年に制定された社会福祉施設職員等退職手当共済法に基づく制度。独立行政法人福祉医療機構によって運営されている。加入は強制ではなく，社会福祉施設経営者の任意となっている。

▷7 2004年度の介護保険サービスに従事する介護職員の数に対するその後1年間の採用者の割合は約28%，離職者の割合は約20%である（「社会福祉事業に従事する者の確保を図るための措置に関する基本的な指針」〔厚生労働省告示第289号〕2007年8月）。

参考文献

染谷淑子編（2007）『福祉労働とキャリア形成』ミネルヴァ書房。

Ⅴ　福祉人材の養成と育成

 OJT

1 OJTとは何か

OJT（On the Job Training）とは，「上司や先輩が，部下や後輩に対して，仕事を通じて，仕事に必要な知識・技能・態度を指導育成するすべての活動」です[1]。職場で仕事の内容を学習し，その場で実践することです。スーパーで，研修中のネームプレートを付けた店員が，他の店員の前でレジを打っている姿を見ることがあると思います。これはOJTの最中です。研修中の店員はOJT対象者，側にいる店員はOJTリーダーです。各々の役割は次の通りです。

▷1　宮崎民雄（2008）『福祉職場のOJTとリーダーシップ 改訂版』エイデル研究所，18頁。

名　称	役　割
OJT対象者	OJTを受ける人＝新人，後輩，新しく配属された人（含む上司）
OJTリーダー	OJTを実践する＝上司，先輩，前から職場にいる人（含む部下）

2 OJTの内容-帰納法と演繹法

理論と事象（実践）を結び付ける方法として演繹法と帰納法があります。その違いは次の通りです。OJTという仕事の場だけではなく，日常生活でもこの理論を意識して物事を進めています。

理　論	内　容	概　要	例
演繹法	理論に基づく実践	説明	「衛生」のために「掃除をする」
帰納法	実践から理論に戻る	振り返り	「掃除」をしたら「衛生的になる」

OJTのためにマニュアルを作成し，指導者を決めている職場もあります。病院の看護師など新人が多数配置されている職場では，プリセプターという，経験が1～3年程度の先輩がマンツーマンで新人を指導する形を取ることもあります。経験が豊富でないために，新人と近い視点で教えられる強みを活かした方法です。このように，形式が整っているものがフォーマルなOJTです。逆にその形式が整っていないものがインフォーマルなOJTです。

フォーマルなOJTでは，先にOJTリーダー（以下，リーダー）がOJT対象者（以下，対象者）に業務の目的や手順等をマニュアルなどで示します。これが演繹法に基づくOJTです。業務の後で，リーダーが対象者に内容を確認したり，補足したりする振り返りをします。これが帰納法に基づくOJTです。

実際には他の職員の業務から学ぶこともあります。その場合は説明なしに業務を見てから，理由づけを考えます。電話の取次やクライエントへの接し方，記録の取り方など業務すべてに完璧なマニュアルを作成することは不可能です。これがインフォーマルな OJT です。以下は，フォーマルな OJT とインフォーマルな OJT の違いです。

形	実践者	マニュアル	理　論
フォーマル	OJT リーダー	あり	演繹法・帰納法
インフォーマル	職場の職員それぞれ	なし	帰納法

OJT 関係の本の多くは，リーダーとなった読者を想定しています。OJT という言葉を意識するのは，新しい職員に職場や業務について伝える立場になった時だと考えられます。共通しているのは，人を動かすのは理論ではなく感情であり，モチベーションの維持の大切さです。

職場において，マニュアルという形にはなっていない不測の事態が起きます。例えば A さんについてのケア会議の最中に，B さんについての連絡が入ることがあります。その際，B さんの連絡を直接受けるのか，他の職員に任せるのか，判断をしなければなりません。その際は，職場での暗黙の了解で成り立っている暗黙知やこれまでの経験の上で積み重ねられた経験知を使います。

たとえ管理職であっても新たな職場に配属された場合は，まずは職場について学ばなければなりません。それは企業特殊性という，その職場において言葉にすることができない，経験知・暗黙知があるからです。

③ OJT の実際

新入職者の配置により，計算上は人数が増えるので効率がアップされるように思われます。しかし，すべての職場が系統だった OJT を実施できるわけではありません。リーダーも他の業務と並行して OJT を実施する必要があり，振り返りなどのフォーマルな OJT の優先順位が下がることがあります。

一方，OJT は対象者だけではなく，リーダーを含めた職員全員が日頃から実施しています。日常的な業務について，失敗も含めた報告や連絡・相談をすることで，追体験をすることができます。

対象者とリーダー，管理職とその部下という枠組みに捉われない，報告・連絡・相談のできる関係性とモチベーションの維持が重要です。そこから，管理職も含めた役割分担ができ，職場文化を形成していくことが重要です。

（吉永洋子）

参考文献

上西充子（2004）「能力開発とキャリア」佐藤博樹・佐藤厚編『仕事の社会学』有斐閣。

内村政光（2012）『OJT で部下が面白いほど育つ本』中経出版。

小池和男（1997）『日本企業の人材形成』中央公論新社。

中尾ゆうすけ（2010）『これだけ！OJT』すばる舎リンケージ。

野部剛（2013）『これだけ！報連相』すばる舎リンケージ。

博報堂大学編（2014）『「自分ごと」だと人は育つ』日本経済新聞出版社。

宮崎民雄（2008）『福祉職場の OJT とリーダーシップ 改訂版』エイデル研究所。

V 福祉人材の養成と育成

4 Off-JT

1 Off-JTとは何か

Off-JT（Off the Job Training）には，「職務命令により，一定期間日常職務を離れて行う研修。職場内の集合研修と職場外研修への派遣の2つ」[1]があります。OnかOffかの違いは業務中か業務以外かの差です。そして，Off-JTは基本的に「研修」というフォーマルなスタイルを取ります。以下で，職場内と職場外のOff-JTについて説明をします。

2 職場内のOff-JT

職場内でのOff-JTには，部門内の研修と組織全体の研修があります。両者の違いは，次の通りです。

規模	例	メリット
部門内	事例検討	事例提出者：事例の振り返り（スーパービジョン） 他のスタッフ：事例の追体験
	制度や機関の学習	利用できる社会資源の理解を深める
組織全体	接遇研修や感染の対応・制度の学習	組織全体で知識を共有でき，実践につながる 部門外の職員との交流ができる場ともなる

職場内のOff-JTでは，参加については業務との調整が必要です。業務時間内であろうと業務終了後であろうと全員の出席は不可能です。そのため，企画をするには対象者を絞り効果的なOff-JTが実施されるように心がけ，出席者は学んだ結果を普段の業務に活用するように心がけることが望まれます。

3 職場外のOff-JT

職場外での研修としては，職務命令で実施されるOff-JTと自ら参加する任意のOff-JTがあります。主な例としては，行政機関からの新たな制度の説明会や後述する職能団体が実施する研修会等が挙げられます。行政機関主催のものは平日の勤務時間に開催されることが多いですが，後述する職能団体によるものは，任意でも出席しやすいように土日や祝日等の休日に開催されることが多いです。職務命令になると，休日に参加した日の代休を取得するケースが多いです。形式別に見た両者の違いは，次の通りです。

▷1 宮崎民雄（2008）『福祉職場のOJTとリーダーシップ 改訂版』エイデル研究所，15頁。

形　式	判　　断	経　費	時　　間	報告書
職務命令	所属長	職　場	勤務時間内	必　要
任　意	所属長及び個人	個　人	勤務時間外	不　要

④ Off-JT の補足的な役割

　Off-JT の補足的な機能としては，人間関係の形成があります。組織内の Off-JT では他の部署，組織外の Off-JT では他の機関の職員と知り合い，その結果として自らの組織との共通点や違いを学ぶことができます。また，悩みを共感することにより，職場での業務に活かすことができることもあります。[▷2] 同じ授業を受けても，理解する部分の深め方が個人個人で異なるように，研修を通しての学びの結果も各々異なります。個人として捉えたことを職場に報告をして，個人としても職場としてもレベルアップをすることを心がけることが大切です。インフォーマルな Off-JT で学ぶことは理想に近い内容です。それを現場にいかに活用するのか，活用することが困難でも目標を定めて意識することが，その後の業務に反映されます。

⑤ 個人的な Off-JT

　V-3 で述べたのと同様に，Off-JT も家族や職場外の人間関係の中で常時行われています。現在はストレス社会，他人とのつながりが希薄，情報化社会などといわれています。20世紀では対面や電話・手紙が主であったコミュニケーションツールが，21世紀では PC や携帯電話の出現により電子メールや SNS と広がり，多くの人とのコミュニケーションが可能になりました。そのために，新たなコミュニティはすぐにでき，人は多くのコミュニティに所属するようになりました。そして，各コミュニティから求められる役割は増えているため，コミュニティごとの優先順位をつける必要が出てきました。

　Off-JT の基本形式はフォーマルな研修会です。しかし実際に休日に研修会を開催しても，乳幼児がいれば，家族と研修のどちらを優先するのかを検討しなければなりません。そこでは参加することに葛藤を感じたり，現実的に参加することができなかったりします。

　一方で，家族や友人などのインフォーマルな関係からも人間関係を学ぶことができます。自らが職業を通して得た制度などを伝えるという啓発活動を実施することもできます。例えば精神保健福祉分野で就労していれば，家族を精神障害のある人への支援を啓蒙するイベントに誘ったり，仕事の内容を個人情報に配慮して伝えたりするなどの啓発活動をすることができます。これは V-3 で述べた「演繹法」と「帰納法」の利用です。このように，Off-JT を含めたトレーニングを日頃から意識することは大切です。　　　　　　　　（吉永洋子）

▷2　筆者も組織内の研修会では他部署のスタッフと関わり，組織外の研修会に参加するにおいては，名刺交換をし，知り合いを増やすことを心がけていた。この部分はインフォーマルな Off-JT といえるだろう。

Ⅴ 福祉人材の養成と育成

 ## スーパービジョン

1 スーパービジョンとは何か

スーパービジョンとは,「専門職が組織内で援助・支援業務を実施するうえでのバックアップ体制であり,それは組織からの確認作業を通してなされるもの」[1]です。

ソーシャルワーク場面においては,担当者はクライエントの話を聴き,状態を評価し,解決方法を検討します。その際,ソーシャルワーカーが活用するものは,価値・知識・技術です。業務に当たって,担当者が自らの実践を振り返るために指導者とケースについて検討することがスーパービジョンです。この作業により,担当者は視野を広げることで,知識や技術の向上と自らの価値を理解することを目標とします。スーパービジョンの場面では,指導者をスーパーバイザー,担当者をスーパーバイジーと呼びます。

▷1 福山和女編著(2005)『ソーシャルワークのスーパービジョン』ミネルヴァ書房,197頁。

2 スーパービジョンの機能

スーパービジョンの機能をは,次の通りです。

機　能	内　　　容
管理機能	・視点:何をしたか・何をしようとしているか ・組織や職員の業務レベルを把握し,担当職員が所属組織の利用者の利益をはかり,利用者に対する責任を果たすように促す ・組織環境(物の配置・人間環境など)の管理も含む
教育機能	・視点:何が不足しているのか ・不足部分を確認し,専門的知識・技術で補うこと ・具体的に方法を伝える「教育」と,その能力向上を図る「訓練」がある ・援助者の学習の動機付けを高める ・対人援助に必要な知識・技術・価値を伝授する ・具体的なケースを通して理論と実践を結ぶ
支持機能	・視点:何に悩んでいるのか ・自分自身の抱えているストレスの要因としっかり向き合い,その本質に気づき,自らの力でその軽減や克服ができるように,傾聴的に応答し支える

3 スーパービジョンの形式

スーパービジョンは,必ずしも職場の上司部下関係のみではありません。次のように,スーパービジョンの形式には様々なものがあります。

スーパービジョン形式	内　　容
個人スーパービジョン	スーパーバイザーとスーパーバイジーが1対1で実施する典型的なもの
グループスーパービジョン	1人のスーパーバイザーが複数のスーパーバイジーに対して実施するもの
ピアスーパービジョン	スーパーバイジー同士で実施するもの
セルフスーパービジョン	スーパーバイジーが1人で行う自己点検作業
ユニットスーパービジョン	1人のスーパーバイジーの課題を複数のスーパーバイザーが会議の形態で業務課題を確認するもの
ライブスーパービジョン	スーパーバイザーが実際に利用者に対して支援するという形でモデルを見せるという形式で，実施されるもの

4 スーパービジョンの実際

　実際のスーパービジョンが行われるのは，対人援助職がクライエントとの関わりや，事例の流れについて悩んだときです。その時には主に同職種や職場内のチームの仲間に相談をします。また，職場内に相談できる人がいないと感じたときや，より良い意見を求めるときに，他の機関の先輩や仲間に意見を聞くこともあります。自らの活動を系統的に振り返るためには，クライエントとの関わりをまとめて検討をしていく「事例検討」を実施します。[2]社会福祉士や精神保健福祉士の職能団体において認定制度を確立し，一定の研修に参加する中で，スーパーバイザーとしての質の担保を目指しています。

　スーパービジョンはスーパーバイザーの持つ価値・知識・技術に大きく左右されます。理論と実践の結び付け方，特に普段の業務において，スーパーバイザー自身が理論をどのように意識しているのかという，スーパーバイザーの持つ専門性の力量が大きく影響をします。これらは現実の業務の中で培うものと，改めて研鑽を積む中で培うものの両方が必要となります。

　自らの業務を見直し点検をするスーパービジョンの重要性は明らかですが，現実的にはフォーマルな形でスーパービジョン体制が整っている職場は多くありません。現場の業務に比べると，スーパービジョンの時間は優先度が下がります。課題に運営や業務の効率化が求められる中で，一つのケースについて議論しやすいように資料を作成し，それぞれの価値・知識・技術を点検しながら議論をするというスーパービジョンの実施は必ずしも効率的ではありません。しかし，振り返る・点検をするということは専門職としての義務です。そのため，その機関にふさわしいスーパービジョン体制をそれぞれの援助職が提案をしながら構築することが求められます。

　運営者としては職員を「専門職」「社会人」「組織人」として育てるという視点は大切です。職員としても，本頁の表に挙げた「セルフスーパービジョン」や仲間との「ピアスーパービジョン」，時には他職種からの「コンサルテーション」を受けながら，自らの業務を振り返る・点検をすることは重要です。

(吉永洋子)

▷2　職場内や職能団体が主催する研修会，任意に同職種が集まって実施されることもある。スーパーバイザーが同じ職種の新人に呼びかけて，スーパービジョンのグループを作り実施していることもある。

（参考文献）

福山和女編著 (2005)『ソーシャルワークのスーパービジョン』ミネルヴァ書房。

植田寿之 (2005)『対人援助のスーパービジョン』中央法規出版。

塩村公子 (2000)『ソーシャルワーク・スーパービジョンの諸相』中央法規出版。

第2部　社会福祉組織の「経営」

Ⅵ　チームマネジメント

福祉施設のチームマネジメント

1 福祉施設のチームとマネジメントの方向性

　福祉施設というチームは，対人支援のサービスを提供します。人権擁護や社会的包摂，地域への貢献等の組織の理念も掲げられています。また根拠となる制度の枠組みに沿い，倫理や法令，組織理念に沿ったコンプライアンスが求められています。

　福祉施設は主に対人支援サービスの提供によって，生活支援全般，社会関係構築，労働機会提供等を行い，利用者の生活の質の維持と向上を目指します。多職種からなるチームアプローチによって利用者を支援します。

　職種によって，クライエント像の捉え方が異なっています。例えば，ソーシャルワーカーと看護師，リハビリ専門職（PT, OT, ST），心理職（カウンセラー）とでは利用者の抱える課題の焦点の当て方が異なります。ただ，支援の方向性（人権擁護，ADLやQOLの向上，生活の場の方向性など）は基本的に同じです。チームでクライエントを多面的に捉え，職種ごとに異なるアプローチと役割分担でクライエントを支えます。

　福祉施設のチームは，各専門職（他職種）の意見を尊重しながら，建設的な意見を言い合えるような組織であることが求められます。そのようなチームにする方向性をもってマネジメントを行う必要があります。

　施設全体をチームと捉えることもできます。フロアやユニット等の物理的な単位でチームとしたり，職種ごとにチームとしたりすることもあります。

2 情報の共有と意識の共有

○使命の共有

　チーム全体で，福祉施設（組織）の持つ使命を共有しておく必要があります。共有すべき使命は，いくつかのレベルに整理できます。第一に，法人や施設の掲げる理念や方針についてです。例えば，利用者への支援の提供の原則や方向性，地域住民や地域社会への貢献，職員・組織の遵守する倫理等が定められています。利用者や地域に公開し標榜している理念を遵守したサービスを提供する必要があります。

　第2に，基本的な根拠となる制度（法令）に位置づけられるサービスの目的についてです。例えば，社会福祉法や介護保険法，障害者総合支援法，児童福

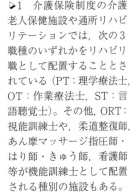

▷1　介護保険制度の介護老人保健施設や通所リハビリテーションでは，次の3職種のいずれかをリハビリ職として配置することとされている（PT：理学療法士，OT：作業療法士，ST：言語聴覚士）。その他，ORT：視能訓練士や，柔道整復師，あん摩マッサージ指圧師・はり師・きゅう師，看護師等が機能訓練士として配置される種別の施設もある。

祉法，医療法などの総則部分に定められているような制度的な理念の内容です。これらに基づいたサービス提供が制度に位置づけられています。

第3に，組織の理念と制度の理念に基づいて，具体的なサービスをどのような運営方針で提供するかということです。例えば，ターミナルケア，在宅支援・地域移行，機能回復・リハビリテーション，自立支援，就労に向けた能力開発など運営方針によって支援のアプローチが異なってきます。

◯支援方法の共有

共有された使命（施設の理念，法的理念，運営方針等）に沿いながら，どのように利用者に具体的にサービスを提供するか，その支援の方法の共有です。クライエントそれぞれのニーズ，身体的・精神的・社会的状況等により支援方法が異なります。介護やコミュニケーションの方法等，細かな部分についての共有も重要です。専門職や職員の役割分担（業務分掌）にも関わってきます。

日常的な業務内容や課題に関することや，チームとしてサービスの足りないところ，チームとしてスキルの足りないところ，支援においてリスクの懸念されるところについての共有が必要です。

3　共有の方法

◯日常的な情報共有

日常的なスタッフ間の申し送り電子カルテ・介護記録端末によるデータ上の情報共有がとても重要です。勤務シフト（例えば早番，日勤，遅番，夜勤等）によって勤務時間帯が異なる施設では，勤務交代時の申し送りのほか，業務中の声かけ，日常の情報交換と共有が重要です。スタッフ間のインフォーマルな関係性や，組織へのアイデンティティの強化も情報共有の質に影響します。

◯職員会議

職種毎のスタッフ会議（職員会議），セクションの代表者会議，経営運営会議，各種委員会の会議等，様々な職員会議で施設内の課題について情報共有や伝達を行います。職種やユニット等セクション内での会議は日々の支援に特に重要です。皆が同じ方向を向いて仕事をしなければならないからです。

◯ソーシャルワーカー・セクション長の役割

各職種やセクションをまとめるリーダーや主任・課長の役職のスタッフは，そのセクションのメンバーが同じ方向の業務を行うための意識づけや注意の喚起を行う役割が求められます。

ソーシャルワーカーは，クライエント（家族）や施設外部との調整窓口の役割や，施設内セクション間を横断する情報や施設運営のハブの役割を持つことが多いです。そのため，組織の支援に関するマネジメントの役割を持つ場合があります。

(本多　勇)

参考文献

本多勇・木下大生・後藤広史ほか（2009）『ソーシャルワーカーのジレンマ』筒井書房。

木下大生・後藤広史・本多勇ほか（2015）『ソーシャルワーカーのジリツ』生活書院。

Ⅵ チームマネジメント

 ## 職員会議

1 会議とは何か

　会議とは，そもそも組織内の意思・方針を相談したり，決定したり，共有したりする場のことです。時には，文書での回覧の方法をとられる場合もありますが，多くは一堂に会して話し合う形式です。

　会議は，福祉サービスを行う施設・事業所においても行われます。主に社会福祉施設を中心とした，職員による会議（職員会議）についてみていくことにしましょう。

2 社会福祉施設における会議の意味

　対人援助を行う社会福祉施設における会議は，情報共有と方針決定をするほかに，いくつかの意味があります。一つは，施設（法人）の援助理念の確認です。そして，法人内および施設におけるサービスについてその方針と提供（内容・方法）の統一があります。

　スタッフやセクションの違いにより，生活に関わる援助の方針（方向性）が異なることのないようにするためです。

3 会議の種類とレベル

　社会福祉施設に関わる会議には，その構成メンバー（職位），機能・役割等により多くの種類があります。

　代表的な会議についてみていきます。

○施設運営（経営）会議

　施設の事業方針・計画や，重要な決定事項を審議・承認していく会議です。施設長，事務局長，各セクションの責任者が参加します。毎週から月に2回程度の会議頻度が一般的です。施設の方針・計画は，法人理事会の決定事項や経営方針に従ったものになります。

　施設全体の事業方針が決められ，各セクションはこの方針に従ってサービスを提供します。

○フロア会議・セクション会議

　施設運営会議において決定した方針に従って，各セクションにおける援助方針・サービス方針について決定していきます。

各セクションの課題について議論されます。議論される内容は，セクションにより異なります。ソーシャルワーカー（相談員）職，介護（直接援助）職，医師・看護職，リハビリテーション・機能訓練職，栄養・調理職等，セクション毎に業務内容と援助・サービスの方針や視点が異なるからです。もちろん他職種（他セクション）との同じ方向性の支援を行うチームアプローチの視点も重要となります。

個別の利用者に対する援助方針等について議論される場合もあります。

セクションや議題により，会議の頻度も異なります。

朝・夕等の申し送りや，文書による情報伝達，業務の中での日常的な情報交換の中でも，援助方針が修正されていく場合もあります。

○利用判定会議

各セクションの代表が集まり，サービス利用希望者を受け入れられるかどうか，施設・事業所により適切なサービス提供が妥当か，対応可能か，等について検討される会議です。医師・看護師とソーシャルワーカーのみの少人数で開催される場合，地域の代表者や第三者の委員等をメンバーに加える場合等，構成形態は様々です。開催頻度も，随時であったり週１回行ったりする場合から，半年に１回程度行う場合等，施設・事業所により異なります。

○チームアプローチに関する会議

利用者の援助について，多職種参加により方針を決定していきます。主に各セクション（ソーシャルワーカー職，介護職，医師・看護師，リハビリテーション・機能訓練職，栄養・調理職等）のアセスメントを情報共有し，ケアプランを策定（修正）していく会議です。

▷1 [VI-4]参照。

○施設内委員会

各セクションから代表が出て，施設の運営およびサービス提供に関する特定の議題について行う会議が該当します。施設の方針や組織によって異なりますが，感染対策委員会，事故防止・安全対策委員会，身体拘束廃止委員会，防災委員会，褥創防止委員会，排泄改善委員会，行事・レクリエーション委員会，広報委員会などが例として挙げられます。

施設内委員会は，法令で設置が義務づけられているものもあります。

感染予防委員会は，感染症または食中毒の予防及びまん延の防止のための対策を３カ月に１回以上検討し，その結果を施設従業者に周知徹底を図る，という役割があります。

事故防止・安全対策委員会は，事故発生や再発防止の方法を検討し，事故やヒヤリハット事例等の分析を行い，施設全体に周知し，研修等も行います。

身体拘束廃止委員会は，３カ月に１回以上身体拘束の廃止（適正化）のための対策を検討します。発生時の状況，発生原因，結果等事例の分析を行い，施設全体で対応策や再発防止について情報共有を行います。　　　　（本多　勇）

Ⅵ　チームマネジメント

 業務計画・業務改善

業務計画とは何か

　社会福祉施設では，利用者の生活を支える施設サービスを提供するにあたって，様々な業務計画を策定します。

　施設サービスには，一定の範囲の限界があります。それは，法的な位置づけおよび施設の規模，収入の規模，職員の条件（配置人数，勤務体制），提供できる援助についての条件，地理的条件等があります。これらの条件の下で，施設提供するサービスつまり援助業務の大枠と共通の方法，予算・費用，その執行等の計画をしていきます。

　業務の計画は，実行されなければ意味がありませんので，実行可能性の担保をしておかなければなりません。また，業務計画を定めた範囲の期間が終われば，その業務計画の評価（モニタリング）を行い，改善計画を検討していきます。

業務計画の実際

　業務計画は，施設全体の理念的な計画（目標）として策定されるものから，各セクションでそれぞれ策定されるものがあります。計画の期間も，年間計画，月間計画，週間計画，そして１日の計画，と長期から短期間まで様々です。いずれの場合も，施設全体の理念的目標を基にして，「どれくらいの期間の間に，何のために，どんなことを，誰がするか」という目的・目標と方法を明確化し，個々の手段と目的の関係を体系的に示すものです。これらは，それぞれのセクションにおける業務推進の統合力や効率性を高めるものになります。

　例えば，直接援助部門（介護課，看護課等）であれば，共通の援助方法・手順を基にして，利用者が施設においてどのような生活を送り，施設スタッフはどのような援助を行うか，ということになります。ソーシャルワーカー部門であれば，サービス利用調整の重点方針と計画，在宅復帰・地域生活移行をどのように推進するか，等の内容が例として挙げられます。事務部門，リハビリ部門，栄養・調理部門それぞれの業務役割によって計画が策定されます。

　また，施設における行事についていえば，年間行事のスケジュール（年単位），具体的な行事の準備計画（月から週単位），当日のスタッフおよび利用者の動きの計画（日単位）等についても業務計画の一つです。

　施設における利用者の生活の日課（食事，入浴，外出，レクリエーション等のス

Ⅵ-3 業務計画・業務改善

ケジュール）に合わせたスタッフの動きを勤務体系ごとにその役割を位置づけているものも，業務計画の一つとしてみることができます。

どのレベルの業務計画についても，寸分違わないような確実な計画遂行が求められるのではありません。むしろ，計画を基にして，利用者の生活の質を上げるために，臨機応変な変化への対応が求められます。また，施設全体の計画や長期の計画については，新しい福祉課題や利用者への対応，制度・政策の改訂への対応，が求められます。

❸ 業務改善──事故対応・苦情対応

社会福祉施設におけるサービス提供は，また業務計画に基づいて遂行されると，業務の流れがルーティン化してくる等，ある程度軌道にのってきます。ただ，その時々の提供しているサービスの状況を見直し，サービスの質の向上と業務の効率化を目的に業務改善の必要性があります。

▷1 Ⅳ-4 側注参照。

なぜならば，施設において生活する利用者は日々変化しているからです。例えば，ＡＤＬや病状等状態像が変化したり，日常の（施設内の）人間関係の中で利用者の気持ちが変化したりしています。また，スタッフ自身が利用者に対して，「慣れて」しまうことから，介護等の援助方法や接する態度（言葉遣いや行動）等，不適切ケアが生まれてしまう可能性をはらんでいるからです。施設職員自身が，自律的に日々の業務や施設内のシステムを見直し，改善していかなければなりません。

サービス提供時におこる事故（例えば，転倒や誤嚥事故，介護事故等）が起こった時や，利用者・家族からの苦情（クレーム）が申し立てられた時は，事故の再発防止や苦情内容の改善を目的に，組織としての業務改善を含めた迅速な対応が必要になります。この場合は，迅速な業務改善方法（計画）を決め，職員全体への周知徹底・注意喚起の情報共有が必要です。大きな事故の場合には，地域や家族に対する情報公開も必要になることもあります。業務改善が図られた段階で，第三者評価等によりサービス評価を受けることも検討します。

❹ 業務改善におけるソーシャルワーカーの役割

ソーシャルワーカーは，その問題把握の視点や方法を，業務改善に応用することが可能です。施設のスタッフや利用者・資源等の状況（職員配置人数，介護・看護の状況，日中および夜間時の施設内の様子，費用や予算，備品等の現状等）を客観的に事前評価します（アセスメント）。その上で，利用者・家族の視点に立ち，改善の必要な点がどこかを把握し，業務（改善）計画の策定に意見を提出します（プラン策定）。ソーシャルワーカーは，施設サービスの業務改善を進める上で重要な役割を果たすことができます。 （本多　勇）

Ⅵ　チームマネジメント

4　ケース会議（ケースカンファレンス）

① ケース会議（ケースカンファレンス）とは何か

「ケース」は「事例」ということを意味しています。ケース会議とは，事例研究のための会議ということになります。「ケースカンファレンス」ということもあります。

施設利用者個々の状況を，施設サービスを提供する際の「事例」として捉え，介護や保育，生活上の世話などの施設が提供するサービスの方法・内容を改善するための会議を行います。

② 施設内におけるケース会議（ケースカンファレンス）

○施設内でのチームアプローチ

施設サービスの利用者は，それぞれに生活上の課題を抱えながら施設において一定の期間，生活を送ることになります。施設サービスを提供する施設職員は，利用者（場合によってはグループ）に対して，組織・施設・チームとしてどのような援助が適切か・重要な点は何か，について検討し，サービスの計画（方針・目標）を決めていく必要があります。

そのために定期的に，利用者の施設における生活やその援助内容を見直し，施設内の各セクションの専門職から課題を提示し，新たな援助方針・目標を共有するためのケース会議が開催されます。

介護職からは日常的な援助のアプローチや方法，利用者の生活能力等について，看護・医療職からは疾病・服薬・看護医療処置等について，リハビリ職からは精神的・身体的自立の程度とリハビリテーションの方法や目標等について，栄養・調理職からは食事・水分の摂取状況・嗜好や栄養状態等について，ソーシャルワーカー職からは施設における人間関係，家族状況，在宅復帰・地域生活移行に向けての状況等について，それぞれ課題が提出されます。

ケース会議を開催することで，各専門職はその準備段階で個々の利用者に対する観察力を強め，それぞれの専門的視点からアセスメントを行います。ケース会議では，会議参加者からの課題や意見を自由に出しながら，利用者の課題を共有し，相互に補完し，新しい援助方針・目標を策定していきます。

○施設におけるケース会議（ケースカンファレンス）

要介護高齢者を対象とした介護保険施設における施設サービス計画，障害者

施設における個別支援計画については，その有効期間に合わせて定期的にサービス担当者会議を開催し検討します。このサービス担当者会議では，個別の利用者に対してのケアプランを見直し，策定することとなります。栄養ケアプランやリハビリテーションプランの見直しを同時にすることもあります。

ケアプランのための定期的なケース会議のほか，施設スタッフの援助についての見直しとスキルアップの目的も含めて，認知症の周辺症状等の対応困難ケース，家族問題を抱えるケース，医療ケアの必要性のあるケース等に関する援助についてのケース会議を行うこともあります。この場合，事例（ケース）提出者が，ケース会議の目的を最初に提示します。会議参加者はその目的に添いながら，具体的な援助方法やアドバイス等を挙げていきます。

③ 地域・施設外におけるケース会議（ケースカンファレンス）

社会福祉施設内のスタッフだけではなく，地域のケアマネジャーや事業者等が集まって行うケース会議もあります。

介護保険制度では，地域に住む利用者の介護支援専門員（ケアマネジャー）によるサービス担当者会議が開催されます。利用者本人・家族を中心に，在宅サービス提供事業者が集まり，これまでのサービス利用についての課題や新しい在宅サービス利用についての留意点等を確認し，今後の在宅サービス計画（在宅ケアプラン）の修正を行います。利用者が，施設に併設の通所サービスや短期入所サービス等を利用している場合は，社会福祉施設のソーシャルワーカーや直接援助職員が出席することがあります。

また，地域において，虐待や援助拒否等の支援困難ケースが発見された場合，地域包括支援センターや障害者相談支援センター等が中心となり，サービス事業者，行政や医療機関等を交えてケース会議を，緊急に開催することもあります。

④ ケース会議（ケースカンファレンス）の課題

ケース会議は，サービス提供者によって行うことが多くなります。時に利用者本人と家族のニーズが異なる場合のある施設サービス提供においては，利用者本人および家族の参加により，本人・家族の意見やニーズをケアプランに反映させることが重要です。

さらに，ケース検討およびその援助・支援の事例集積により，エビデンス（根拠）に基づく支援をより確固たるものにしていく必要があります。また，個別的なケース検討にとどまらず，対応困難ケース，認知症ケアに対する事例集積を行い，援助（ケア）の対応力を上げることも検討しなくてはなりません。

ケース会議での援助実践の再検討を通じて，利用者だけでなく援助者（つまり施設スタッフ）自身がエンパワメントされ，業務へのモチベーションを向上させるという機能があることも，より注目される必要があります。　　　（本多　勇）

参考文献

社会福祉士養成講座編集委員会編（2015）『相談援助の理論と方法Ⅱ　第3版』（新・社会福祉士養成講座⑧）中央法規出版。
黒木保博・小林良二・坂田周一・森本佳樹編（2002）『社会福祉援助技術論下』（社会福祉基礎シリーズ③）有斐閣。

Ⅵ　チームマネジメント

 記録と業務の「見える化」

 記　録

○記録の意味

　福祉サービスの中心となるものは，基本的に人が人に対して行う支援・介護・家事・声掛け・相談等です。これらのサービスは，行為しているその瞬間には現実に存在していますが，行為終了後には，その存在は消えてなくなります。

　私たちは，この"消えてなくなる行為（関わり）"が，存在したということを共有したり，振り返ったりするために，行為を記録します。記録は，言語的記録（メモ，備忘録，日誌等），音声的記録（録音データ等），映像的記録（写真，絵，動画データ等），等があります。

　社会福祉の実践においても，サービスの存在・内容・根拠の証明と情報共有のために記録が日々されています。記録の目的として，①利用者に対してよりよい援助を提供するため，②施設・事業所の機能を高めるため，③教育学習・訓練・調査研究に役立てるため，が挙げられます。

○記録の種類と法令

　社会福祉の実践の中の記録で最も日常的なのは，言語的記録です。具体的には，毎日の支援（ケア）記録，フェイスシート，サービス計画票，ケアサマリー，診療情報提供所，事故報告，会議資料等多数挙げられます。その媒体として，用紙に手書きしたり，パソコン等の端末で電子的に記録したりします。

　福祉サービスでは，指定基準や報酬基準，通知等の法令に，作成や保存をしなければならない記録の種類，記録を書く時期等が明示されています。また，記録が存在しない場合，不適切な内容の記録が存在する場合は，法令の違反になる場合もあります。

2　実践の「見える化」と「見せる化」

○「見える化」と「見せる化」

　近年，企業活動や業務，仕事の生産性を議論する際に「見える化」「見せる化」というキーワードが用いられることがあります。広義には，「可視化」と同義です。狭義には，製造業において可視化されづらい問題を目に見えるようにし問題解決を迅速に行うための取り組みのことです。学術的に定義された言葉ではありません。ここでは，「見える化」を「現状や課題を情報として把握できるよ

VI - 5 記録と業務の「見える化」

うに可視化すること」,「見せる化」を「可視化した現状や課題をチームで共有しメンバーが把握できるようにすること」と便宜的に整理しておきます。

○社会福祉実践の「見える化」

提供されるサービスの状況を,情報共有できるように可視化します。前述した日常の実践記録も実践の「見える化」に含まれるといえます。日常的に行われている支援やケアの実践や,生活や療養上の利用者との関わりのエピソードは,その瞬間に消えてしまうため,記録して存在証明をしておく必要があります。申し送りや実践の振り返りの確認等で他のスタッフと情報共有するために,「見える化」は必須です。

○社会福祉実践の「見せる化」

組織の経営や実践を改善するために,実践の「見せる化」が必要です。他者とある程度共有できる情報として「見える化」をしたものを,一歩進めて,そこにある課題の本質を組織のメンバーと共有するために「見せる化」します。

「見せる化」した情報として,例えば次のようなものが挙げられます。業務内容・項目の週間／月間／年間実績情報,業務傾向の分析データ,年間の収支決算書,事故報告集計,ヒヤリハット事例報告(インシデントレポート)集計等,です。

③ 経営分析によるサービスの質の向上

「見える化」「見せる化」した情報を用いて,組織が抱えている現状の経営や実践上の問題点や課題を共有し,業務改善(経営改善やサービスの質向上等)に繋げていきます。次のような例が挙げられます。

データを用いて転倒事故の頻発する時間帯や場所を共有できれば,その時間・場所のスタッフの配置を厚くする等の対応がとれます。

外部からの相談業務の対応実績の傾向のデータから,医療依存度の高いサービス利用希望者の相談数が多いことがわかれば,看護や医療を中心としたサービス提供体制を見直すことを検討することができます。

月間のオムツ使用量・使用時間のデータが示せれば,排泄介助の対応やスタッフシフトの見直しや,購入採用しているオムツ等の衛生材料の費用等の見直しも可能になってきます。

職員の虐待や身体拘束,利用者対応の接遇に関する意識調査のデータが示せれば,組織内における研修プログラムに虐待防止や接遇に関する内容を組み込んで重点的に研修し,介護や看護の質向上に繋げることができます。

これらの課題は,日常の実践を「見える化」「見せる化」することで,情報共有できるように浮かび上がってきます。　　　　　　　　　　(本多　勇)

(参考文献)
八木亜紀子(2012)『相談援助職の記録の書き方』中央法規出版。

Ⅵ　チームマネジメント

リスクマネジメント

 リスクマネジメントとは何か

　「リスク」とは，行動をしないこと（すること）によって危険や損をする「危機」と理解することができます。リスクに対応することは，社会生活において責任が問われる現代では，社会活動（経済活動，企業活動）において必須のことといえます。このことは，経営者のみならず，スタッフ全員がこのことを共有する必要があります。

　リスクマネジメントとは，まず，①リスクを把握・特定し，②把握・特定したリスクを発生頻度と影響度の観点から評価し，③リスクの種類に応じて対策を講じる，④また，仮にリスクが実際に発生した際には，リスクによる被害を最小限に抑える，という一連のプロセスのことをいいます。

2 福祉サービスにおけるリスクマネジメント

　福祉サービスを提供する際にも，様々な多くの「危機＝リスク」があります。社会福祉におけるリスクマネジメントは，サービスの質の向上という視点に立ち，利用者の安全の確保，事故の予防対策，利用者の満足度の向上を志向することが必要です。そして，危機管理，不測の事態に対応する体制が問われます。

　福祉サービスは，人の生活そのものを支援するサービスを提供しています。特に，フェイス・トゥ・フェイスの関係で，介護や看護・保育等直接的に行うサービスがその業務の中心になります。

　私たちの生活は，その場所が自宅であれ施設であれ，リスクはつきものです。転倒事故，誤嚥事故，介護事故，感染症，食中毒，行方不明等々の事故の起きる可能性があります。ただし，福祉サービスの下で起きた事故については，サービス提供側の責任が問われることがあります。

　リスクマネジメントは一般に，「自分の組織を守る」「社会や顧客等への被害を与えない」ことが優先されますが，福祉サービスにおいては「利用者またはその家族に被害を与えない」ということを最優先に考える必要があります。

3 リスクマネジメントの実際

　福祉サービスの利用は現在，契約によるものが中心となっています（図Ⅵ-1）。契約制度において，契約当事者は施設を運営する法人（社会福祉法人，医療法人，

▷1　最近は福祉サービスの職員による虐待事件についても取り沙汰されている。万が一，職員による利用者への傷害事件等が起きた際の迅速な対応についても，リスクマネジメントの範疇に入る。
▷2　この場合は，サービス提供者（スタッフ）の不注意による事故や損害のことを指す。サービス提供者は，事故等が起きることを予測しながらの援助が求められる。
▷3　「説明に基づく同意」と訳される。契約による福祉サービス利用においては，利用者が，サービスの重要事項を含めた説明を受け，その内容を十分に理解した上でのサービス利用の同意が必要になる。サービス内容について，できること・できないこと，起こりうるリスク，費用（利用料），事

NPO法人等。行政の場合も）です。法人は，利用者の安全に責任を負う立場にあります。サービス提供上の過失は，法人の責任となります。

契約制度では，責任・義務が契約当事者に生じ，契約にあること以外は，その都度双方（利用者と法人・施設）の合意が必要です。契約違反については，管理責任や賠償責任が問われることがあります。

サービスを利用するにあたっては，利用者（本人・家族）に対して重要事項説明を行い，その同意の下でサービス利用の契約を行います。その際に，サービス利用にあたってのリスクについても説明を行います。インフォームドコンセントが重要です。

サービス提供者（施設や事業所等）は，日常的に起こるインシデントレポート（ヒヤリハット報告）・事故報告の内容について，時間帯や職員の配置状況，事故等にあいやすい状況・利用者の状態等を分析し，日常の支援においてサービスの体制等に応用し，対策を講じなければなりません。あわせて，緊急時の対応，急変・介護事故・行方不明・車両事故等の対応マニュアルの整備が求められます。また，チームメンバー（施設スタッフ）がリスクマネジメントの視点を共有しておく必要があります。

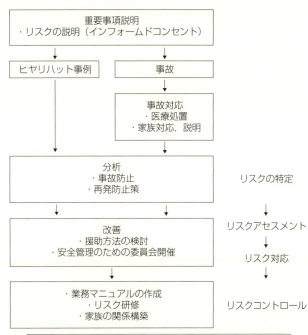

図VI-1　フローチャート（リスクネジメントの実際）

4　家族とのコミュニケーションづくり

家族との日常的なコミュニケーションは，リスクマネジメントの重要なポイントの一つです。

仮に，利用者の安全の確保や事故の予防対策，利用者の満足度の向上が不十分で，利用者・家族が不利益を被ってしまう場合，迅速な対応が求められます。サービス提供者側は，利用者・家族と日常的なコミュニケーションを密にして情報提供し，共有する必要があります。日常的なケア（支援，介護，保育等）の内容については日常的に，本人の状況のアセスメント内容，インシデントの状況，事故および本人の状況と対応，等については迅速に，家族に伝える必要があります。このことを支える最も重要なことは，職員間の情報共有です。

重大な介護事故や施設内虐待事件等については，上記と同様，迅速な対応を行うとともに，施設内での体制の構築・対応責任者の決定，マスコミ対応・地域対応を含めた正確な情報開示等が必要となります。

（本多　勇）

故等緊急時の対応等について明らかにし，十分に理解をしていただく必要がある。
▷4　突発的な出来事で，事故には至らない一歩手前の事例をいう。文字通り「ヒヤリとしたり，ハッとしたり」する事例である。例えば，転倒リスクのある人が介助なしに自分で歩いてよろめいた（転ばなかった），誤嚥リスクのある人がむせ込みやすいものをゴックンと飲み込んだがむせこまなかった，等々。インシデントは「出来事」という意味だが，この場合のインシデントレポートは，潜在的なヒヤリハット事例の報告という意味で用いられる。

参考文献

東京都福祉保健局（2009）「社会福祉施設におけるリスクマネジメントガイドライン」。

Ⅶ　労働環境の整備

1　職員管理

1　労務管理

　人と人とのコミュニケーションを求める職場において，施設で働く職員の意識を維持することは，利用者サービスの充実をはかることに関係します。つまり，法人には職場環境を整えることや，スタッフの適正な人事評価が求められます。そういった労務管理のねらいは，経営目的実現に向けて高い生産性をもった組織をつくることと，職員一人ひとりが意欲をもって日々の業務に取り組めるように適正な評価と処遇（給与，健康管理，福利厚生等）が実現されることにあります。

　特に社会福祉法人の職場では，法律で規定されたサービス提供に必要な労働力が確保されていること，職員の役割分担や指示命令系統などの体制が整っていること，適正な労働時間管理がなされていること，処遇が適切であるか，といった基本項目がポイントとなります。

　また，社会福祉法人の労務管理では多くの法的な基準があり，これら労働関係法令の遵守（コンプライアンス）が最も重要です（表Ⅶ-1）。

2　人事システムと評価

　人事や労務管理のシステムは，その法人組織の理念や社風によって形成されるべきであり，かつ組織全体にわたる使命，価値観が明確でなくてはなりません。それによって経営戦略が形成され，組織そのものの構造化が成立します。

　法人は，その組織を形成する人に関するシステム（人事システム）を構築し，

▷1　労務管理における基本項目は，以下の通り。
①就業規則の制定，変更，改廃
②労働契約
③男女雇用の均等
④賃金，賞与
⑤勤務管理，勤務の割り振り
⑥労働時間，休暇
⑦懲戒処分
⑧安全衛生，福利厚生・社会保険管理
⑨適切な労使関係の構築
（出所：社会福祉士養成講座編集委員会編〔2009〕『福祉サービスの組織と経営』中央法規出版，158頁）。

表Ⅶ-1　労働関係法令

労働基準法
最低賃金法
職業安定法
労働者派遣事業の適正な運営の確保及び派遣労働者の就業条件の整備等に関する法（労働者派遣法）
短時間労働者の雇用管理の改善等に関する法律（パートタイム労働法）
育児休業，介護休業等育児又は家族介護を行う労働者の福祉に関する法律（育児・介護休業法）
雇用の分野における男女の均等な機会及び待遇の確保等に関する法律（男女雇用機会均等法）
高年齢者等の雇用の安定等に関する法律（高年齢者雇用安定法）
障害者の雇用の促進等に関する法律（障害者雇用促進法）
個別労働関係紛争の解決の促進に関する法律（個別労働紛争解決促進法）
労働保険および社会保険関係法令など

出所：社会福祉士養成講座編集委員会編（2009）『福祉サービスの組織と経営』中央法規出版，158頁。

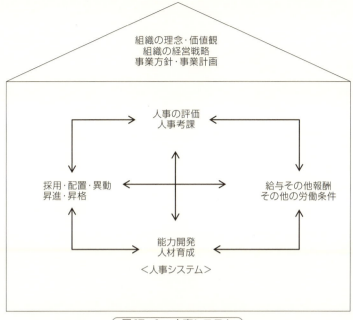

図Ⅶ-1　人事システム

出所：表Ⅶ-1と同じ，142頁。

「採用，能力開発等によって組織に必要な人材を確保・育成」→「その人材を適材適所に配置」→「その労働条件を整備」→「働きを評価」→「報酬を与える」といった一連の管理活動を行います（図Ⅶ-1）。

　また，法人が職員を評価することを人事考課ともいい，個人の能力・勤務態度・仕事の成果などを基に「良い悪い」の判定を行います。他人と比較するような考課ではなく，本人が仕事に求められる能力をどのように努力し向上させたかを見ることが大切であり，それにより公正で納得性のある評価が可能となります。

3　職員管理の課題

　福祉サービス業界の労働人口が十分ではないといわれている今日では，給与，労働条件，福利厚生等の処遇などの改善も必要であり，加えて職場の人材育成の活性化や従業員のコミュニケーションが重要視されています。さらに，職場研修システムなどの充実や，個々の職員の育成とサービス事業全体のレベル向上を図ることで，仕事の達成感と成長の実感を得られるようにすることも必要です。

　そして，最も重要なことは，このような人事考査を実施することによって，法人全体の事業が充実し，法人の理念が実現することにあります。それには，個々の職員の仕事に対するモチベーションやスキルの向上を図るための能力開発や人材育成に取り組むことが管理者の大きな役割となります。

（中村英三）

Ⅶ　労働環境の整備

育児休業・介護休業

① 育児休業・介護休業法とは何か

◯労働者の休業と休暇

　ワークライフバランスにおいて，仕事より家庭やその他の用事の優先度が高い場面があります。一般的には理由を問わずに休むことができる有給休暇を利用します。その他に，社会的に有給休暇以外で休む必要が認められている場合があります。結婚や近親者の死亡，出産等がこれに当たります。結婚においてはハネムーンを想定した「結婚休暇」，近親者の死亡においては忌引きが多くの職場で設定されています。出産においては労働法において産前6週産後8週の産前産後休業が義務づけられています。

　産後休業のみでは現実的に離乳期にも入っていないこともあり，満1歳までの休みの必要性が認められ，育児休業法が成立しました。また，少子高齢化社会の中で，介護の必要性も検討されました。その結果，「育児又は家族介護を行う労働者の福祉に関する法律」が制定されました。

◯育児休業

　育児休業とは，1歳未満の子を養育する労働者が請求をすれば，原則として1歳まで休業することです。未就学児が病気や予防接種，健康診断の時には年に5日（2人以上の場合は年10日）限度の看護休暇が認められています。2017年の改正で，看護休暇は半日単位や時間単位での取得が可能になりました。申請のための証明書類についても，事後の提出を可能にするような配慮がされるようになりました。

　妊娠や出産などを理由とした嫌がらせや不利益な取り扱いをマタニティハラスメント（以下，マタハラ）といいます。これまでも妊娠や出産を理由に解雇や遠い職場への配置換えなどの不利益な取り扱いをすることは禁じられました。そして，2017年1月からは，事業主にマタハラ防止措置として，職場でのマタハラ防止の啓発活動や相談窓口の設置等の義務が課せられるようになりました。

◯介護休業

　負傷，疾病または身体上，精神上の障害により，2週間以上の期間にわたり常時介護が必要とする状態にある対象家族を介護する場合，対象家族1人について通算93日まで介護休業の取得が可能となります。これまでは，対象家族1人について1つの要介護状態ごとに1回であることが条件でした。2017年の改

▷1　休暇と休業は基本的には意味は同じだが，休暇は単発の休みを，休業は連続した休みを指すことが多い。そのため，介護をするために長く休むことは介護休業，サービス利用の手続き等のために単発に休むことは介護休暇と呼ぶ。

正から，通算93日までであれば３回まで分割して取得することが可能になりました。介護休業給付の給付率は，賃金の40％から67％へ引き上げられました。また，有給休暇とは別に設定されていた，対象家族の介護や通院の付き添いや介護サービスの提供のための手続きで取得できる介護休暇も，日単位から半日単位や時間単位で取得することが可能になりました。また，対象家族との同居義務も廃止となる予定です。これは，別居していても扶養義務を負う家族が多いという現状に合わせたものとなります。

② 制度の実態及び課題

○統計上の実態

厚生労働省が発表した「2016年度雇用均等基本調査」では育児休業の取得率は女性では2008年度に90.6％が最高で，その後は８割を推移し，2016年度は85.9％に，男性では2008年度に2.5％だったのが2016年度では5.4％と取得率は上がっています。一方，介護休業については，休業制度の規定状況にとどまり，取得率は発表されていません。また，総務省の行った「2017年就業構造基本調査」では，介護・看護のための離職者は9.9万人で離職者数の1.8％を占めています。

○育児休業の課題

育児休業においては，法律では権利として認められているものの，出産前後１年以上職場をあけることになります。その上，妊娠後から母体保護のために周囲は配慮をする必要があります。人数に余裕のない職場においては，周囲から必ずしも歓迎されるとは限りません。2017年の改正では，マタハラ防止措置が義務づけられました。育児休業は権利ですが，取得する側も周囲への感謝を伝えるなどのコミュニケーションも重要なのが現実です。

○介護休業の課題

介護休業の取得率は，調査によってばらつきはありますが，５％以下と考えられます。介護は育児と異なり終わりが見えません。どの時期に誰がどれだけ申請をするのが好ましいのかは明確ではないことが，制度の利用率の低さにつながっています。男性の4割，女性の2割が勤務先で相談をしていないという調査結果もあります。実際に職場での理解が得られにくいのが現状です。

○育児・介護の社会化の必要性

育児休業にしても介護休業にしても，時間が与えられるだけです。家庭において育児や介護という労働を一人で背負うことは負担となります。そのために，一人で抱え込まず，保育士や介護の専門職との連携を図りながらも，親族や近所や友人などの相談相手を確保することは必要です。社会全体で負担するという社会化という視点が重要です。　　　　　　　　　　　　　　　　　（吉永洋子）

（参考文献）

岡田義則・桑原彰子（2016）『育児介護休業の実務と手続き』自由国民社。

加藤悦子（2005）『介護殺人』クレス出版。

古市憲寿（2015）『保育園義務教育化』小学館。

山村基毅（2016）『認知症とともに生きる』幻冬舎。

吉川照芳（2006）『わかりやすい育児・介護休業法』経営書院。

Ⅶ 労働環境の整備

メンタルヘルス

1 メンタルヘルスとは何か

　メンタルヘルスとは，心の健康という意味です。実力はあるけど本番で発揮できないスポーツ選手が「メンタルが弱い」と言われます。人間は感情を持っています。努力したことに対する結果が満足いくものでなかったり，一定程度以上の疲労感が起きたりすると，やる気がなくなってしまいます。また，大切な人や物を失うなどのアクシデントが起きると，メンタルヘルスに大きな影響が出ます。災害や事件などで，被災者や被害者が身体の健康と同様に心にも傷を負い，その対策が講じられるようになっています。ここではメンタルヘルスに支障がある状態や人をメンタルヘルス不全と呼んでいきます。

2 日本のメンタルヘルス対策

　1998年から2011年までの14年間は日本の自殺者数は毎年3万人を超ました。そのため，2006年に自殺対策基本法が制定され，自殺を個人的な問題のみではなく，複合的な要因があることを踏まえ，社会的な取り組みがなされるようになりました。

　2011年には，がん，脳卒中，急性心筋梗塞，糖尿病の4大疾病に加えて精神疾患を加えた「5大疾病」を，地域医療の基本方針となる医療計画に盛り込むべき疾病として指定しました。2016年には自殺対策基本法が改正され，遺族への支援も盛り込まれました。このような社会的な取り組みが功を奏したのか，自殺者は2012年からは3万人を下回り，2017年には2万1,321人と減少しました。

　うつ病をはじめとした精神疾患によるものと考えられる休職者数は増加しています。厚生労働省の統計によると，2017年には「精神障害に関する労働災害の請求件数」は1,732件で，そのうち支給決定件数は506件でした。また，厚生労働省の2014年の患者調査では，うつ病での受診者数の推計は111.6万人でした。人口の約1％が受診していることになります。実際に感情の変動は誰でも起きるものです。メンタルヘルス不全にはなっていても受診に至らない人ははるかに多いと考えられます。

　厚生労働省はこの対策として，2015年12月から労働者が50人以上いる事業所に対して，毎年1回ストレスチェックの実施を義務づけました。ストレスチェックとは，ストレスに関する質問票に労働者が記入し，それを集計・分析

VII-3　メンタルヘルス

することで，自分のストレスがどのような状態にあるのかを調べる簡単な検査です。検査の結果は，企業サイドの特に人事権を持つ職員は閲覧できないようになっています。個人情報に配慮しながら労働者自身が自分のストレスの状態を知ることで，メンタルヘルス不調を未然に防止するための仕組みです。

３　対人援助職とメンタルヘルス

　福祉サービスの対象となる利用者（以下，利用者）は，病気や障害によってこれまでと同じ生活ができなくなり，支援を必要としている人です。そのため，メンタルヘルス不全を起こしがちです。そして，福祉専門職はメンタルヘルス不全の人を支える存在ですが，同時に自らもメンタルヘルス不全に陥る場合があることを意識しなければなりません。

　相談にのることを主な業務とする福祉専門職は，利用者の気持ちに「共感」「受容」「傾聴」します。利用者の持ち込む相談の中には，日ごろ自らが感じている困難と似ている部分もあります。そのため，話を聞く中で感情が動くことがあります。特に長い時間を割いて相談に乗り，福祉専門職自身が納得の行くアドバイスをしたとしても，その内容が利用者に通じていなかったり，福祉専門職が思ったとおりの答えが返ってこなかったり，同じ悩みを利用者が持ち続けていることがあります。このような時に福祉専門職のやる気がなくなり，「燃え尽き症候群」というべきバーンアウトの状態になるリスクが生じます。特に，福祉専門職を志向する人は，誰かを助けたい，人のためになりたいという気持ちが強い人です。そのため，利用者の課題に対して，自らの課題として一生懸命に働きかけることがあります。利用者の悩みに対して適度な距離を持つことと，利用者の個人情報に配慮しながらも福祉専門職自身が相談できる人，例えばスーパーバイザーを持つことが，福祉専門職のメンタルヘルスにおいては重要です。

４　メンタルヘルス対策の課題

　以上のように，メンタルヘルスの重要性は周知され，ストレスチェックをはじめとした対策がとられてきました。しかし，メンタルヘルスの専門科である精神科や神経科の受診への差別や偏見には根強いものがあります。生命保険では精神科受診歴があると入れないものが多く，高齢者施設でも自殺を図った人は入所を断られたり，強制退去させられたりしています。メンタルヘルス不全は「誰でもなるリスクがある」という認識が広まることが大切です。

（吉永洋子）

参考文献

川野雅資（1997）「看護師のメンタルヘルス」吉松和哉・小泉典章・川野雅資編『精神保健学』（精神看護学Ⅰ）ヌーヴェルヒロカワ。

多田ゆかり・村澤孝子（2006）『対人援助職のメンタルケア』ミネルヴァ書房。

A.R. ホックシールド／石川准・室伏亜希訳（2000）『管理される心』世界思想社。

涌井美和子（2005）『企業のメンタルヘルス対策と労務管理』日本法令。

『特集ストレスチェックがやってきた』週刊東洋経済，2015年12月19日号。

Ⅶ　労働環境の整備

キャリアパス

1　キャリアパスとは何か

　キャリアパスを学ぶ上で，キャリアビジョンやキャリアデザインという言葉も学ぶ必要があります。そこで，「キャリア」「ビジョン」「デザイン」「パス」という語句の意味を説明します。

　「キャリア」を直訳すると「持っているもの」です。以前は「キャリア」は「職業」として使われました。現在では生活全般を表す言葉として使われています。「人間の生涯にわたる社会的役割，職業，職位，それらに関する価値観などの変化の総体，プロセス，一般的には，人の進路，職業，生き方」であり，職業も含めた「こうなりたい」と思い描く人生目標です。

　「ビジョン」とは Ⅴ-5 でも述べた「視野」という意味で，「キャリアビジョン」とは仕事を含む人生の目標となります。例えば，「子供が好きだから，保育士になって，子育てをするお母さんたちの役に立ちたい」といったものです。

　「デザイン」は設計図です。キャリアビジョンに基づき，どのような仕事をしていくのかを考えることです。例えば，「保育士になる」ことや，「結婚しても仕事を継続していく」といったものです。

　「パス」は小路という意味の英語です。これまで，保育園もしくは幼稚園卒園後，小学校，中学校という義務教育を経て高校に進学するというのは，教育におけるパスの例です。「保育士」になりたいのであれば，「保育士資格を取得できる学校への進学」がキャリアパスへの第一歩となります。これらの文言の違いは，次の通りです。

　　キャリアビジョン：職業を含めた人生の目標
　　キャリアデザイン：キャリアビジョンに基づいた人生の設計図
　　キャリアパス：キャリアデザインに基づいた人生の筋道

2　職業におけるキャリアパスと PDCA サイクル

　実際に職業に就くと，現実としてキャリアビジョンを持ち，キャリアデザインやキャリアパスを考える必要が生じます。その場合は，自分の仕事をマネジメントするために PDCA サイクルを使います。

　新人としてでも，経験者としてでも，与えられた業務についての目標を定めて計画を立て，実行し，その内容を確認して評価するということは重要です。

▷1　東京リーガルマインド（2015）『静岡労働局就職支援セミナー』東京リーガルマインド，2頁。

▷2　Ⅲ-4 側注参照。

VII-4　キャリアパス

１人のクライエントに対して，例えば退院に向けた支援として，自宅外出の計画を立て，何が必要かを確認し実行し，その後クライエントや家族と一緒に課題を含めた評価をして，退院に必要な物を検討します。PDCA サイクルを意識して業務を行います。

同様に，専門職として自らの役割を位置づけるためには，目標を定めながら計画を策定し，そこを振り返ることを意識することは必要です。

3 キャリアパス形成の場──職場と職能集団

職場の中には，すでにキャリアパスが策定されているところもあります。看護師は，卒後１年の教育や２～３年の教育が実施され，教育を専門とする師長が配置されるところもあります。毎年各々が目標を定め，定期的に振り返りを実施することが求められます。OJT や Off-JT，スーパービジョンの体制が整えられ，主任，師長，看護部長などへの昇進ルートが敷かれています。

職場外でのキャリアパスを策定しているのは主に職能団体です。看護師では，社団法人日本看護協会における専門看護師・認定看護師などの資格認定制度があります。同様に福祉専門職の場合，社団法人日本社会福祉士会や日本精神保健福祉士協会，日本医療福祉協会では「生涯研修制度」が定められています。

ただし，職能団体におけるキャリアが，必ずしも職場でのキャリアや評価に結びつくとは限りません。そのため，この制度を活用する必要がない，活用しなくても業務に差し支えないこともあります。各々の団体が質の向上を目指すと，研修の時間が増えます。職能団体の研修の時間は，職場が出張と認める場合以外は，勤務時間外のプライベートな時間となります。

4 人生の設計図としてのキャリアパス

福祉の対象は児童から高齢者まで，連携する領域も医療，司法，教育など幅広くなっています。職能団体や学会は多く存在し，一人の人間が複数の団体に所属することもあります。また，任意団体として勉強会や当事者の会を作り上げることは容易です。その結果，同じ日に関心のある研修会が複数設定されることもあり，家庭や個人，その他の用事を含めて優先順位をつける必要も生じます。

現在は，行政においての政策は一定の期間で評価し見直すようになっています。同様に PDCA サイクルにより自らのキャリアビジョンも検討し変更することは間違いではありません。既存のキャリアパスを活用しながら，自分自身のキャリアビジョンを持ち，キャリアデザインやキャリアパスを検討することが重要です。

（吉永洋子）

（参考文献）

上西充子（2004）「能力開発とキャリア」佐藤博樹・佐藤厚編『仕事の社会学』有斐閣。

金井壽宏（2002）『働く人のためのキャリア・デザイン』ＰＨＰ研究所。

小池和夫（1999）『仕事の経済学』東洋経済新報社。

サンネット株式会社コンサルティング事業部（2002）『情報処理企業のためのキャリアパスによる人材育成人事評価』サンネット株式会社。

中尾ゆうすけ（2010）『これだけ！OJT』すばる会リンケージ。

Ⅶ 労働環境の整備

5 職能団体

 職能団体とは何か

　職能団体とは，同じ専門職が集まった団体です。職能団体自体は数多く存在しています。団体により，専門資格が必要な団体，不要な団体，資格自体がないが同じ仕事をしている団体など様々です。

　現在，ソーシャルワーカー（以下，SW）の所属する団体には，資格を取得していることが入会の要件の団体（例：日本社会福祉士会・日本精神保健福祉士協会）がある一方で，資格はないが実践している業務内容により入会できる団体（例：日本ソーシャルワーカー協会）があります。そして，会員が団体に所属するのは会員の自主性に任されています。社会福祉士と精神保健福祉士の資格を持ちSWとして働いている人がすべての団体に所属しているとは限りません。一つの団体のみに加入している人も，複数の団体に加入している人もいます。

　また，それぞれの都道府県ごとにも団体があります。都道府県ごとに組織された団体も，近くの会員が顔を合わせられるように，より細かく地域を区分して研修する機会を提供しています。社会福祉士会は都道府県ごとの団体に所属すれば自動的に日本社会福祉士会に所属することになりますが，日本精神保健福祉士協会はそれぞれに加入する必要があります。団体に加入するにあたっては，会費を納入しての申し込みをするのが前提です。

　それぞれの団体の規模別の主な役割は，次の通りです。

規　　模	役　　　　割
全　　国	制度・政策など国との連携（ソーシャルアクション） キャリアパスとしての認定制度などの人材育成
都道府県	行政機関（都道府県・市町村）とのパイプ役 委嘱による委員の派遣（介護認定調査，精神医療審査会など） 新人研修，中堅者研修などの企画・運営 成年後見人の受任，啓発活動
小地域	事例検討など日常的な集まり，仲間づくり

2 職能団体の運営

　職能団体は，基本的に所属する会員から選出された理事が運営をしています。日本社会福祉士会や日本精神保健福祉士協会は法人化をし，事務所と職員を独自に配置をしています。一方で，法人化していない任意団体も存在します。

　いずれの団体でも多くの理事は本来の業務をしながら，職能団体の運営に携

わっています。運営資金は基本的には会員が拠出する会費です。そのため，毎年事業計画と予算案を立て，総会で会員から承認を得，次年度に報告をします。

3 役　割

○資質の向上

専門職として仕事を行うためには，知識や技術の向上が大切です。そのため，研修会の企画・運営が職能団体の大きな役割です。研修内容としては，普段行っているケースについての検討会が一つの柱で，V-5 で説明したスーパービジョンの場になります。

○ネットワーク形成

研修を通じて同じ仕事をしている仲間が集まり，顔見知りになることは，心理的にも重要な役割を持ちます。特に新しい制度ができた時には，他の職場ではどのように進めているのかを確認する機会も得られます。

○社会との連携

SW が国家資格ではなかった時は，雇用が不安定な職場もありました。そのために，個人ではなく現在の協会の前身である日本ソーシャルワーカー協会，日本医療ソーシャルワーカー協会や日本精神医学ワーカー協会などが，SW の協会として国に働きかけ，社会福祉士や精神保健福祉士という資格化に至りました。その後は，所属団体にメリットになるような働きかけをし，職域拡大を図りました。その結果，医療機関では社会福祉士や精神保健福祉士が作成する退院支援計画書が診療報酬に反映されるようになり，また地域の福祉施設でも有資格者の配置が基準を満たすと点数として評価されるようになったため，新たな雇用を生み出しました。このようにクライエントを支援することが社会的に評価され，職域は司法分野や教育分野にも広がっています。

4 職能団体に所属する意味

前項でも述べたように，福祉士資格が専門職として国家資格化され，職域が広がったのは，資格化される前の職能団体が社会に働きかけてきたためです。また，他の職場で仲間ができることにより，法制度改定時の対応などを相談する場や，スーパービジョンの場として知識や技術を高め合い，価値を検討する場にもなります。

取得した資格や所属機関，業務内容により複数の職能団体や学会などに所属することも必要です。仕事・家庭・その他の住民としての活動に加え，さらに職能団体の活動をすることは，ワークライフバランスを検討することも含めて，個人の視野を広げることにつながります。　　　　　　　　　　（吉永洋子）

Ⅷ 福祉サービスの質の管理

 サービスの質の評価

1 福祉サービスとしての質とマンパワーの関係

　福祉サービスの利用のしくみは，戦後長らく措置制度によって実施されてきましたが，1998年の社会福祉基礎構造改革によって，契約制度へと大きく転換されました。

　従前の措置制度では，市町村が福祉サービスの種類や提供機関を決定するため，利用者がサービスを選択できないことや市町村が直接または委託によって福祉サービスを提供するしくみが基本であったため，競争原理が働かずサービス内容が画一的であるといった質の問題が指摘されました。

　2000年の介護保険制度の施行を機に，福祉サービスの利用が契約制度となり，権利として福祉サービスを利用できるようになりました。そこでは「商品」としての福祉サービスを購入するといった顧客や消費者という意識も高まり，サービスの質への関心が高まってきました。

　福祉サービスは，職員がサービス利用者（顧客）に直接的にサービスを提供する対人援助サービスであるため，サービス提供を行う職員の知識や能力水準，専門性，ワークモチベーション等の職員の質がサービスの質に直結するという関係性にあります。

2 「商品」としての福祉サービスの価値と評価

　福祉サービスの質の向上については，社会福祉法第24条において，「社会福祉法人は，社会福祉事業の主たる担い手としてふさわしい事業を確実，効果的かつ適正に行うため，自主的にその経営基盤の強化を図るとともに，その提供する福祉サービスの質の向上及び事業経営の透明性の確保を図らなければならない」とされており，「福祉サービスの質の向上」は経営課題の一つとなっています。

　サービスの質については，ハーバード・ビジネススクールの研究が参考となります（表Ⅷ-1）。

　顧客にとってのサービスの価値とは，コストパフォーマンスが高ければ高いほど満足度が増し，サービスの価値が高まります。すなわち，安い費用でより高い福祉サービスが提供されることが重要となり，価値を評価する基準ともなります。

○「結果の品質」,「過程の品質」と「価格」と「利用者コスト」

表Ⅷ-1の第1の公式によれば,サービスの価値は,顧客が負担するお金や時間等,すなわち,利用コストを考慮する必要性を示しており,顧客は,価格と利用コストがサービス提供の結果と過程を上回れば上回るほど儲けたと感じ,一方,下回れば,自らの手出しが多くなり損をしたと感じることを示しています。ここでは,サービスの価値は,サービスの品質としての「結果の品質」と「過程の品質」の要素から成り立ち,それは「価格」と「利用者コスト」を1以上,上回ることの必要性を示しています。

○「サービスの実績」と「顧客の事前期待・購入イメージ」

次に第2の公式は,サービスとしての品質である「結果の品質」と「過程の品質」は,実際に顧客が受けた具体的なサービス(サービス実績)の内容が,顧客の事前期待によって大きく左右されることを示しています。ここでのサービスの品質は「顧客満足度」として捉えることができます。

サービスを購入する際,サービスの品質を顧客が確認することは,電化製品などの「物」の場合は,事前に試用したり,取扱説明書等を読んだり,インターネット等での評判,評価などを情報収集することによって,ある程度購入イメージを持つことができます。

しかし,「人」を介して行われる商品としての福祉サービスの提供は,サービスの提供と同時に顧客が直接的にサービスを利用(消費)することとなるため,事前に品質(人材の質)を確認し,購入イメージを抱くことは困難です。とりわけ,顧客としての福祉サービスの利用者は,自分が福祉ニーズを持っていることにも気づかない場合や,ニーズ自体を理解していないなど判断能力等が低位にある者も多いため,福祉サービスの提供における事前期待を把握することが困難です。

したがって,福祉サービスの提供においては,顧客と十分にコミュニケーションを取ることによって,具体的な期待内容(ニーズ)を理解する多面的なアセスメント能力が必要となり,その力量がサービスの質を評価する視点ともなります。

（飛永高秀）

表Ⅷ-1 ハーバード・ビジネススクールのサービスの価値を捉える公式

第1の公式

$$\text{サービスの価値} = \frac{\text{サービスの品質(結果+過程)}}{\text{価格+利用コスト}}$$

第2の公式

$$\text{サービスの品質} = \text{サービスの実績} - \text{事前期待}$$

出所：近藤隆雄(2004)『新版サービスマネジメント入門』生産性出版,55-58頁。

Ⅷ 福祉サービスの質の管理

 ## サービス評価システム

 第三者評価事業

　福祉サービスの質を管理する方法の一つに，サービス評価があります。社会福祉法第78条には，社会福祉事業の経営者は福祉サービスの質の評価を行うよう努めるよう規定されています▷1。サービス評価の方法には，提供者自身による自己評価や，利用者による評価もありますが，社会福祉基礎構造改革以降は，サービスの提供―利用に直接かかわらない外部の者による評価方法（第三者評価事業）が積極的に導入されています。第三者評価は，当事者による評価に比べて，専門的・客観的な評価が可能であるといえます。

▷1　社会福祉法第78条1項は，「社会福祉事業の経営者は，自らその提供する福祉サービスの質の評価を行うことその他の措置を講ずることにより，常に福祉サービスを受ける者の立場に立つて良質かつ適切な福祉サービスを提供するよう努めなければならない」としている。

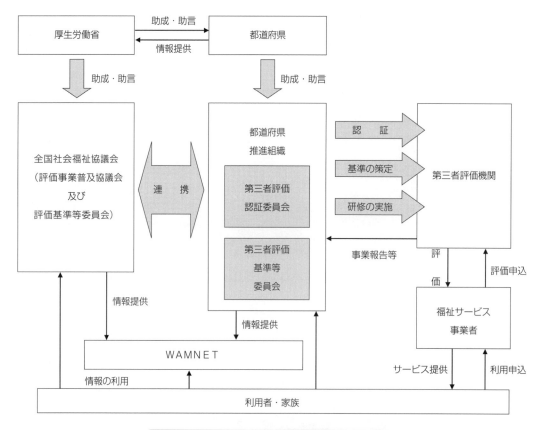

図Ⅷ-1　福祉サービス第三者評価事業の推進体制

注：WAM NET…独立行政法人福祉医療機構が運営しているサイト。福祉・医療サービスに関する情報を公開している。
出所：全国社会福祉協議会「『福祉サービス第三者評価事業』の推進体制」を筆者修正（http://www.shakyo-hyouka.net）。

こうしたサービス評価には，①事業者に対してサービスの質の向上への取り組みをうながすこと，②評価結果の公開を通じて利用者のサービス選択の支援をすること，などの効果が期待されています。

2　第三者評価事業の推進体制

第三者評価事業は，図Ⅷ-1に示すように，都道府県に設置された推進組織を中心にした体制で推進されています。したがって，評価の基準の設定や第三者機関の認証方法なども，都道府県ごとに定められています。

3　福祉サービスの評価方法

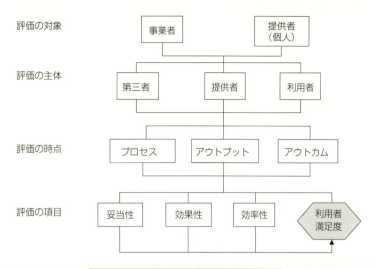

図 Ⅷ-2　福祉サービス評価の構成要素

注：プロセス評価…サービスが提供されるまでの過程に焦点をあてた評価。提供者と利用者の関係性や，サービス提供計画の作成における意思決定の方法，などに着目する。
アウトプット評価…創出されたサービスに焦点をあてた評価。提供されたサービス量，内容などに着目する。
アウトカム評価…サービス提供の結果として生まれた効果や成果に焦点をあてた評価。

ここからは第三者評価事業に限定せず，望ましい福祉サービスの評価のあり方について考えてみることにしましょう。福祉サービスは，無形性[2]，一過性[3]という特質をもっています。ですから，サービスが提供されている場に居合わせなければ，提供されているサービスそのものを確認することができません。そうした特質をもつサービスの評価の結果は，だれが，どの時点で，どのような尺度で評価するかによって，異なったものとなる可能性をもっています。こうした福祉サービスの評価の限界をふまえて，福祉サービスの評価は，その目的に応じて，図Ⅷ-2に挙げた要素を組み合わせて行う必要があります。

ウエルビーイングの向上というソーシャルワーカーの使命（ミッション）からいえば，これらの要素の中で最も重視すべき評価は，利用者満足度であるといえます。それは単に「あの職員は優しくしてくれた」というレベルの満足度ではありません。そのサービスを利用したことによって，サービスの利用目的であった，自らが望む生活（人生）が実現しえたかという意味での満足度です。しかし実際には，利用者が一人で適切に評価を行うことが困難な場合も多々あります。ですから重要な課題は，利用者が上手にサービスを利用し，適切な振り返りができるよう，その過程を支援することにあります。　　（小松理佐子）

▷2　目で見たり，さわったりして確認をすることができないということ。
▷3　サービスが提供されている時間と空間においてのみ存在するということ。

参考文献

小野達也・田渕雪子（2001）『行政評価ハンドブック』東洋経済新報社。
東京福祉サービス評価推進機構編（2006）『平成18年度東京都福祉サービス第三者評価ガイドブック』東京都高齢者研究・福祉振興財団。
H. P. ハトリー／上田宏・上野真城子訳（2004）『政策評価入門』東洋経済新報社。
全国社会福祉協議会ホームページ「福祉サービス第三者評価事業」（http://www.shakyo-hyouka.net/）。

Ⅷ 福祉サービスの質の管理

監 査

1 監査の意義と概要

　監査は，特定の事象や対象に対し，遵守すべき法令や規定等に照らし，その政策や業務がこれらに基づいているのかどうか監督・検査し，その結果に対して何らかの評価を加え，この結果を関係機関に伝達することにより，政策や業務の公正，かつ合理化，効率化を図ることを目的としています。

　例えば，行政庁に対する監査は，より公正，かつ合理的，効率的な行政運営を図ることを目的に行われますが，この内，国の場合，会計検査院が実施する会計監査，および総務省行政評価局が政策評価の視点から実施する業務監査があります。これに対し，地方公共団体の場合，当該地方公共団体の監査委員が自主的に行う一般監査，および特別な場合に行う特別監査がありますが，いずれも行政運営が公正，かつ合理的，効率的に行われているかどうかを監督・検査するために行われます。

2 社会福祉に関する監査

　社会福祉に関する監査は，社会福祉法や社会福祉関係法令等に基づき，行政庁等が，社会福祉事業の運営管理や利用者処遇，経理処理などの適法性を個別に精査し，必要に応じて是正措置を講じることにより，適正な法人運営や利用者処遇，施設運営管理，円滑な社会福祉事業の経営を確保することを目的としています。[1]

　従来，社会福祉法人にたいする監査には，社会福祉法に基づき，監事による監査や，所轄庁による行政監査などがありましたが，これらに加え，2016年の法改正によって一定規模以上の社会福祉法人は会計監査人を置くことが新たに義務づけられるようになりました。この規定は，社会福祉法人制度の改革の一貫として社会福祉法人の公益性を担保するためのものであり，2017年より施行されました。会計監査人を務めるのは，社会福祉法人の評議員会によって専任された公認会計士または監査法人であり，委任契約に基づいて社会福祉法人の計算書類等を監査します。監査の結果，例えば当該社会福祉法人に重大な法令違反の事実が発見された時は，監事へ報告する義務が課せられています。[2]

▷1　具体的には，老人福祉施設や児童福祉施設などの社会福祉施設に対する施設監査（社会福祉法第70条，生活保護法第44条第1項，老人福祉法第18条第2項，児童福祉法第46条第1項等）や，厚生労働大臣が都道府県知事および市町村町長の行う生活保護法の施行に関する事務に対して行う監査（生活保護法第23条第1項）のように，行政庁の事務処理の適法性を他の行政庁が監督・検査する監査がある。

▷2　社会福祉法人の役員であり，すべての社会福祉法人に1人以上配置される。主な業務は，理事の業務執行の状況や社会福祉法人の財産の状況を監査することである。

VIII-3 監　査

③ 監査の具体的な手続き

ここでは，監査の具体的な手続きについて，民間事業者の参入が他の分野に先行し，不正受給への対応が迫られている介護保険制度を例として取り上げます。

本来，指定居宅サービス事業者や指定居宅介護支援事業者など，介護保険法上の指定を受けた事業者等には，指定基準を遵守し，サービス提供を行うことが最低限の責務として求められますが，実際は人員，設備及び運営基準などの指定基準の違反事実を認識しながら放置していたり，不正請求を行ったりしているような悪質な事業者も報告されています。しかし，介護報酬は保険料および公費によって拠出されているため，不適正な保険給付を是正する必要があります。

そこで，都道府県または市町村は，指定を受けた事業者等に指定基準違反や不正請求が認められる場合，またはその疑いがあると認められる場合，介護保険法第5章の各規定に基づき，実地検査を行います[3]。なお，監査は，悪質な指定基準違反および不正請求に対して機動的に対応することが望まれるため，監査の実施主体である都道府県や市町村は，国民健康保険団体連合会や地域包括支援センターなどの関係機関との連携を密にし，情報の収集や分析に努めることが求められます。

都道府県または市町村は，実地検査の結果，指定基準違反が確認された場合，介護サービス事業者等に対し，期限を定めて基準を遵守すべきことを文書で勧告し，さらに，改善勧告を受けた事業者等が正当な理由なく，勧告に係る措置をとらなかった場合，期限を定めてその勧告に係る措置をとるべきことを行政処分として命令することができます。これらの改善勧告および改善命令をしても依然，是正されない場合，都道府県知事または市町村長は，期限を定めて指定の停止をすることができます。ただし，この場合，現にサービス提供を受けている利用者が不利益を被ることがないよう，例えば，不適切なケアプランを作成した介護支援専門員（ケアマネジャー）に対する指定の効力のみを停止するなど，十分な配慮が必要です。

さらに，改善命令や指定の効力の停止の措置をとっても是正されない場合，当該サービス事業者等に係る指定を取り消すことができます。ただし，著しく不正な手続きによる虚偽の申請をしている場合，改善勧告や改善命令，指定の効力の停止等を経ることなく，指定の取り消し処分を行うこともあります。このほか，経済上の措置として，改善勧告に至らない場合は過誤調整，改善勧告を受けた場合は返還金，改善命令以上の行政処分を受けた場合は返還金および加算金がそれぞれ科されます。

（川村岳人）

▷3 「介護保険施設等監査指針」（厚生労働省）は，情報の入手経路として，①通報・苦情・相談等に基づく情報，②国民健康保険団体連合会，地域包括支援センター等へ寄せられる苦情，③国民健康保険団体連合会および保険者からの通報情報，④介護給付費適正化システムの分析から特異傾向を示す事業者，⑤介護サービス情報の公表制度に係る報告の拒否等に関する情報の5点を例示しています。

参考文献

肥沼位昌（2002）『超入門自治体財政はこうなっている』学陽書房。

肥沼位昌（2004）『自治体財政のしくみ』学陽書房。

Ⅷ 福祉サービスの質の管理

 苦情処理

 福祉サービスにおける苦情処理の意味

　福祉サービスの利用者は，自らの意思でサービスを選択し，サービス提供者と対等な立場で契約を結びます。利用者は，福祉サービスをうけるなかで，様々な不全感・不満を持つことがあります。このことを家族や施設スタッフに話すことで解消される場合もあります。これらが解決されない場合や重大な場合は，サービス利用上の苦情（クレーム）となります。利用者はこれらをサービス提供者に表明し，サービス提供者が解決することで，利用者にとってはサービスに対する満足感を高めること，提供者にとっては，利用者ニーズの把握や虐待防止対策を含めたサービスの質の向上につながります。

　福祉サービスに関する苦情は，本来，当事者であるサービス利用者（本人・家族等）と，提供者（事業者）との間で自主的に解決されるべきものです。◁1

2 苦情処理のシステム

○法律上の規定

　社会福祉基礎構造改革においては，「苦情解決のしくみの導入」として，「福祉サービスに対する利用者の苦情や意見を幅広く汲み上げ，サービスの改善を図る観点」から，①第三者が加わった施設内における苦情解決のしくみの整備，②上記方法での解決困難な事例に対応するため，苦情相談委員会を都道府県社会福祉協議会に設置する，こと等が方向づけられました。

　これを受けて，2000年6月に改正された社会福祉法第82条◁2では，社会福祉事業の経営者による苦情解決について規定されました。あわせて，同法第83条では，苦情解決のための委員会（運営適正化委員会◁3）の設置について規定されています（図Ⅷ-3）。

○対象となる苦情・申し出

　対象となる苦情は，社会福祉法第2条に規定された「社会福祉事業」で提供される福祉サービスに関する，①支援の内容に関する苦情，②利用契約の締結，履行又は解除に関するものです。申し出は，利用者本人，その家族や代理人，また，利用者に関する状況を具体的・的確に把握している人から行われます。

▷1　2000年の改正社会福祉法では，苦情の密室化を防ぎ，苦情解決に社会性や客観性を確保し，利用者の立場や特性に配慮した適切な対応を推進するため，事業者段階，都道府県段階それぞれに苦情解決のしくみが規定された。

▷2　「社会福祉事業の経営者は，常に，その提供する福祉サービスについて，利用者等からの苦情の適切な解決に努めなければならない。」

▷3　社会福祉法第83条に規定されている。都道府県社会福祉協議会に設置される委員会です。都道府県域において，①福祉サービス利用者等からの苦情を適切に解決すること（事業者とのトラブルがうまく解決しないときなど），②「福祉サービス利用援助事業」の適正な運営を確保すること（サービスや利用者の財産管理の監視・確認），を目的としている。

❸ 苦情処理対応（方法）の実際

サービス提供者は，「苦情解決責任者」を決めます。また，日常的に利用者や家族が苦情を伝えやすい「苦情処理担当者（窓口）」も決めておきます。合わせて当事者同士（利用者と法人・施設）の苦情解決が困難な場合を想定して，第三者委員[4]を委嘱したり，弁護士と顧問契約する必要があります。

日常的には，投書箱や苦情申立用紙の整備等，いつでも苦情を受けるための環境を作っておきます。苦情の申立があった場合は，直ちに誠意を持って対応します。訴えの傾聴および事実確認も慎重に行います。また対応についての記録を取ることも必要です。匿名の電話や投書，インターネット等への書き込み等で苦情申立の相手を特定できない場合は，事実を確認し，全職員へ報告を行い，事実であった場合は再発防止を行います。

苦情対応中は，行政（監督官庁：市町村および都道府県等）や弁護士等に助言を求めることもあります。当事者間で解決が難しい場合は，第三者委員や顧問弁護士に対応を委ねます。不調の場合は，都道府県社協の運営適正化委員会の下で事情調査，解決の斡旋が行われます。介護保険法による介護サービスについては，都道府県の国民健康保険団体連合会（国保連）が行います。

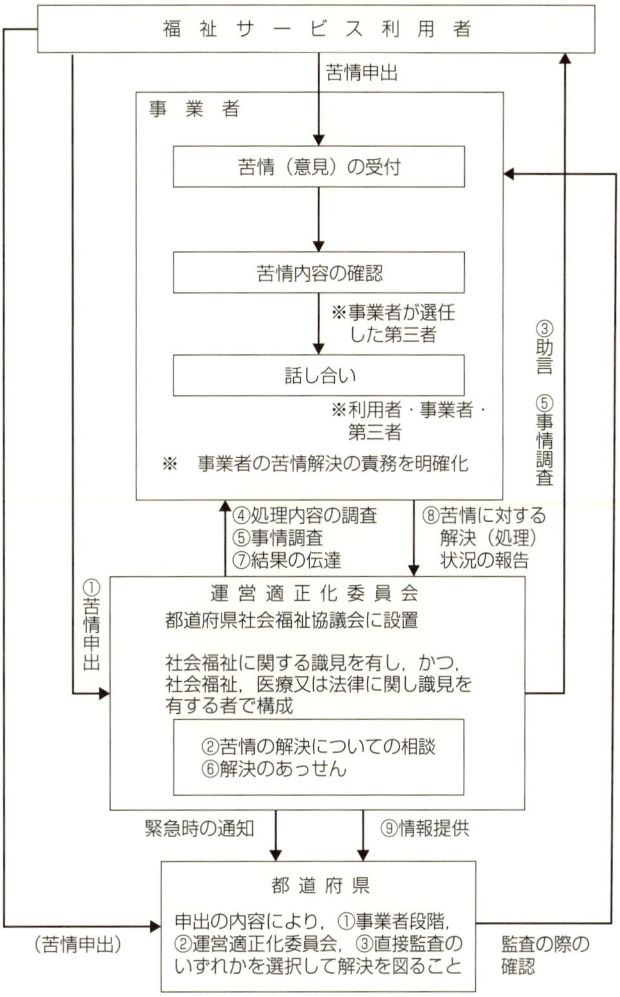

❹ 苦情処理に対する福祉専門職の視点・役割

まずは，苦情申立を行った利用者・家族の立場の理解をしなければなりません。次に，申し立てられた苦情の内容を，自己決定に基づく個別ニーズに適応するように，サービス改善への取り組みに展開していく必要があります。提供するサービスの質の向上，職員個々のサービスの質の向上を実現することで，チームとしてサービスの改善を実現するように進めなければなりません。そして，その改善に向けた経過を利用者・家族に説明し，定期的・継続的なモニタリング（チェック）を行う必要があります。

（本多　勇）

図 Ⅷ-3　福祉サービスに関する苦情解決のしくみの概要図
出所：厚生労働省HP（http://www.mhlw.go.jp/）。

▶4　苦情解決に社会性や客観性を持たせるために，事業者が（利用者当事者でも施設スタッフでもない）第三者に委嘱する。第三者委員は，日常的な状況把握，施設の苦情受付担当者から苦情内容の報告聴取，苦情申立人・利用者からの苦情受け付け，事業者および苦情申立人への助言，苦情申立人と苦情解決責任者の話し合いの立ち会いや助言，事業改善等の報告聴取等を行う。

Ⅷ 福祉サービスの質の管理

 情報公開

情報公開の意義

　私たちは，ものやサービスを買おうとして選ぶ際には，そのデザインや機能，サービス内容，評判等を気にして，最も自分の好みや希望にそうものを選ぶことと思います。例えば，旅行に行く際に泊まるホテルのアメニティや，レストランのおすすめディナーなど事前に調べることもあるでしょう。その手がかりとなるのは，ホテルやレストランの公開している情報や口コミ情報，旅行ガイドの評価等です。

　福祉サービスについても同様です。一般に生活問題を抱え，福祉サービスを利用しようとする（すべき）状況にある人たちは，社会関係が途切れていることが多いのです。自分の生活と社会関係が途切れていることは，サービスに関する情報収集が不利な状況におかれることになります。

　つまり，サービスの利用者（例えば，高齢者や障害のある人，子どもの親，家族等）や利用を支援する専門職は，サービスに関する情報（サービス種別，利用対象者，サービスの提供範囲，費用，利用にあたっての手続き等）が手に入らなければ，サービスを選び，利用することが難しくなります。

社会福祉法の規定

　社会福祉法では，第75条から第79条まで，情報の提供等について規定しています。契約に基づく福祉サービスの利用は，利用者（本人・家族）に，自分自身でサービスを選択し利用するかどうかを決めて，利用する，という判断が求められています。そのための，必要な情報の開示と提供を定めたものです。

　第75条では，社会福祉事業の経営者は利用者に対してサービスを適切・円滑に利用できるように情報提供し，国や地方公共団体は利用者が容易に情報を得られるような措置を講ずる，という努力義務を課しています。第76条と第77条では，福祉サービス利用申込み時にサービスに関して契約の内容や履行の責任について事業者が利用者に説明し（第76条），契約成立時にはサービスに関する書面を交付しなければならない（第77条），と規定しています。誇大広告の禁止についても規定があります（第79条）。

表Ⅷ-2　第三者評価事業の評価基準

評価対象	評価基準
Ⅰ　福祉サービスの基本方針と組織	1　福祉サービス実施の基本方針 2　サービス実施機関の運営 3　計画の策定 4　職員の資質向上
Ⅱ　地域等との関係	1　地域社会との連携 2　福祉人材の育成
Ⅲ　対等なサービス利用関係の構築	1　サービス開始時の対応
Ⅳ　福祉サービス利用実施過程の確立	1　サービス実施計画の管理 2　サービス実施計画の策定 3　サービスの実施 4　評価・変更
Ⅴ　福祉サービスの適切な実施	1　生活環境 2　コミュニケーション 3　移　動 4　食　事 5　入浴（清拭を含む） 6　排　泄 7　整　容 8　相談等の援助 9　機能回復等への支援
Ⅵ　利用者本位のサービス実施	1　利用者の意向の尊重 2　利用者の安心と安全の確保
Ⅶ　機関の運営管理	1　経　営 2　人事管理 3　財務管理

出所：厚生労働省社会・援護局　福祉サービスの質に関する検討会（2001）「福祉サービスにおける第三者評価事業に関する報告書」。

 情報公開の実際――第三者評価の結果公開

　社会福祉法第78条に規定される福祉サービスの第三者評価は，利用者に公開されています。この第三者評価は，都道府県等が認証した第三者評価機関が，書面や訪問による事業者調査，インタビュー等による利用者調査等により行います。第三者評価の基準は表Ⅷ-2の通りです。

　この評価の結果については，インターネット（福祉医療機構〔wam-net〕や，都道府県および関連団体のホームページ）等でその結果を公表し，情報提供されています。

　この他にも，すべての介護サービスについて，事業所の提供するサービスの内容について情報開示を行うことが実質的に義務化されています。

4 今後の課題

　前述したように，福祉サービスを利用したい人が，「情報弱者」となっている場合が多くあります。サービス提供者がホームページを開設したり，パンフレットを作成したりガイドブックに掲載したり，第三者評価結果をインターネット上に掲載して，情報を公開しても，情報にたどり着けない人，どの情報を選択してよいのかわからない人等が多く存在するのです。今後は，このような情報弱者に対する支援を，どう行なっていくかが課題となります。　　　（本多　勇）

第3部 福祉サービスの提供主体

Ⅸ 福祉サービスの提供組織の形態

 公益法人

 公益法人とは何か

公益法人とは，「公益社団法人及び公益財団法人の認定等に関する法律」（以下，公益法人認定法）に基づき，一般社団法人，一般財団法人のうち，不特定かつ多数の者の利益の増進に寄与する公益目的事業（学術，技芸，慈善その他の公益に関する種類の事業）を行うことを主たる目的とした法人であって，申請して公益社団法人，公益財団法人の認定を受けたものを言います。公益法人は，公益を目的としているため，利益を目的とする営利法人と対照的なものです。
2008年から公益法人制度改革が施行されましたが，以前は，公益に関する事業を行い，営利を目的とせず，主務官庁の許可を得て設立された社団法人，財団

表Ⅸ-1 公益目的事業（公益社団法人及び公益財団法人の認定等に関する法律）

公益目的事業
（定義）
第2条　この法律において，次の各号に掲げる用語の意義は，当該各号に定めるところによる。
　4　公益目的事業　学術，技芸，慈善その他の公益に関する別表各号に掲げる種類の事業であって，不特定かつ多数の者の利益の増進に寄与するものをいう。
別　表（第二条関係）
一　学術及び科学技術の振興を目的とする事業
二　文化及び芸術の振興を目的とする事業
三　障害者若しくは生活困窮者又は事故，災害若しくは犯罪による被害者の支援を目的とする事業
四　高齢者の福祉の増進を目的とする事業
五　勤労意欲のある者に対する就労の支援を目的とする事業
六　公衆衛生の向上を目的とする事業
七　児童又は青少年の健全な育成を目的とする事業
八　勤労者の福祉の向上を目的とする事業
九　教育，スポーツ等を通じて国民の心身の健全な発達に寄与し，又は豊かな人間性を涵養することを目的とする事業
十　犯罪の防止又は治安の維持を目的とする事業
十一　事故又は災害の防止を目的とする事業
十二　人種，性別その他の事由による不当な差別又は偏見の防止及び根絶を目的とする事業
十三　思想及び良心の自由，信教の自由又は表現の自由の尊重又は擁護を目的とする事業
十四　男女共同参画社会の形成その他のより良い社会の形成の推進を目的とする事業
十五　国際相互理解の促進及び開発途上にある海外の地域に対する経済協力を目的とする事業
十六　地球環境の保全又は自然環境の保護及び整備を目的とする事業
十七　国土の利用，整備又は保全を目的とする事業
十八　国政の健全な運営の確保に資することを目的とする事業
十九　地域社会の健全な発展を目的とする事業
二十　公正かつ自由な経済活動の機会の確保及び促進並びにその活性化による国民生活の安定向上を目的とする事業
二十一　国民生活に不可欠な物資，エネルギー等の安定供給の確保を目的とする事業
二十二　一般消費者の利益の擁護又は増進を目的とする事業
二十三　前各号に掲げるもののほか，公益に関する事業として政令で定めるもの

出所：行政改革推進本部事務局『公益法人制度改革の概要』17-18頁。

法人を公益法人と呼んでいました。しかし，公益法人の不祥事等により理事会等の執行部の責任が問われ，法人の設立・運営の透明性を高める等，民間有識者による委員会の意見に基づき公益法人に認定する制度として，改革が実施されました。

公益法人認定法では，表IX-1のように23の事業が示されています。

2 一般財団法人と一般社団法人

公益法人には，公益財団法人と公益社団法人があります。まず，一般財団法人と一般社団法人を考える前に，法人とは何かについて考えなければなりません。法人とは，人間以外のもので，社会的活動等を行っている組織体が権利能力を付与され，権利義務の主体とされているものです。法律によって組織体に人格を与え，人間と同じような権利能力を持ち活動をすることができるようになるわけです。

しかし，法人としての組織体が人格を持って活動を行うためには意思決定を行わなければなりません。そのため，法人には物事をどのように進めていくかなど意思決定を行うしくみ，すなわち，統治機構（ガバナンス）が必要となります。この財団と社団の大きな違いは，法人の基本的な成り立ちが「お金（資産）の集まり」か「人の集まり」かによります。財団法人には社会福祉法人や学校法人，宗教法人等が含まれます。

一方，同じ目的や理念を持った人が集まり事業を行うために法人を設立する場合は社団法人となります。社団法人には，株式会社等の会社や特定非営利活動法人（NPO法人），農業協同組合，生活協同組合等が含まれます。

また，医療法人は財団法人，社団法人の両方が制度上認められており，その基本的な成り立ちによって，どちらかに分類できます。

なお，社会福祉法人や学校法人，医療法人，宗教法人等は，それぞれの特別法において規定されており，主務官庁の許可制の下に特別法公益法人となり，直接的に民法による規制は適用されません。

（飛永高秀）

Ⅸ 福祉サービスの提供組織の形態

 社会福祉法人

1 社会福祉法人の法的位置づけ

社会福祉法人は,「社会福祉事業を行うことを目的として設立された法人」と社会福祉法第22条に定義されています（⇨[X]を参照）。

社会福祉法人ができた背景には,日本国憲法第89条の「公私分離の原則」があります。これによって「公の支配に属しない」団体が行う社会福祉事業に対しては,公的な資金を出すことができません。このため,公的な規制の厳しい社会福祉法人を設立させ,この法人が社会福祉事業を行う場合には,公的な助成を行うことが可能であると解釈しています。

社会福祉法人については,社会福祉法第6章に定められています。社会福祉法人は,社会福祉事業を行うに必要な資産を備え,定款を定めた上で所轄庁の認可を受けた法人ということになります。

所轄庁は,都道府県,政令指定都市,中核市の区域内で事業を行うのであれば,それぞれの長となります。2つ以上の都道府県で事業を行う場合で,1つの地方厚生局の管轄区域内の事業であれば地方厚生局長,それ以外の場合は厚生労働大臣となります。

2 社会福祉事業

社会福祉事業は,社会福祉法第2条に制限列挙という形で示されています。社会福祉事業は第1種社会福祉事業,第2種社会福祉事業に分けられ,このうち第1種社会福祉事業は,国,地方公共団体または社会福祉法人が経営することが原則とされています（社会福祉法第60条）。

3 公益事業と収益事業

社会福祉法人は,社会福祉事業のほか,公益事業および収益事業を行ってもよいことになっています。

公益事業は,社会福祉事業以外の公益を目的とした事業を指します。例えば,次のようなものが挙げられます。

・必要な者に対し,相談,情報提供・助言,行政や福祉・保健・医療サービス事業者等との連絡調整を行う等の事業
・必要な者に対し,入浴,排せつ,食事,外出時の移動,コミュニケーション,

▷1 「この法律において「社会福祉法人」とは,社会福祉事業を行うことを目的として,この法律の定めるところにより設立された法人をいう。」

▷2 「公金その他の公の財産は,宗教上の組織若しくは団体の使用,便益若しくは維持のため,又は公の支配に属しない慈善,教育若しくは博愛の事業に対し,これを支出し,又はその利用に供してはならない。」

▷3 次のような内容が含まれる。
第1節 通則（第22条～第30条）,第2節 設立（第31条～第35条）,第3節 機関（第36条～第45条の22）,第4節 計算（第45条の23～第45条の35）,第5節 定款の変更（第45条の36～第59条）,第6節 解散及び清算並びに合併（第46条～第55条）,第7節 社会福祉充実計画（第55条の2～第55条の4）,第8節 助言及び監督（第56条～第59条の3）

▷4 以下の4つに該当しない場合,事業がふたつ以上の地方厚生局の管轄区域にわたる場合でも,法人本部の所在地の管轄の地方厚生局長が所轄庁となる,と規定されている。
① 全国を単位として行われる事業
② 地域を限定しないで行われる事業
③ 法令の規定に基づき指定を受けて行われる事業
④ ①から③までに類する

IX-2 社会福祉法人

表 IX-2　社会福祉法人数の年次推移

（各年度末現在）

	1990年度	2000年度	2005年度	2010年度	2015年度	2019年度
総　数	13,356	17,002	18,258	18,727	19,969	20,933
社会福祉協議会	3,074	3,403	2,077	1,848	1,900	1,893
共同募金会	47	47	47	46	47	47
社会福祉事業団	105	152	147	132	129	126
施設経営法人	10,071	13,303	15,852	16,408	17,482	18,345
その他	59	97	135	293	411	522

注：2つ以上の都道府県の区域にわたり事業を行っている法人（厚生労働大臣及び地方厚生局長所管分）は含まれていない。
出所：厚生労働省「福祉行政報告例」より筆者作成。

スポーツ・文化的活動，就労，住環境の調整等（以下「入浴等」）を支援する事業

・入浴等の支援が必要な者，独力では住居の確保が困難な者等にたいし，住居を提供または確保する事業

・社会福祉の増進に資する人材の育成・確保に関する事業（社会福祉士・介護福祉士・精神保健福祉士・保育士・コミュニケーション支援者等の養成事業等）

・社会福祉に関する調査研究等

収益事業は，法人が行う社会福祉事業または公益事業の財源に充てるために行われる事業を指します。「一定の計画の下に収益を得ることを目的として反復継続して行われる行為であって，社会通念上事業と認められる程度のもの」とされています。

④　社会福祉法人の現状と課題

社会福祉法人数は表IX-2のとおりです。施設経営法人は，近年増加しており，2000年からの19年間で約1.4倍，1990年から2019年の間には，約1.8倍となっています。

社会福祉基礎構造改革以降，福祉サービスの提供主体には営利法人も増加しました。非営利である社会福祉法人は，補助金や非課税措置を受けられるため，公平な競争環境を求める「イコールフッティング」が大きな課題となりました。

2016年の社会福祉法改正において，純資産の額から事業の継続に必要な財産額を控除等した額を「社会福祉充実残額（再投下財産額）」として明らかにするとともに，この「社会福祉充実残額」を保有する法人に対して，社会福祉事業又は公益事業の新規実施・拡充に係る計画の作成を義務づけしています。さらに，「地域における公益的な取組を実施する責務」として，社会福祉事業，公益事業について，無料又は低額な料金で福祉サービスを提供することを社会福祉法人の責務として規定しました。

（大薮元康）

事業
多くの場合，③に該当するため，2つ以上の地方厚生局の管轄区域にわたる場合，厚生労働大臣が所轄庁となる。

▶5　公益事業については，本文中に挙げたものの他に，「日常生活を営むのに支障がある状態の軽減または悪化の防止に関する事業」「入所施設からの退院・通所を支援する事業」「子育て支援に関する事業」「福祉用具その他の用具または機器および住環境に関する情報の収集，整理，提供に関する事業」「ボランティアの育成に関する事業」が挙げられている。詳しくは，「『社会福祉法人の認可について』の一部改正について（通知）」（平成28年11月11日雇児発1111第1号，社援発1111第4号，老発1111第2号）を参照。

▶6　2016年の社会福祉法改正における「社会福祉法人制度の改革」は，評議員会の必置化を含む（1）「経営組織のガバナンスの強化」，財務諸表・現況報告書等の公表などの（2）「事業運営の透明性の向上」，本文でも取り上げた（3）財務規律の強化（4）地域における公益的な取組を実施する責務，（5）所轄庁による指導監督の機能強化など「行政の関与の在り方」の5つが柱となっている。

Ⅸ 福祉サービスの提供組織の形態

  特定非営利活動法人

1 NPOと特定非営利活動法人

現在，特定非営利活動法人（NPO法人）と呼ばれる団体が，高齢者の介護や障害のある人の自立支援，さらには子育て支援など，福祉サービス提供において幅広く重要な役割を担っています（⇨ Ⅶ ）。NPO法人は，1998年に成立した特定非営利活動促進法（NPO法）を根拠法とする法人となりますが，どのような性格や特徴を有する法人なのでしょうか。

NPO法人は，NPO（Non-Profit Organization），日本語では民間非営利組織の一形態です。さらには広く捉えるとボランティア団体やグループと呼ばれるものの一つでもあります。このような集団や組織の中で，ある特定の原則を満たすものをNPOと呼んでいます。その原則で最も有名なものが，サラモン（L.M. Salamon）によるものです。サラモンは，ある集団・組織をNPOと呼べるための原則として，次の6つを挙げています。

1点目が「組織の形態をとっている」ことです。人の集まりには様々なかたちがあります。その中でNPOと呼べるには，集まりが継続的に維持され，役割分担があり，指揮管理の系統がしっかりと整備されている必要があります。2点目が「政府組織の一部を構成していない」ことです。つまり国や地方公共団体でなく，民間の団体であるということです。3点目が「利益の配分をしない」ことです。一般的に企業は活動によって得た利益を企業への出資者に対して配分しますが，NPOでは活動によって得た利益は配分せず，活動に使われます。4点目が「自主管理」です。団体の活動は，所属するメンバーが自ら決定し実行するということです。5点目が「有志によるもの」です。団体のメンバーは強制されて集まったのではなく，メンバー自らの意志で集まったものであるということです。そして6点目が「公益のためのもの」です。団体の活動は不特定多数の利益に資するものでなければなりません。

NPO法人はNPOの一形態であるため，前述した6つの原則をすべて満たしていますが，NPO法人とNPOは必ずしも同一のものではありません。NPOの6つの原則を満たし，かつNPO法で認証された団体がNPO法人となります。そのような意味でNPOはNPO法人よりも広い考え方であるといえます。

▷1 集団における責任者を中心としたまとまりと，その指示によって業務・作業に取り組むことができる体制のことを指す。
▷2
①保健，医療又は福祉の増進を図る活動
②社会教育の推進を図る活動
③まちづくりの推進を図る活動
④観光の振興を図る活動
⑤農山漁村又は中山間地域の振興を図る活動
⑥学術，文化，芸術又はスポーツの振興を図る活動
⑦環境の保全を図る活動
⑧災害救援活動
⑨地域安全活動
⑩人権の擁護又は平和の推進を図る活動
⑪国際協力の活動
⑫男女共同参画社会の形成の促進を図る活動
⑬子どもの健全育成を図る活動
⑭情報化社会の発展を図る活動
⑮科学技術の振興を図る活動
⑯経済活動の活性化を図る活動
⑰職業能力の開発又は雇用機会の拡充を支援する活動
⑱消費者の保護を図る活動
⑲前各号に掲げる活動を行う団体の運営又は活動に関する連絡，助言又は援助の活動
⑳前各号に掲げる活動に準ずる活動として都道府県又は指定都市の条例で定める活動

IX - 3　特定非営利活動法人

❷ 特定非営利活動促進法とその概要

　NPO法は，1995年の阪神淡路大震災をきっかけに，ボランティア団体やNPOが社会の中で安定した役割を果たせるような条件を整備することを目的として，1998年に成立した法律です。

　法律の大きな目的の一つは，ボランティア団体やNPOに法人格を与えることです。「法人」は団体を法の上で人とみなします。したがって団体として建物を借りたり，事業を請け負うことができるうえに，税制上の優遇措置もあり，団体の活動がしやすくなります。NPO法が成立する以前，多くのボランティア団体やNPOには取得できる法人格が存在しなかったため，取得の難しい財団法人や社団法人，社会福祉法人を取得して活動を行うことが一般的でした。しかし法律が成立し，多くのボランティア団体やNPOが比較的容易に法人格を取得することが可能となりました。

　NPO法では，「不特定かつ多数のものの利益の増進に寄与すること」を「特定非営利活動」と規定し，その内容として20の分野を挙げ，かつ設立要件を満たす団体に対して法人格を与えるとしています。また2008年には，「認定特定非営利活動法人（認定NPO法人）制度」が創設されました。同制度は，NPO法人への寄付を促すことを目的に税制上の優遇措置を設けています。

❸ 特定非営利活動法人の役割

　NPO法人は，NPOの一形態であることは前述したとおりですが，NPOにとって最も重要なものの一つが，使命（ミッション），つまり社会的使命です。使命（ミッション）とはすべての組織が個々にもつ結成理由にして存在理由であり，当然ですが企業にも使命（ミッション）はあります。しかし企業の使命（ミッション）とNPOの使命（ミッション）が決定的に異なるのは，企業には必ず利益の追求が含まれるのにたいして，NPOには利益の追求は含まれない点です。「社会でどのような役割を果たすのか」ということこそが，NPO法人の存在理由なのです。

　その意味で，単にサービスを提供するという「事業的性格」だけではなく，社会や地域をどのようにしていくのかといった「運動的性格」もNPOは本質として併せ持っているといえます。配食サービスや移動支援サービスなどNPOによって生み出された福祉サービスは少なくありません。これらの諸サービスは「高齢者が暮らしやすい地域をつくる」という観点から，高齢者のニーズに即してサービスをつくり出し，必要によって行政や社会に働きかけて生み出されたものです。そしてこのような実践がNPOによって行われるのも，前述の本質に根ざしたものであるといえましょう。つまりNPO法人は，「事業的性格」と「運動的性格」の両面から理解される必要があるのです。

（熊田博喜）

▷3　特定非営利活動を行うことを主たる目的とすること，営利を目的としないことに加えて，次の要件を満たすことが必要である。
①社員の資格の得喪に関して，不当な条件を付さないこと。
②役員のうち報酬を受ける者の数が，役員総数の3分の1以下であること。
③宗教活動や政治活動を主たる目的とするものでないこと。
④特定の公職者（候補者を含む）又は政党を推薦，支持，反対することを目的とするものでないこと。
⑤暴力団又は暴力団，若しくはその構成員，若しくはその構成員でなくなった日から5年を経過しない者の統制の下にある団体でないこと。
⑥10人以上の社員を有するものであること。
▷4　認定NPO法人は，パブリック・サポート・テスト（寄付金・寄付者の割合人数等）に適合し，活動・組織・情報公開を適正に行っている団体で決定される。

（参考文献）

雨宮孝子（2008）「特定非営利活動促進法（NPO法）と税制度」山岡義典・雨宮孝子編『NPO実践講座（新版）』ぎょうせい。

L.M.サラモン／入山映訳（1994）『米国の非営利セクター入門』ダイヤモンド社。

L.M.サラモン／山内直人訳（1999）『NPO最前線』岩波書店。

シーズ＝市民活動を支える制度をつくる会（1998）『NPO法人ハンドブック』（C'sブックレット・シリーズ No.5）シーズ＝市民活動を支える制度をつくる会。

IX 福祉サービスの提供組織の形態

4 医療法人

1 医療法人とは何か

　医療法人とは，医療提供体制の確保と国民の健康の保持のため，1950年に医療法で定められた法人です。医療法では，医療法人について，「病院，医師若しくは歯科医師が常時勤務する診療所又は介護老人保健施設を開設しようとする社団又は財団」（第39条）と定義しています。

　医療法人は，全国で5万3,000法人（2017年3月末現在）あり，施設数において全国の病院の68.2％，診療所の40.5％，歯科診療所の19.4％を開設しており，日本の医療の根幹を支えています。

　医療法人制度の趣旨は，医療事業の経営主体を法人化することにより，医業の永続性を確保するとともに，資金の集積を容易にすることにあります。個人経営の医療機関が法人化すると，信用力が増し金融機関からの融資が受けやすくなり高額な医療機器の購入や設備投資が可能になります。また，法人化により事業承継がスムーズに行われ安定的に医療を提供することができます。

　医療法人を設立するには，都道府県知事の認可が必要となります（医療法第44条）。2つ以上の都道府県において病院等を開設する医療法人については，認可権限が主たる事務所の所在地の都道府県となります。

2 医療法人の特徴

　医療法人の最大の特徴は，非営利性にあります。医療は国民の生命や身体の安全に直接関わるため，営利企業に委ねることは適切ではないという考えが医療法人制度の根底にあります。医療法では，営利を目的として，病院，診療所等を開設しようとする者には許可を与えないことができる（医療法第7条5項）と規定しています。このため医療法人も営利を目的としないよう，「医療法人は，剰余金の配当をしてはならない」（医療法第54条）と厳格に規制されているのです。しかし，医療法人が「非営利」であることを明確にするためには，「持ち分」▷1 の存在が大きな課題となっていました。そこで，「持ち分」の問題を解決するために「基金拠出型法人」が法制化されました。

3 医療法人制度改革

　医療施設に関する基本法である医療法は1948年に制定され，2年後の1950年

▷1 医療法人の解散時などに出資者である社員が残余財産の分配を請求できる権利。これは事実上の配当の受け取りにほかならないとされ，株式会社による病院経営の解禁をめぐっては，この点が論点となった。

IX-4 医療法人

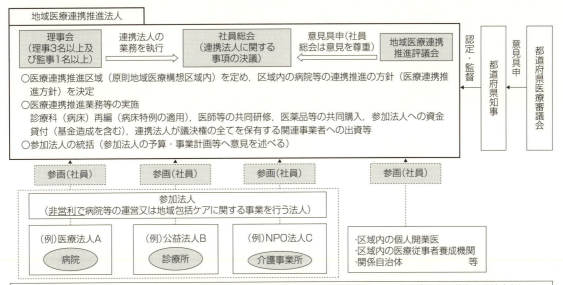

図 IX-1 医療法人地域医療連携推進法人の仕組み

出所：厚生労働省資料。

には医療法人制度が同法に規定されました。その後，医療法は7回にわたる重要な改正が行われ，現在に至っています。

第5次医療法改正では，図IX-2のような医療法人制度改革が行われました。2015年9月に公布された第7次改正医療法では，「地域医療連携推進法人制度の創設」と「医療法人制度の見直し」の2つが大きな柱となっています。

医療法人のガバナンスの強化は，医療法人の理事会の設置・権限や役員の選任方法等を医療法に規定して明確化するものです。また，理事長の権限及び理事の監事への報告義務が新設されました。

4 医療法人制度の課題

医療法人の「非営利性」徹底するためには，この「持ち分」の問題を解決する必要があります。しかし，2018年3月末の時点で医療法人の73.6%が持ち分ありの社団です。持ち分ありの医療法人から持ち分のない「基金拠出型医療法人」への移行はあまり進んでいないと言わざるを得ません。そこで2017年1月に持ち分なし医療法人への移行計画の認定制度が開始されました。

また，医療法人の「公共性」という面から，第7次改正で求められる情報公表を積極的に行い，医療法人経営の透明性を確保していくことが求められるでしょう。

（徳広隆司）

▷2 第7次改正（2015年9月公布）では，地域医療連携推進法人制度の創設と医療法人制度の見直しが行われた。医療法人制度の見直しでは，医療法人制度のガバナンス強化に関する事項，医療法人の分割等に関する事項，社会医療法人認定等に関する事項について法整備が行われた。

▷3 「医療法人制度の見直し」に関する改正では，医療法人の経営の透明性の確保と医療法人のガバナンスの強化に関する事項が挙げられている。医療法人経営の透明性の確保に関する改正は，①会計基準の適用・外部監査の義務づけ，②計算書類の公告の義務づけ，③メディカルサービス法人との関係の報告の3点が検討されている。

Ⅸ 福祉サービスの提供組織の形態

5 協同組合

1 協同組合とは何か

　協同組合は，組合員の共通の経済的・社会的・文化的ニーズと願いを満たすために組合員が自発的に組織する事業体です。協同組合は，組合員が共同で所有し，民主的に管理します。

　協同組合は，第一義的には組合員が自らの共益を目指す共助組織であり，不特定多数の人々への援助を目的とする公益組織と区別されます。歴史的には，産業革命後の19世紀ヨーロッパで労働者や農民が資本主義の不公正に抵抗し，自らの生活の質を向上させるために相互扶助組織を形成したのが協同組合の始まりです。

　しかし，1990年代以降，経済のグローバル化や福祉国家の揺らぎにともない，社会問題に取り組む協同組合が新たに注目されるようになっています。1995年のICA（国際協同組合同盟）による「協同組合のアイデンティティに関する声明」は，「コミュニティへの参与」を協同組合の原則に加えています。このように，近年ではコミュニティの利益のために活動し，共益性と公益性を併せ持つハイブリッド型の社会的協同組合が登場しています。

2 協同組合のしくみ

　協同組合の重要な特徴は利用者による所有，民主的運営と利益享受です。非営利組織は，事業による乗除金を配分しないのに対して協同組合は組合員の共益のために利益配分を行います。ただし，株式会社のように投資家の個人的利益の増大を目指すのではなく，組合員の共益を保護するために出資配当に一定の制限が設けられます。出資額ではなく，利用高に応じた割戻しがされるため，利潤と配当の極大化ではなく組合員＝所有者＝利用者の便益が優先されるしくみになっています。さらに，出資額とは無関係に一人一票の民主的運営を原則とすることで，特定の個人の利益が優先されることに対して制約が設けられています（表Ⅸ-3）。

3 協同組合のタイプ

　協同組合は，消費者（利用者）が出資・利用・運営を行う消費協同組合，生産者（提供者）が出資・利用・運営を行う生産協同組合に大別することができます。

▷1　生産手段を私的に所有する資本家が賃金労働者を雇い，私的利潤の極大化を目指して商品を生産する経済体制。

▷2　政府が社会政策や経済政策を実施し，国民の生活の安定と福利の増進を図る国家。

▷3　政府から独立した利益配分を行わない非営利の自発的組織。一般的に各種の市民団体，公益法人，ボランティア団体を指す。

消費協同組合は，高齢者介護や保育などのサービス提供や環境事業などを行うもの，消費生協，住宅を共同購入する住宅生協，金融サービスを共同購入するクレジット・ユニオンなどがあります。生産者協同組合は，農水産物を共同販売する販売農協・漁協，生産資財を共同購入する購買農協・漁協が代表的です。また，伝統的な労働者協同組合以外にも，医療，介護，出版，情報処理などのサービス提供協同組合があります。

さらに，近年では消費者・生産者の両者，従業員，ボランティアや地域住民を含む複数のステークホルダーが組合員として参加する混合型のマルチ・ステークホルダー協同組合が登場しています。

イタリアでは，1991年に社会サービス提供と社会的弱者の労働統合を目的とする社会的協働組合が登場し，社会的協同組合の運営には，出資者，利用者，労働者，ボランティアなど多様なステークホルダーが参加します。また，日本の医療生協は，消費者が保険・医療・福祉サービスの共同購入を行うと同時に，医師や看護師など，医療サービス供給者も組合員として参加する混合型協同組合です。

混合型協同組合の登場は，協同組合が共益目的で財やサービスの事業取引を行う共助組織から公益組織に接近していることを示しています。複数のステークホルダーが運営に参加する混合型協同組合には，地域のソーシャル・キャピタルの育成，市民参加，環境保護など，様々な公益財を生み出すことが期待されています。

❹ 日本の生活協同組合

戦後の混乱期における生活課題に取り組むために，1945年に日本協同組合同盟（現・日本協同組合連合会）が設立され，1948年に消費生活協同組合法（生協法）が制定されました。1960～1970年代は，公害，物価の高騰や社会サービスの不足など，高度経済成長の歪みに抵抗する消費者運動と，組合員の生活を支える生協事業が発展しました。代表的な生協事業には，予約共同購入，参加の理念を担保する少人数グループの班活動，安全な食品を開発・購買するコープ商品等があります。さらに，2000年の介護保険法以降は，介護保険に基づくサービス提供者として事業を展開させています。

（遠藤知子）

表 IX - 3　組織形態による所有権構造の特徴

	協同組合	非営利組織	株式会社
乗除金の帰属	組合員	組織・公益	投資家
所有と利用の分離	なし	あり	あり
出資金の有無	あり	なし	あり
出資による支配権	一人一票	なし	持ち株比例
出資金の譲渡可能性	なし	—	あり
出資配当の範囲	制限有り	非配分制約	無制限
利用高配当の有無	あり	なし	なし
所有権の性質	不完備所有権	所有権なし	完備所有権

出所：栗本昭（2011）「日本の社会的経済の統計的把握に向けて」大沢真理編著『社会的経済が拓く未来』ミネルヴァ書房，77頁を基に筆者作成。

▷4　XVI - 2 側注参照。

参考文献

大沢真理編著（2011）『社会的経済が拓く未来』ミネルヴァ書房。

栗本昭（2011）「日本の社会的経済の統計的把握に向けて」大沢真理編著『社会的経済が拓く未来』ミネルヴァ書房，71-101頁。

栗本昭（2007）「協同組合の連帯経済へのアプローチ」西川潤編著『連帯経済』明石書店，205-232頁。

イアン・マクファーソン／日本協同組合学会訳・編（2000）『21世紀の協同組合原則』日本経済評論社。

山口浩平（2011）「日本の生活協同組合」大沢真理編著『社会的経済が拓く未来』ミネルヴァ書房，105-131頁。

Ⅸ　福祉サービスの提供組織の形態

 株式会社

1　株式会社の運営機関

　株式会社は，営利を目的とする会社法を根拠とした法人で，それぞれの企業の実態に即して必要な機関を選択し，組織を構成していく団体です。本項では，主に大企業において設置される機関について見てみます。

　株主総会は，株式会社の最高意思決定機関で，取締役，監査役の選任，解任など，組織・運営・管理などに関する重要事項を決定する機関です。株主総会には，決算期ごとに開催される年1度の定時総会と必要に応じて開催される臨時総会があります。

　取締役は，株式会社の業務執行を行う機関で，取締役会は，3人以上の取締役によって構成され，代表取締役の選任をはじめ重要な業務について意思決定を行う機関です。

　監査役は，取締役の職務執行や会社の会計を監査する機関です。監査役会は，3人以上の監査役（うち半数以上は社外監査役）で構成され，監査方針の決定や監査報告の作成などを行う機関です。

　委員会は，主に大企業において機動的な経営と実効的な監督を可能にするために設置される機関で，指名委員会，監査委員会，報酬委員会からなります。

　会計監査人は，主に大企業において計算書類等の監査を行う機関です。資格は公認会計士又は監査法人に限定されています。

　会計参与は，取締役と共同して計算書類の作成等を行う会社内部の機関で，税理士や公認会計士等の会計の専門家で構成されます。設置は会社の任意で，主に会計監査人が設置されていない中小企業において決算書の信頼性を向上させることがねらいとされています。

　なお，株式会社といっても，ここで紹介したような大企業ばかりではありません。会社の社員数等の規模や株式市場への上場・非上場，その営業圏域の広さなど，組織や経営状況は異なります。特に介護保険サービスへ参入した株式会社の規模は，小さく，ほとんどが中小企業である場合が多いです。中小の株式会社においては，資本金の金額や取締役の数，取締役会，監査役等の人数，配置等について，緩和され，柔軟に事業展開できるようになっています。

▷1　営利を目的とする会社法を根拠とした法人。営利事業を営むための現代の代表的な企業形態の一つで，株式を発行し投資家から資金を調達し，その資金で事業活動を行う会社である。営利法人としては，有限会社がありましたが，2006年5月に根拠法である有限会社法が廃止されたことに伴い，その後は設立することができなくなった。現在ある有限会社はそのまま有限会社の称号を使用することが認められている。

IX-6　株式会社

表 IX-4　株式会社と社会福祉法人の税制の違い

		株式会社	社会福祉法人
事業目的		自　由	社会福祉事業 （公益事業・収益事業も可能）
税　　制	法人税	課　税 （所得の23.2%）	原則非課税（収益事業により生じた所得は課税）
	都道府県民税	課　税	原則非課税
	市町村民税	課　税	原則非課税
	固定資産税	課　税	社会福祉事業用の固定資産は非課税
	事業税	課　税	原則非課税

注：法人税の課税率は2018年度以後開始事業。
出所：厚生労働省「第一回社会福祉法人の在り方等に関する検討会（平成25年9月27日）資料2 社会福祉法人の現状」20頁を加工修正し，筆者作成。

2　株式会社の収入源・税制・利益の配分

　介護保険サービスにおける事業者の収入は，介護保険収入（介護報酬及び利用者負担分），居住費・食費収入などの介護保険外収入，補助金収入等です。

　株式会社などの営利法人は，社会福祉法人等の非営利法人とは異なり，サービス提供に伴う利益を生み出さなければ事業の継続が難しくなります。しかし，法定内の介護保険収入だけでは利益を出すことが困難であるため，介護保険外収入によって利益を生む他はありません。例えば，日用品の買い物は介護保険内で対応できますが，嗜好品等の買い物には利用できません。また，外出についても，映画鑑賞や美術館への外出などは生活支援の範疇ではないために介護保険は利用できません。そのため，介護保険外のサービスを顧客ニーズに合わせて提供する等，他の事業所とサービスの差別化を図り，より付加価値の高いサービスを提供する等，サービスメニューの多様化を戦略的に検討しています。

　税制については，社会福祉法人等は，主たる事業が公益性の高い事業であることから，多くの税制上の優遇措置（原則・非課税）が設けられています。また，施設設備や運営費については，行政からの補助金，低利で融資を受けることができます（表IX-4）。

　一方，株式会社を代表とする営利法人は，資本金を基に，それを具体的事業で運用し，利益を上げることを目的とします。そのため，その利益に対して様々な税金が課されることになります。株式会社には，法人税や都道府県民税，市町村民税，固定資産税，事業税等の多くの税金がかけられます。課税率については，資本金の額や所得の額によって異なります。

　利益の配分については，株式会社では，定期的に業績に応じて自社の得た利益を株主に対して金銭などで還元します。　　　　　　　　　　　　（飛永高秀）

参考文献

中小企業庁（2006）『よくわかる中小企業のための新会社法33問33答』。

Ⅸ 福祉サービスの提供組織の形態

国・地方公共団体

1 行政機関の役割

　社会福祉基礎構造改革▷1以前は，福祉サービスは行政責任によって提供されるものでした。福祉サービスの整備は公的責任で進められ，サービス提供のしくみは，措置制度に基づき，行政処分としてサービスが提供されるという位置づけでした。

　しかし，社会福祉基礎構造改革によって，社会福祉サービスの多くは，措置制度から契約制度へと移行しました。このため，行政機関は，サービス利用の可否と提供するサービスを決定する措置権者という立場から，要介護認定や障害支援区分という手続きによってサービスの量を決める立場になりました。

　措置制度においては，福祉サービスの利用について，行政職員の専門性に依拠して決定されます。また，措置制度においては，行政には措置委託をした事業所によるサービスの内容にも一定の責任があると考えられます。

　契約制度に移行したことにより，どのサービスも利用者の選択によるものとなりました。行政の役割は，利用者一人ひとりのサービス内容決定から，事業者が適切なサービスを行っているかどうかの監視，評価を行うという立場になりました。社会福祉法人においては監査，介護保険制度や障害者総合支援法の事業所については事業所指定という権限をもって適格かどうかをチェックすることになります。

2 サービスの実施体制

　行政機関が行うサービスは，全国どこでも受けることができるように，実施体制が組織化されています。社会福祉の専門機関として，福祉事務所▷2，身体障害者更生相談所▷3，知的障害者更生相談所▷4，児童相談所▷5，婦人相談所▷6が設置されています。福祉事務所は，福祉六法に関する事務を行うこととされています。

　町村においては福祉事務所は任意設置となっており，設置しない町村では，老人福祉法，身体障害者福祉法，知的障害者福祉法の事務を行います。生活保護法，児童福祉法，母子及び父子並びに寡婦福祉法に関する事務は，都道府県が設置した福祉事務所が行います。

▷1　1990年代半ばより2000年にかけて行われた改革。
改革内容の柱は，①利用者の立場に立った社会福祉制度の構築，②サービスの質の向上，③社会福祉事業の充実・活性化，④地域福祉の推進となっている。
①の中に「福祉サービスの利用制度化」があり，「行政が行政処分によりサービス内容を決定する措置制度」から「利用者が事業者と対等な関係に基づきサービスを選択する利用制度」へと説明されている。

▷2　社会福祉法第14条に規定される福祉に関する事務所。都道府県，市，特別区は福祉に関する事務所を設置しなければならないとされる。町村については，同条3項で，「福祉に関する事務所を設置することができる」と規定されている。

▷3　身体障害者福祉法第11条に定められた行政機関。1項には「都道府県は，身体障害者の更生援護の利便のため，及び市町村の援護の適切な実施の支援のため，必要の地に身体障害者更生相談所を設けなければならない」と定められている。

▷4　知的障害者福祉法第12条に定められた行政機関。1項には「都道府県は，知的障害者更生相談所を設けなければならない」と定められている。

▷5　児童福祉法第12条に定められた行政機関。1項

3 「公設民営」のサービス提供

　福祉サービスのニーズが拡大していく中で，1980年代に民間委託は次第に広まってきました。背景には高齢者介護サービスにおける，施設福祉から在宅福祉への流れがあります。行政サービスを見直す，臨調「行革」の時代，ホームヘルプサービスやデイサービスを行政が直接運営するということが難しい状況でした。そのため，社会福祉協議会などに委託するという形でサービスを確保しました。これと合わせて社会福祉施設の運営も民間に委託するということがはじまりました。

　民間委託された施設は，「公設民営」と呼ばれます。施設や事務所は公の所有のままで，働く人は委託先の所属という形になります。施設の名称には公立であるということを明確にしているものもあります。

　民間委託は，行政委託とも呼びます。1963年の地方自治法の改正により「公の施設」が定義され，管理委託制度を導入されたことから始まります。この時，委託先は「公共団体」または「公共的団体」に限定されていました。しかし，この時期には福祉サービスは十分整備されていなかったため，民間に委託するという動きにはなりませんでした。

　1991年の地方自治法改正により，行政委託の委託先が拡大されました。「普通地方公共団体が出資している法人で政令で定められるもの又は公共団体若しくは公共的団体」とされ，地方公共団体が資本金，基本金などに1／2以上出資している団体への委託が可能となりました。

　この時期に，地方公共団体が出資した社会福祉事業団が設立され，公立施設が「公設民営」に大きく移行していくことになります。

4 指定管理者制度の導入

　2003年，地方自治法の改正により指定管理者制度が導入されました。これまでの行政委託に変わり，指定管理者の選定をオープンにし，競争の原理を取り入れました。これにより「公設民営」で行われてきた福祉サービスも，指定管理者制度の手続きを行って指定管理者になることになりました。

　福祉サービスは専門性が求められるため，引き続きこれまでの団体がサービスを提供しているというところが多くあります。しかし，指定管理者としての指定は期間が決められていることから，委託を受ける団体の経営は不安定になるといえます。

　さらに，地方公共団体の財政問題から施設そのものを民間に移譲するという動きも見られます。サービス提供に関しては，より費用のかからない民間団体で実施するという姿勢が明確になっている地方公共団体もあります。

（大薮元康）

に「都道府県は，児童相談所を設置しなければならない」と定められている。

▶6　売春防止法第34条に定められた行政機関。1項に「都道府県は，婦人相談所を設置しなければならない」と定められている。

▶7　条例の定めによって，公の施設の管理を行わせるという制度である。根拠は次のとおり。
地方自治法第244条の2第3項「普通地方公共団体は，公の施設の設置の目的を効果的に達成するため必要があると認めるときは，条例の定めるところにより，法人その他の団体であつて当該普通地方公共団体が指定するもの（以下本条及び第244条の4において「指定管理者」という。）に，当該公の施設の管理を行わせることができる。」
地方自治法第244条の2第4項「前項の条例には，指定管理者の指定の手続，指定管理者が行う管理の基準及び業務の範囲その他必要な事項を定めるものとする。」
地方自治法第244条の2第5項「指定管理者の指定は，期間を定めて行うものとする。」

Ⅹ 社会福祉法人

1 組　　織

1 社会福祉法人の設置

　1951年公布の社会福祉事業法（現・社会福祉法）では、社会福祉法人の定義は「社会福祉事業を行うことを目的として、この法律の定めるところにより設立された法人」と定めています。社会福祉法人が福祉施設を設置して事業経営を行う場合には、この社会福祉法の要件を満たすことが前提となります。社会福祉法第31条第1項の要件では、社会福祉法人の設立には、必要事項を取り決めた上で、定款をもって所轄庁の認可を受けなければなりません。

　社会福祉法で定められた定款には、施設の「目的」や「名称」「社会福祉事業の種類」「事務所の所在地」などの項目のほか、「役員に関する事項」や「会議に関する項目」が必須の項目となっています。

2 経営組織

　社会福祉法人は、「一般財団法人・公益財団法人と同等以上の公益性を担保できる経営組織とすること」が条件となっており、「理事」「評議員」「監事」を置くことが義務づけられています。合わせて経営内容により「会計監査人」も置くこととされています。また、以下に該当する者は、法人の役員になることができません（図Ⅹ-1）。

　① 法人
　② 成年被後見人又は被保佐人
　③ 生活保護法、児童福祉法、老人福祉法、身体障害者福祉法又は社会福祉法の規定に違反して刑に処せられ、その執行を終わり又は執行を受けることがなくなるまでの者
　④ 前号に該当する者を除くほか、禁固以上の刑に処せられ、その執行を終わり、又は執行を受けることがなくなるまでの者
　⑤ 法第56条第8項の規定による所轄庁の解散命令により解散を命じられた社会福祉法人の解散当時の役員

○理事・理事会

　理事会は業務執行機関です。理事会は、法人の業務の執行の決定、理事の職務の監督、理事長の選定及び解職に関する職務を行います。定数は6名以上で、理事の中から選任された理事長が法人の代表となり、業務執行権と代表権を持

▷1 「社会福祉法人を設立しようとする者は、定款をもつて少なくとも次に掲げる事項を定め、厚生労働省令で定める手続に従い、当該定款について所轄庁の認可を受けなければならない。」
　1　目的
　2　名称
　3　社会福祉事業の種類
　4　事務所の所在地
　5　評議員及び評議員会に関する事項
　6　役員（後略）
　7　理事会に関する事項
　8　会計監査人を置く場合には、これに関する事項
　9　資産に関する事項
　10　会計に関する事項
　11　公益事業を行う場合には、その種類
　12　収益事業を行う場合には、その種類
　13　解散に関する事項
　14　定款の変更に関する事項
　15　公告の方法

▷2　2017年4月1日の社会福祉法等の一部改正では、経営組織のガバナンス（関係者による企業の管理や統治）の強化、事業運営の透明性の向上など、主に組織に関する点が変更された。

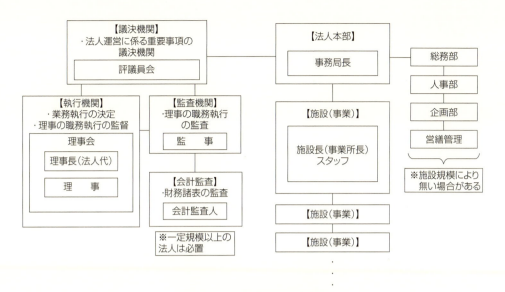

図Ⅹ-1　社会福祉法人組織図

ちます。

　理事には,「社会福祉事業の経営に関する識見を有する者」「当該社会福祉法人が行う事業の区域における福祉に関する実情に通じている者」「当該社会福祉法人が施設を設置している場合にあっては,当該施設の管理者」が含まれなければなりません。

○評議員・評議員会

　評議員会は,法人運営に係る重要事項の決定を行う議決機関です。員数は,理事の定数を超える数とされています。評議員会では,定款の変更,理事・監事・会計監査人の選任,解任,理事・監事の報酬の決定などを行います。

　評議員には中立的な立場から審議することが求められることから,社会福祉法人の運営に必要な見識を有していることが要件となります。また,役員や当該法人の職員が評議員を兼ねることはできません。

○監　事

　監事は法人の監査機関であり,2名以上の選任が必要です。監事の任務には,「理事の職務執行の監査」「監査報告の作成」「計算書類等の監査」「事業の報告要求（理事,職員に対し）」「業務・財産の状況調査」等があります。

○会計監査人

　会計監査人は,計算書類等の監査を行う機関です。法人が作成した財務諸表を作成した本人が確認するのではなく,法人とは関係のない第三者による客観的なチェックを行うことにより,適正であるかを確認する役割をもちます。会計監査人は,公認会計士または監査法人でなければならないとされています。[3]

（中村英三）

▷3　会計監査人の設置条件は,収益や負債等の金額が一定基準を超えた場合となる。

Ⅹ 社会福祉法人

2 財　　源

1 運営の財源

　社会福祉事業の経営においては，コンプライアンス（法令遵守）の下に公的資金の支出が認められており，一般的な財源としては，利用者への措置委託料や，設立時または設備改修などへの補助金があります。

　また，介護保険施設では，介護保険請求によって支払われる介護報酬と，利用者が負担する応益負担が主な財源となります。この介護保険は社会保険制度であるため，公的資金の支出は大きく認められない場合があります。

◯措置委託費

　措置における公的資金の流れは，措置委託費が施設にいったん全額支給された後，利用者が行政に負担額（応能負担）を支払う費用徴収制となっています。負担額は利用者の年金などの収入に応じて決められた額を措置権者に収めますが，無収入者の例では，負担額が発生しないので全額が公費からとなります。

◯介護保険と応益負担

　介護保険（社会保険）制度の利用において，利用者は1割（または，一定以上所得者は2割）を負担額とし，利用施設に支払います（応益負担）。残りは，介護保険請求によって利用施設に支払われます。またその他の負担額には，施設利用にともなう居室利用料や食事代などが利用者の自己負担となっており，各施設の取り決めた契約内容によって利用額が異なります。

◯自立支援給付費と利用者負担金

　自立支援給付費とは，障害のある人への支援を行う福祉施設において，利用者の障害程度によって決められた行政からの給付費を利用できる制度です。給付費は法定代理受領として施設が受領することで利用者に支給した形になっており，措置とは違い利用者と施設間で利用するサービス内容の契約が行われています。

2 収益事業

　一般的には，本来営利を目的としていない社会福祉法人が，その事業に要する経費の一部をまかなうために，収益を目的とした事業を行う場合があります。収益事業は，その経営する社会福祉事業の目的に支障がない限り，その収益を社会福祉事業の経営に充て財源とすることができます。

（中村英三）

▷1　各種法律に基づく福祉の措置を行う行政庁。それは通常，都道府県または市町村であるが，福祉の措置はその全部または一部をその管理に属する行政庁（福祉事務所，児童相談所等）に委託できるとされている。生活保護法においては申請に基づいて保護することを原則としているが，老人福祉法・児童福祉法・身体障害者福祉法および精神薄弱者福祉法においては，措置の実施者の職種によって保護することを原則としている。

参考文献
中央法規出版編集部（2008）『社会福祉用語辞典』中央法規出版．

X-2 財源

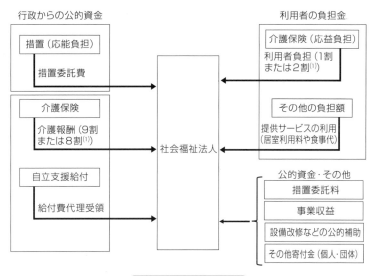

図 X-2　財源の流れ

注：(1)一定以上所得者の場合。
出所：厚生労働省資料を基に筆者作成。

表 X-1　社会福祉事業の財源

施設	施設の特徴	財源 公的資金	財源 利用者負担	財源 その他	行政の支払分担
養護老人ホーム	65歳以上で、環境上の理由および経済的理由により居宅において介護が困難な者。	措置委託料	国の財源となる応能負担	補助金（公的補助）寄付（個人・団体）	国　2分の1　都道府県・市町村　2分の1
保育園	0歳から6歳の、保育に欠ける乳児または幼児。				国　2分の1（僻地の保育所は3分の1）　残りは都道府県・市町村
児童養護施設	乳児を除く18歳未満の保護者のいない児童、虐待されている児童、その他環境上養護を要する児童。20歳まで入所可能。				国　2分の1　都道府県・市町村　2分の1
救護施設	身体上または精神上著しい欠陥があって、自立できない要保護者。		※自己負担は原則なし		国　4分の3　都道府県・市町村　4分の1
更生施設	身体上または精神上の理由によって、養護や生活指導を必要とする要保護者。				国　4分の3　都道府県・市町村　4分の1
介護老人福祉施設	65歳以上で、心身の障害のため常時介護を必要とし、かつ居宅介護が困難な者（65歳未満でも入所可能）。	介護報酬	応益負担自己負担分	事業収益 補助金（公的補助）寄付（個人・団体）	介護保険給付
介護老人保健施設	要介護認定で要介護以上の認定を受けたもので、病状安定期にあり、入院をする必要はないが、リハビリ・介護・看護を必要とする者。				介護保険給付
介護療養型医療施設	要介護認定で要介護以上の認定を受けたもので、病状安定期にあり、入院をする必要はないが、リハビリ・介護・看護を必要とする者。				介護保険給付
障害者支援施設	以下の施設を含む。①障害者支援施設　②地域活動支援センター　③生活介護事業所　④就労移行支援事業所　⑤就労継続支援事業所　⑥小規模作業所　⑦更生施設　⑧授産施設（小規模通所授産施設を含む）　⑨福祉工場	自立支援給付費	自己負担分	補助金（公的補助）寄付（個人・団体）	国　2分の1　都道府県・市町村　2分の1　（※もしくは給付適用外）

出所：図X-2と同じ。

Ⅹ 社会福祉法人

 会　　計

1　社会福祉法人の会計基準

　現行の社会福祉法は，社会福祉法人に対して，その財務書類を法人事務所に備え置くとともに，この財務書類を監事の意見書面とともに所轄官庁へ提出するよう定めています。同法（及び社会福祉法施行規則）は，国民から財務書類の開示請求がある時には事務所で閲覧させること，またインターネットで財務書類を公表することを定めています。所轄官庁（厚生労働省）は社会福祉法人が作成する財務書類に適用される会計基準（会計処理の基準と表示様式の基準）（⇨）として2000年に社会福祉法人会計基準を定め，2011年に社会福祉法人会計基準を改訂し，2016年に省令として同基準を定めました（従来の同基準は局長通知）。以下は2016年版の会計基準を前提に説明します。

2　会計基準と計算書類

　会計基準は会計処理の基準と表示様式の基準を定めています。同基準の求める計算書類とは貸借対照表，事業活動計算書，資金収支計算書です。この計算書類は会計基準と複式簿記と呼ばれる一連の手続きに基づいて作成されます。
　会計基準では，法人単位，社会福祉事業・公益事業・収益事業の事業単位，一体として運営される施設・事業所等の拠点単位，同拠点で実施される各種事業単位などのように，異なる単位で計算書類の作成を要求しています。
　以下では，3種類の計算書類のうち資金収支計算書を除く2種類の書類の概要を説明します。

3　事業活動計算書

　株式会社の損益計算書に相当する事業活動計算書の概要は表Ⅹ-2のように示すことができます。この書類は黒字・赤字の状況（活動増減差額）とその原因である収益と費用を示します。
　収益と費用とこの差額の活動増減差額は活動ごとに3つに分けられます。3つの活動増減差額は，サービス活動増減差額，サービス活動外増減差額，特別増減差額であり，前者2つの合計が経常増減差額，3つの合計が当期活動増減差額です。
　サービス活動収益には本業である介護保険事業による介護保険事業収益などが

X-3 会 計

表 X-2 事業活動計算書（報告式）

自○年○月○日～至○年○月○日

1 サービス活動増減の部	
サービス活動収益	××
サービス活動費用	××
サービス活動増減差額	××
2 サービス活動外増減の部	
サービス活動外収益	××
サービス活動外費用	××
サービス活動外増減差額	××
経常増減差額	××
3 特別増減の部	
特別収益	××
特別費用	××
特別増減差額	××
当期活動増減差額	××
4 繰越活動増減差額の部	
前期繰越活動増減差額	××
当期末繰越活動増減差額	××
基本金取崩額	××
その他の積立金取崩額	××
その他の積立金積立額	××
次期繰越活動増減差額	××

表 X-3 貸借対照表（勘定式）

○年○月○日現在

資産の部			負債の部
	流動資産	流動負債	負債の部
	固定資産 基本財産	固定負債	純資産の部
		基本金	
		国庫補助金等特別積立金	
	その他の固定資産	その他の積立金	
		次期繰越活動増減差額	

注：勘定式と報告式…勘定式は中央線のある表の左側と右側に勘定科目と金額を表示する方法。報告式は表の中の上から下へと勘定科目と金額を順次列挙して表示する方法。ここに掲示した貸借対照表は勘定式で，事業活動計算書は報告式である。

含まれます。サービス活動支出には本業での人件費，事務費，事業費の他に減価償却費等が含まれます。

　事業活動計算書の末尾に繰越活動増減差額の部があります。当期活動増減差額に前期からの繰越分を加えると当期末繰越活動増減差額になります。この他の項目に金額がなければ，それが次期繰越活動増減差額にもなります。

④ 貸借対照表

　貸借対照表の概要は表X-3のように示すことができます。貸借対照表は財産の運用形態と調達源泉を示します。財産の運用形態は資産，調達源泉が他人である場合は負債，自己（補助金等含む）である場合は純資産です。

　資産の部は流動資産と固定資産に分かれますが，流動資産には現金預金や未収金などが含まれます。固定資産は基本財産とその他の固定資産に分かれますが，双方の区分には建物，土地などが含まれます。負債の部も流動負債と固定負債に分かれますが，流動負債には事業未払金，短期運営資金借入金などが含まれ，固定負債には長期運営資金借入金や設備資金借入金などが含まれます。

　純資産は基本金，国庫補助金等特別積立金，その他積立金，次期繰越活動増減差額（事業活動計算書のそれと同額）に分かれます。基本金には施設創設時の寄付金品の金額などが入ります。国庫補助金等特別積立金は施設整備時に国・地方から受け入れた補助金などが入ります。その他の積立金と次期繰越活動増減差額は過去の当期活動増減差額の合計額です。　　　　　　　　（新谷　司）

▷1 建物等の長期利用物件の消費分を費用として認識した分であり，これを認識すると建物等の金額がその分だけ減少する。

▷2 資産と負債は流動と固定に区別される。この区別の基準にはいくつかあるが，最もわかりやすいのは1年基準である。1年以内に現金化するものは流動資産と流動負債である。現金化に1年超の期間を有するものは固定資産と固定負債である。

▷3 基本財産とその他の固定資産　社会福祉法人の定款において基本財産と定めたものが基本財産で，それ以外の固定資産はその他の固定資産となる。

Ⅹ 社会福祉法人

社会福祉事業

① 社会福祉事業の範囲

 Ⅹ-1 で説明したように，社会福祉法人が経営する事業の中心は社会福祉事業です。社会福祉法における社会福祉活動の範囲は，活動自体が利用者個人の生活面や健康面の影響などに深く関わってくることを考慮し，「社会福祉事業」「社会福祉を目的とする事業」「社会福祉に関する活動」の3つに大きく分類されています。

その中の「社会福祉事業」は，社会福祉を目的とする事業のうち「規制と助成を通じて公明かつ適正な実施の確保が図られなければならない」ものとして，経営主体等の規制や，都道府県知事等による指導監督があるなど，活動自体に法的な条件があります。また，利用者の生活面への影響の度合いと，公的規制の必要性の度合いによって，「第1種社会福祉事業」と「第2種社会福祉事業」に分類されています（図Ⅹ-3）。

○第1種社会福祉事業

第1種社会福祉事業に該当する事業の多くは入所型の施設であり，利用者の生活や人格，健康に大きく関わることから経営は原則として，国，地方公共団体または社会福祉法人に限られています。また，その他の団体が事業を行う場合には，都道府県知事の認可が必要になります。

○第2種社会福祉事業

第2種社会福祉事業は，利用者の営みに生活面への影響が比較的少ないサービスであり，公的規制の必要性が低いとされる事業となっています。経営主体についての制限は設けられていませんが，事業開始の際には都道府県知事に届け出る必要があります。

② 社会福祉法人による事業経営

社会福祉法人は営利を目的としない団体としながら，利用者への質の高いサービスを提供することが求められています。しかし，現実的には非営利団体であるがゆえに，公費や介護報酬だけの財源では，職員への待遇やより良い設備環境を整えることが困難であることを理由に，運営者によっては多業種サービスへ参入するなど，経営意識へと転換する法人も出てきました。

しかし，従来の公的資金で運営を行ってきた施設では財政面の問題から経営

の転換を行えない法人もあります。こういった方針の違いから，社会福祉法人はその母体や規模によってその内容が多様化し，昨今の様々な経営タイプを生む理由となっています（図X-4）。

○一法人一施設

社会福祉法人が，一施設運営を行う事業には，養護老人ホーム，保育園，児童養護施設，救護施設，更生施設があり，2000年の介護保険制度成立以前の措置としての社会福祉理念をもった伝統的な施設が多いのが特徴です。

○一法人複合施設

介護保険制度の成立後，養護老人ホームが介護保険事業として特別養護老人ホームなどを経営し，さらには施設福祉（第1種社会福祉事業）だけではなく，デイサービスやショートステイ

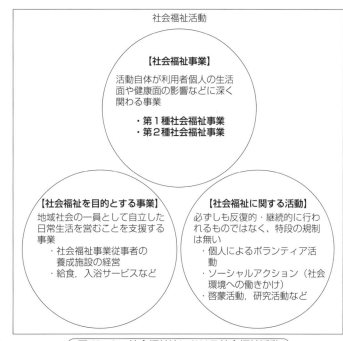

図X-3 社会福祉法における社会福祉活動

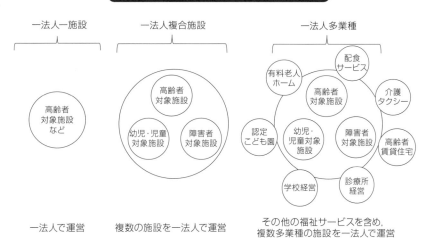

図X-4 経営タイプ

などの在宅福祉（第2種社会福祉事業）も視野に入れ，利用者の多種多様なニーズに対応することを目的に経営の転換を進めています。また，介護保険事業は企業会計と同様の会計方法が認められており，措置制度と比較した場合，会計方法に制限が少ないことから経営の安定化をはかりやすいとされています。

○一法人多業種

一法人多業種は，福祉事業だけではなく，有料老人ホームや高齢者賃貸住宅，介護関係の専門学校などの事業を経営するケースをいいます。他業種の中には，介護タクシー，配食サービス，診療所，認定こども園などがあり，社会福祉法人とは経営的な視点に違いがあることが特徴的です。　　（中村英三）

Ⅹ 社会福祉法人

5 公益事業

1 公益事業とは何か

　公益事業とは，社会福祉法人が実施できる事業の1類型です。公益事業として想定する内容は法令に示されており，相談，住居の提供，子育て支援，ボランティアや福祉人材の育成等かなり幅広い内容となっています。▷1

　社会福祉法人は社会福祉事業を行うことを目的に設立される法人なので，あくまで主たる事業は社会福祉事業でなければなりません。このため公益事業は「社会福祉と関係のある公益を目的とする事業」で「社会福祉事業の円滑な実施を妨げるおそれはなってはならない」「その収益を社会福祉事業又は公益事業に充てなければならない」とされています。

2 社会福祉法人制度改革

　社会福祉法人には，その高い公益性を踏まえて施設整備費の補助や税制上の優遇措置が講じられています。1951年の社会福祉法人制度創設から2000年頃までは，社会福祉事業を経営することそのものに高い公益性があると考えられ，社会福祉法人の公益性が問題視されることはさほどありませんでした。

　しかし，2000年の介護保険制度開始以降，入所施設以外の介護，障害，保育サービスに民間企業やNPO法人等の参入も認められるようになると，「同じ事業を行っているのに社会福祉法人が課税されないのはおかしい」「税制優遇に見合う社会貢献をしているのか」という意見や批判が，社会福祉法人に対して提起されるようになりました。そして，2014年6月，政府が「規制改革実施計画」（2014年6月29日・閣議決定）において，他の経営主体とのイコールフッティング等の観点から社会福祉法人改革を求めるに至りました。▷2

　これを受け2016年に社会福祉法が改正されました。▷3

3 公益的な取組等の強化

　社会福祉法人の公益的な取組の強化のために講じられた措置は，以下の2つです。

◯地域における公益的な取組を実施する責務

　すべての法人に対する責務として，「地域における公益的な取組」（以下，公益的な取組）を実施する責務が課されました。▷4

▷1　公益事業を実施している法人数は1／4以下であり，最多は介護保険法に規定する社会福祉事業以外のサービスや有料老人ホーム等である。三菱総合研究所（2014）「新たな福祉需要に対応した社会福祉法人の安定的運営のあり方に関する研究」報告書（注：調査対象である社会福祉法人全数（1万9,793法人，2013年12月時点）のうち，6,911法人が回答）。

▷2　競争条件の不均衡を是正し，公正な市場を形成するべきとの考え方。

▷3　改正は，①経営組織のガバナンスの強化，②事業運営の透明性の向上，③財務規律の強化，④地域における公益的な取組を実施する責務，などを内容とするもので，2017年度から全面的に実施された。

▷4　「公益的な取組」の責務について，社会福祉法第24条第2項に，社会福祉法人の経営の原則として「社会福祉法人は，社会福祉事業及び第26条第1項に規定する公益事業を行うに当たつては，日常生活又は社会生活上の支援を必要とする者に対して，無料又は低額な料金で，福祉サービスを積極的に提供するよう努めなければならない」との規定が追加された。

「公益的な取組」の要件について，厚生労働省は下記の3要件を示し，法人が既存制度の対象にならない，他の事業主体では困難な福祉ニーズに対応するサービスを提供する趣旨であると解説しています。

① 社会福祉事業又は公益事業を行うに当たって提供される福祉サービスであること。

② 日常生活又は社会生活上の支援を必要とする者に対する福祉サービスであること。

③ 無料又は低額な料金で提供される福祉サービスであること。

○社会福祉充実計画と地域公益事業

2点目として，いわゆる剰余金（法律上は「社会福祉充実残額」）のある法人に対しては，残額を社会福祉事業または公益事業の新規実施や拡充に充てる計画（「社会福祉充実計画」）を，所轄庁の承認を得て作成することが義務づけられました。この際，充当先の優先順位は，①社会福祉事業（施設の新設・増設，新たなサービス実施，職員処遇の充実等），②地域公益事業（無料・低額で行う公益事業），③その他の公益事業であるとしています。

社会福祉充実計画の作成は剰余金のある法人のみが行い，また，まず社会福祉事業の充実に充てるため，必ずしも地域公益事業が行われるわけではありませんが，社会福祉法人の公益的な役割を促進する一方策といえます。

4 様々な公益的な事業・活動と行政関与

「公益事業」「公益的な取組」「地域公益事業」は，行政の関与が異なることに留意が必要です。「公益事業」は定款に記載（所轄庁の認可が必要）して行う継続的な事業です。「地域公益事業」は「公益事業」の中で，特に無料・低額で行うものを意味し，それを実施するには社会福祉充実計画への所轄庁の承認と実績報告が必要です。「公益的な取組」は継続的な公益事業ではないもの（社会福祉を目的とする活動等）も含まれ，継続的な事業でなければ定款記載や所轄庁の関与は不要です。

これまでも，改正法にいう「公益的な取組」や「地域公益事業」に積極的に取り組んできた社会福祉法人は多くあります。しかし，公的費用が投入される事業のみを行い，かつ相当の資産を保有する法人が一部にみられたことも事実です。制度改正により，そのような法人は地域への公益的な活動を意識するようになるでしょう。

今後，社会福祉法人が公益的な取り組みを行う際は，社会福祉法人だけで取り組むのではなく，地域の住民や団体との日頃からの関係性や話し合いの中から，地域とともに課題を見出し，協働して活動・事業に取り組むことが大切です。

（諏訪　徹）

X　社会福祉法人

 社会福祉法人のあゆみ

 第2次世界大戦前までの福祉事業の運営

　社会福祉法人は，国，地方公共団体，株式会社等とならぶ社会福祉事業を運営する主体の一つであり，第2次世界大戦後に登場しました。まずは，社会福祉法人が登場する前の1930年代から第2次世界大戦前までの期間の福祉事業の運営のあり方を概観しましょう。

　この時期は，現在のように福祉サービスを必要な人に提供するという考えはありませんでした。法的に定められていたのは，基本的には貧困や身寄りのない者に対する保護を目的とした取り組みであり，これは公的（公営あるいは公設）社会事業といわれます。それ以外に民間の団体や篤志家によるものもあり，これは私設社会事業と呼ばれました。

　私設社会事業には下賜金や国家の助成金もありましたが，基本的には一般の寄付金で運営されており，制度上は公的な助成がありませんでした。そのため私設社会事業は財政上の問題を抱えていました。企業や一般の人々からの寄付金の額は経済の好不況に左右されるため，昭和初期の経済不況は私設社会事業の運営に行き詰まりをもたらしました。

　当時の社会事業関連雑誌を繙くと，私設社会事業の行き詰まりに関する論考を見ることができます。論考からは1930年には，今日の社会福祉の先駆者である私設社会事業がその当時経営難であったことや資金難に陥っていたことが記されています。そしてその行き詰まりの原因の一つである財源問題を解決するためには，私設社会事業者が結束する必要があると考えられていました。

　私設社会事業は，1931年全日本私設社会事業連盟を創設し組織化を図りました。そして財政難打開のために補助金を政府に要請します。当時の私設社会事業は，経営難に対して社会奉仕日や社会事業デー，同情週間を設けて社会奉仕の思想の普及を兼ねて募金運動をして運営資金を工面していました。

　ようやく1938年に社会事業法が制定され，私設社会事業者は土地・建物への地方税が免税され（第10条），さらに政府が私設社会事業へ予算の範囲内で補助することができる（第11条）とされました。一方，この法律には地方長官への届出義務（第2条）や改善命令（第4条）などの私設社会事業に対する指導・監督も規定されました。

　私設社会事業は，元々は多くが民法第34条に基づく公益法人として認可を受

▷1　1909年以降，全国の模範的慈善事業に助成金が交付されている。

▷2　著者不明（1930）「巻頭言」東京府社会事業協会『社会福利』14(3)，1頁。
▷3　生江孝之（1930）「私設社会事業の社会的使命」大阪社会事業連盟『社会事業研究』19(9)，8頁。

▷4　中央社会事業協会（1933）『日本社会事業年鑑昭和8年』70頁。

けており，法人税や地方税等の免税措置がありました。そして，社会事業法の施行によって，私設社会事業は政府からの補助を受けることが可能となりました。ただし，この社会事業法には現在のような社会福祉法人制度は存在しなかったため，例えば，現在の社会福祉法人マハヤナ学園は，当時は財団法人マハヤナ学園であり，社会福祉法人二葉保育園は財団法人二葉保育園でした。

2 戦後の民間社会福祉事業の運営

第2次世界大戦の敗戦によって，日本は1952年まで連合国軍最高司令官総司令部（GHQ＝General Headquarters）の占領下となりました。そして，民主化・非軍事化の改革方針に基づいた福祉改革が行われました。1946年2月には「社会救済（Public Assistance）」（SCAPIN775）の中で公的な救済に対する無差別平等・国家責任・公私分離などが示され，これらの原則に基づいて公的扶助の法的整備がなされました。

公私分離の原則とは，国家が責任を持って国民の生活を支える事業を実施するために，民間事業者に事業を任せるあり方を否定するものでした。このことは，民間社会福祉事業への国からの補助金の支出を禁止することを意味しました。これらの原則は公的扶助だけでなく社会福祉事業全体に関わるものであり，社会事業法の適用によって補助を受けてきた民間事業者の経営が困難になることは明らかでした。

この当時どのくらいの数の施設があったのでしょうか。公私の社会事業施設数は1947年3月1日現在の調査によると，全国で4,819のうち，公設は1,775，私設（民間）は3,044でした。戦災に遭った児童の保護施設や引揚者の施設が公設として設置されたため，戦前と比べると公設が増加したといわれています。それでも私設の数は多く，安定的な運営のためには公私分離の原則に対応する必要がありました。

1947年5月に日本国憲法が施行されると，第89条の「公金その他の公の財産は，宗教上の組織若しくは団体の使用，便益若しくは維持のため，又は公の支配に属しない慈善，教育若しくは博愛の事業に対し，これを支出し，又はその利用に供してはならない」という規定から，公の支配に属さない事業への公的助成が禁止されました。その後，1949年11月にはいわゆる「六項目提案」が出され，その中に民間の社会事業団体に対する公の関与を否定する公私分離が示されました。このような状況下で，その後社会福祉法人制度ができるのですが，その直接的な要因については大きくみて2つの説があります。

1つの説としては，これらの公の支配に属さない事業への公的助成の禁止と公私分離の徹底に対して，公的助成を可能とするために民間社会福祉事業を公の支配に属する団体とみなす枠組みを作り出す必要があったというものです。

別の説としては，社会福祉法人制度によって設立要件や事業内容，指導監督

▷5 児童養護施設。1919年に設立されたマハヤナ学園は，1947年に財団法人マハヤナ学園，1952年に社会福祉法人となった。

▷6 1900年に私立二葉幼稚園として開園され，1916年に私立二葉保育園となり，1935年に財団法人二葉保育園，1964年に社会福祉法人二葉保育園となった。

▷7 財団法人日本社会事業協会（1948）『日本社会事業年鑑 昭和22年版』84頁。

▷8 体系整備のための六原則のことで，GHQと厚生省の会合によって確認された①厚生行政地区制度，②市厚生行政の再組織，③厚生省の助言的措置，④公私分離，⑤協議会設置，⑥専門職の訓練の6項目を指す。この提案は社会福祉事業法に取り入れられた（菊池正治ら編〔2014〕『日本社会福祉の歴史 付・史料 改訂版』ミネルヴァ書房，162頁）。

▶9 北場勉（2005）『戦後「措置制度」の成立と変容』法律文化社，224頁。この説は，社会福祉法人制度の成立前に，生活保護法や児童福祉法の中に公益法人に対する公的助成の規定が既に存在していたことを根拠として従来の説に異を唱えたもの。

▶10 シャウプ税制使節団による日本の税制改革に関する勧告のことである（勝川喜之助〔1949〕『シャウプ勧告全文』日本経済新聞社，132頁）。

▶11 1911年2月，明治天皇による150万円の下賜金を基に貧困者のための医療機関として出発したことから恩賜財団済生会と名乗った。第2次世界大戦後は恩賜財団ではなくなったが，現在でもその名称が残る。

▶12 統計によると，社会福祉事業法による社会福祉施設の数は1952年末には総数2万4,140，そのうち経営主体が社会福祉法人の数は1,351（5.6％）。1957年末には総数1万2,669のうち社会福祉法人の数は1,425（11.25％），1970年末には施設総数2万3,917のうち社会福祉法人は4,691（19.61％），1985年には総数4万7,943，社会福祉法人の数は1万2,511（26.1％）となった。

このデータは，厚生省大臣官房統計調査部（1954）

などを規定することで，「社会福祉事業の社会的信用を守り，経営上も有利な条件を確保するため」というものがあります。1949年8月のシャウプ勧告[9]の中に，社会福祉事業の一つである授産事業を例に挙げて，非課税法人に対する批判的な文言が見られました[10]。その内容は，授産事業を含む法人が非課税で，なおかつ1948-1949年度には補助金の80％は国によって支払われているが，その活動への監督が行われていないというものでした。このような批判を受けて民間社会福祉事業が社会的信用を得て，課税上の有利な取扱いを受けることを継続させるために社会福祉法人制度が作られたという説です。

社会福祉法人は，1951年3月に制定された社会福祉事業法の中に規定されたので，民法ではなく社会福祉事業法の適用を受けることになりました。社会福祉事業法では，国または地方公共団体が社会福祉法人に対して補助金を支出し，又は通常の条件よりも当該社会福祉法人に有利な条件で，貸付金を支出し，若しくはその他の財産を譲り渡し，若しくは貸し付けることができること，助成を受けた場合は事業と会計の報告を行うことが規定されました（第56条）。この社会福祉事業法の制定により，戦前から活動していた事業の多くは社会福祉法人としての認可を受けました。例えば1911年に創設された恩賜財団済生会は[11]，1952年に主務大臣の認可を受け社会福祉法人恩賜財団済生会となりました。

敗戦後の経済復興の一方で，1956年に発刊した『厚生白書』では果たして戦後は終わったかが問われ，国民の生活状態が検証され，都市の生活状態は戦前の水準には及んでいないと記されました。1960年代から1970年代にかけては，公害や薬害問題など命が軽視された経済優先の問題，高齢化社会の到来への人々の認識の高まりなどの状況から，豊かさを享受することの裏側に生じた新たな課題への対応策が必要となりました。

このような新たな課題は年々現れ，人々は課題に対処できる多様で柔軟な福祉サービスを求めるようになり，サービスを提供する社会福祉法人の数も増加しました[12]。

③ 近年の改革

2000年に社会福祉事業法が社会福祉法に改題された際，社会福祉法人制度が見直されました。社会福祉法第24条には社会福祉法人の経営基盤の強化を図り，事業経営の透明性の確保を図る経営の原則が定められました。

また，福祉サービスの利用がこれまでの措置制度から[13]，利用者が福祉サービス事業者を選択し契約を結ぶ方式に変わったことから，利用者に選ばれるためにも，福祉サービス事業者は事業や会計などの透明性を図り，質の高いサービスを提供するよう経営努力が必要になりました。

小泉内閣（2001-2006年）の時には規制緩和が図られ，社会福祉法人ではない民間事業者が介護や保育の分野で福祉サービスを提供できるようになりました。

X-6 社会福祉法人のあゆみ

一般企業の福祉分野への参入は福祉事業を活性化し，また市場原理が働くことで質の高いサービスが提供されるようになると考えられました。このような状況の変化は戦後の福祉サービス供給をいわば独占的に行ってきた社会福祉法人にとって大きな転機となりました。つまり，これまでの社会福祉法人のサービス供給主体としての意味を見直す必要が出てきたのです。

社会福祉法人制度をめぐる直近の動きを見てみましょう。2014年6月には「規制改革実施計画」が閣議決定し，「介護・保育事業等における経営管理の強化とイコールフッティング確立」として，社会福祉法人制度に関わる次の10項目の規制改革に関する実施計画が明らかになりました。それは，①社会福祉法人の財務諸表の情報開示，②補助金等の情報開示，③役員報酬等の開示，④内部留保の明確化，⑤調達の公平性・妥当性の確保，⑥経営管理体制の強化，⑦所轄庁による指導・監督の強化，⑧多様な経営主体によるサービスの提供，⑨福祉施設における指定管理者の制度等の運用の改善，⑩社会貢献活動の義務化です。同月「政府税制調査会」とりまとめでは，「公益法人課税等の見直し」として，「特に介護事業のように民間事業者との競合が発生している分野においては，経営形態間での課税の公平性を確保していく必要がある」と改革の方向性が示されました。

2016年3月に公布された「社会福祉法等の一部を改正する法律」では，社会福祉法人制度についての①経営組織のガバナンスの強化，②事業運営の透明性の向上，③財務規律の強化，④地域における公益的な取り組みを実施する責務，⑤行政の関与のあり方，を新たにするものでした。これは，公益性・非営利性を確保する観点から社会福祉法人制度を見直し，国民に対する説明責任を果たし，地域社会に貢献する法人のあり方を徹底するための改革として位置づけられています。

これら直近の改革は，戦後から福祉サービスの重要な担い手として存在してきた社会福祉法人が，時代の変化の中で今後も福祉事業の重要な担い手であり続けるために時代の影響を受けて変わっていく過程といえます。

戦前から直近までの流れを振り返ると，民間社会福祉事業は私設社会事業と呼ばれていた頃から今日に至るまで財源をめぐる課題を抱えていたことが分かりました。この課題に対して，戦前と敗戦後には安定的な経営を目指す改革が行われていましたが，直近では透明性と公平性の要請に対する見直しがなされています。このような違いは社会福祉法人の役割と社会福祉法人に対する人々の見方が変化してきたからといえるでしょう。　　　　　　（野口友紀子）

「昭和27年社会福祉統計年報」，同（1959）「昭和32年社会福祉統計年報」，1970年のデータは厚生統計協会（1971）「厚生の指標特集国民の福祉の動向」18(14)，1985年のデータは厚生省大臣官房等系情報部編（1987）『昭和60年社会福祉施設調査報告 上巻』厚生統計協会による。

なお，1957年の社会福祉法人以外の経営主体の数と割合は，国が5（0.04%），都道府県636（5.02%），市町村6,303（49.75%），その他の法人1210（9.55%），その他3,090（24.39%）。同じく1970年では，国が12（0.05%），都道府県564（2.36%），市町村14,529（60.75%），社団・財団・日赤928（3.88%），その他法人857（3.58%），その他2,336（9.77%）。1985年には，国14（0.03%），都道府県1,089（2.27%），市町村31,896（66.53%），社団・財団・日赤689（1.44%），その他の法人613（1.28%），その他1,131（2.36%）。

▷13 措置制度とは福祉サービスの利用にあたって行政がサービスの利用の条件や必要性を判断しサービス利用の可否と利用の場合のサービス内容を決定する制度。

XI　特定非営利活動法人

1 組　　織

1 NPOの組織とその特徴

　NPOやその一形態である特定非営利活動法人（NPO法人）にとって、組織のあり方は重要な意味をもっています（⇨）。NPOは企業のように活動や事業によって利益を上げることを一義的な目的としていないため、経済的な「利益」によって活動や事業の方向性を考え、展開し、評価することはできません。

　一般的に企業では、会社の所有者、株式会社では株主の利益を上げることを目的に、会社の経営陣が組織され、活動や事業を遂行します。そして売り上げが伸びた場合には、会社の所有者に利益を配分します。一方、売り上げが低迷した場合には、会社の所有者からの評価を受け、場合によって、経営陣が退陣することもあります。つまり企業では、経済的な「利益」を上げることをめぐって活動や事業の方向性が決定し、展開され、評価されるという組織のあり方になっているといえます。

　NPOでは、団体の所有者に利益を配分することは認められていないため、経済的な「利益」を上げるという目的から組織のあり方を考えることはありません。NPOは使命（ミッション）、すなわち社会的使命を果たすために存在している組織であるため、使命（ミッション）の実現という目的から組織のあり方が考えられている点にその特質があります。

　実際、NPOには様々な立場の人が関わっています。団体への寄付者や経営陣、活動や事業を担う有給職員やボランティアスタッフ、団体のサービスを利用する利用者やその家族も構成員です。これらの構成員のつながりは経済的な「利益」を求めることではなく、あくまでも団体が掲げる使命（ミッション）への共感であるため、その実現への考え方には多様性があることも事実です。このような団体の諸関係者をステークホルダーと呼びますが、このステークホルダーの多様な考え方を使命（ミッション）に即して方向づけたり、経営に生かしていくことが使命（ミッション）の実現のためには重要となります。

2 特定非営利活動法人の組織の実際

　NPO法人は特定非営利活動促進法（NPO法）によって認証された団体であるため、同法に定められた組織構成を有しています。法人の組織や運営についての規則を書面として表したものが「定款」です。定款は法人としての認証を受

ける際に提出しなければならないものの一つで，団体の目的，名称，住所，事業の種類，会員の種類，役員の種類や権限，業務執行の方法などが記載されています。つまり法人の使命（ミッション）や組織構成を規定したものであるといえます。

NPO法では，①法人の業務の決定など，組織の意思決定を行う人々である理事からなる理事会，②広く組織に関わる人々である社員からなる社員総会，③理事の業務執行の状況や法人の財産の状況を監査する監事をおくことを規定しています。加えて法律には規定されていませんが，④組織の活動・事業を担い経理等を行う事務局がおかれるのが一般的です。

3 特定非営利活動法人の組織上の課題

NPO法人は組織上，いくつかの課題も抱えています。ここでは組織の拡大にともなう問題について2点ほど指摘しておくことにします。

1つ目は「マネジメント（組織管理）能力を有した人材を，どのように確保していくのか」ということです。NPO法は1998年に成立し，多くのボランティア団体やNPOがNPO法人格を取得しました。取得前の団体の多くは団体規模が総じて小さいため，組織の意思決定部門と事業部門が非常に近い関係にあり，理事が組織の意思決定も行いながらサービス提供も行うということも珍しくありませんでした。とはいえ法人に認証され，組織が大きくなっていくと，組織内の役割が分化していくため，特に組織意思決定を行えるマネジメント能力を有した人材を配置すること必要となります。しかしながら，事業部門と比して，意思決定部門を担える人材を確保できていないのが実情です。

2つ目は，NPO法人の「事業的性格」と「運動的性格」のバランスの問題です。NPO法人は使命（ミッション）の実現を目的に設立された組織ですが，その実現のためにサービスを提供するという「事業」と，社会に働きかけるという「運動」という2つの側面から取り組むことに固有の役割があります（⇨Ⅸ-3）。例えば「年をとっても地域で安心して暮らす」という使命（ミッション）を掲げ介護事業を実施しているNPO法人で考えると，高齢者の在宅生活を支えるサービスの提供はたしかに使命（ミッション）に準じたものです。とはいえ高齢者の在宅生活そのものを良くしていくためには，行政等に働きかけて必要な制度を整備することも使命（ミッション）の実現には欠くことのできないものであるといえます。しかしながら法人格の取得といった組織整備が進められる中で「運動的性格」に関わる使命（ミッション）が影を潜め，「事業的性格」に関わる使命（ミッション）のみに特化していく傾向がみられます。

NPO法人の特徴や役割を活かせる組織のあり方について考えていくことが求められているといえます。　　　　　　　　　　　　　　　　　　（熊田博喜）

▷1　① 理事（役員）会は，法律上，理事を3人以上おかなければならないと規定されている。理事会では，定款の変更，団体の行っている事業運営やそれにかかる予算，事業による財源状況を確定する決算，退職や採用，移動などに関わる人事の最終的な決定権などを有している。
② 社員総会でいう社員は職員のことではなく，広く組織に関わる人々を指す。NPO法人でこのような社員総会が開催されるのは，ステークホルダーの間で組織のミッションやそれに基づく活動・事業に対する同意と協力を求めるためである。
③ 監事は，理事の業務執行状況や法人の財産状況を監督する機関となる。不正が発覚した場合は，社員総会や所轄庁に報告する役割を有している。
④ 事務局は，活動や事業を担う「事業部門」と労務や給料，経理等の管理を行う「事務部門」にその役割を大別することができる。この事業部門と事務部門が同一である組織も少なくない。

（参考文献）
シーズ＝市民活動を支える制度をつくる会（1998）『NPO法人ハンドブック』（C'sブックレット・シリーズNo.5）シーズ＝市民活動を支える制度をつくる会。
田尾雅夫・川野祐二編（2004）『ボランティア・NPOの組織論』学陽書房。
坂本文武（2004）『NPOの経営』日本経済新聞社。

XI 特定非営利活動法人

財　　源

1 特定非営利活動法人の財源構造

　特定非営利活動法人（NPO法人）が活動や事業を展開していく上で，財源は欠くことのできないものです。例えば，あるNPO法人が在宅高齢者のための移送サービスを企画した場合，移送手段としての自動車，駐車場，自動車を維持するためのガソリン代や各種メンテナンス，移送サービスを利用する高齢者や家族と連絡を取るための事務所，自動車の運転や事務連絡を行う人材が必要となります。

　このようにNPO法人が活動や事業を展開するためには，活動や事業を生み出し，支えるための様々な費用，すなわち「財源」が必要となります。

　図XI-1は，NPO法人の財源の概要を示したものになります。NPO法人の資金源は多様に存在しますが，公的財源と民間財源に大別することができます。

2 公的財源

　公的財源とは，国や地方公共団体からNPO法人に交付される財源のことです。公的財源には，財源交付の目的や方法などの違いによって，補助金や事業委託金，事業委託金の一形態である指定管理者制度，助成金，そして代理受領などがあります。

　そもそも，このような財源が行政から支出されているのは，効率性やコスト，サービスの質の観点から行政のサービス提供のあり方の見直しが進められているからです。結果，行政が実施するよりもNPO法人等の民間団体が実施する方が望ましいと判断された事業を，

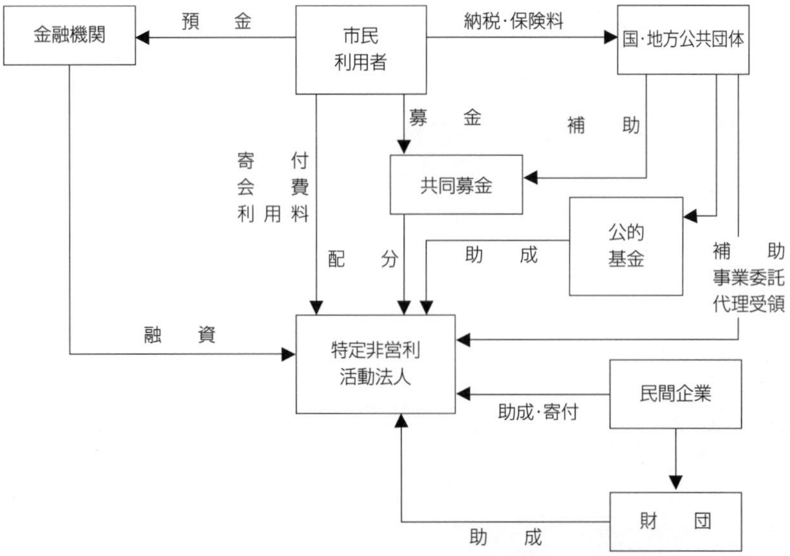

▷1　民間団体・個人が行う特定の事業を促進する目的で交付されるもの。
▷2　補助金の中でも行政から民間団体・個人に対して特定の事業を委託する対価として交付されるもの。
▷3　IX-7 側注参照。
▷4　民間団体の設立や活動・事業，特に新規事業や企画などの一部を支援することを目的として交付されるもの。
▷5　行政から事業や活動を受任した民間団体が行政の代わりに事業や活動を利用者にたいして提供することによって金銭を受領すること。介護保険が代表的な制度。介護保険では，介護

図XI-1　特定非営利活動法人の財源に関する見取り図

出所：総合研究開発機構（2004）『NPOの資金循環システムの構築』23頁を一部修正。

民間団体が実施できるようにする目的で資金が交付されています。

③ 民間財源

民間財源は，国や地方公共団体以外から供与される財源を指します。具体的には市民からの寄付，会費や利用料，共同募金会の配分金，民間企業や民間財団の助成金や寄付金，さらには金融機関の融資を挙げることができます。

「寄付」はNPO法人の財源にとって重要なものの一つで，他の公的・民間資金と比較しても自由度が高いことが特徴です。日本では諸外国と比較して寄付の占める割合が低く，企業寄付が多いため，個人寄付が多い諸外国の傾向とは異なっています。特に日本においては「共同募金」[6]が寄付文化に重要な役割を果たしていますが，町内会等を通じた寄付を基盤とするため，町内会の弱体化にともなって，近年，その役割や機能の見直しが進められてきています。

また民間企業や民間財団の助成金や寄付金も総じて広がりをみせつつあるとはいえ，助成の決定までに時間がかかる上に，人件費等の助成を行うプログラムが少なく，活用しやすいとはいえない状況にあります。[7]

④ 特定非営利活動法人の財源とその課題

内閣府国民生活局のNPO法人の実態調査（2012）によると，NPO法人の財源の内訳は「事業による収入」が60.8％，ついで「補助金・助成金」が16.1％，「会費収入」が10.2％となっています。「事業による収入」が全収入の6割を占めており，NPO法人の財源の中心であるといえます。これは社会福祉分野NPO法人の多くが，介護保険法等の「代理受領」という資金交付の方法で財源を確保しているからですが，2008年度から「認定特定非営利活動法人（認定NPO法人）[8]制度」が開始され，認定NPO法人への寄付金に対して，寄付金控除等の対象とする税制上の特別措置が講じられるようになりました。この結果，同じく実態調査によると，認定NPO法人では「寄附金収入」が52.9％，次いで「会費収入」が38.7％，「事業による収入」が5.6％と資金源に大きな変化がみられます。つまり認定NPO法人においては「寄附金収入」が全収入の5割強を占め，財源の中心となっているのです。

NPO法人が行う活動・事業のサービス特性から，利用者より活動・事業にかかった経費のすべてを求めることは困難であり，NPO法人が使命（ミッション）を実現するためには，幅広い立場の人からの理解が不可欠です。例えば公的資金の補助金・事業委託費に依存する傾向が強まれば，資金交付の主体である行政の意向に則った事業を展開せざるを得なくなることからも明らかなように，特定の資金源への特化はNPO法人の弱体化につながる危険性があります。

NPO法人の財源は多様でかつそのバランスが重要であるといえます。

（熊田博喜）

サービス提供の指定事業者となり，サービスを利用者に提供した対価を地方公共団体から受けるしくみとなっている。

▷6　都道府県の区域を単位に，毎年一回，厚生労働大臣の定める期間内に募集する寄附金。その区域内における地域福祉の推進をはかるために行われ，NPO法人等社会福祉事業を経営する団体等に寄附金を配分する。

▷7　湯瀬秀行（2002）「民間助成財団によるNPO助成の最近傾向」パブリックリソース研究会編『パブリックリソース　ハンドブック』ぎょうせい。

▷8　市民や企業からのNPO法人への寄付を促進することを目的に，NPO法人が税務署を通じて申請し，パブリックサポートテスト（PST）基準以上等，一定の要件を満たせば，所轄庁（都道府県知事又は指定都市の長）が特定NPO法人として認定する。特定NPO法人に寄付をした市民は，寄付金の税金控除などの特例措置を受けることができる。

参考文献

大塚祚保（1993）『現代日本の都市政策』公人社。

総合研究開発機構（2004）『NPOの資金循環システムの構築』総合研究開発機構。

パブリックリソース研究会（2002）『パブリックリソース　ハンドブック』ぎょうせい。

内閣府国民生活局（2012）「平成23年度　特定非営利活動法人の実態及び認定特定非営利活動法人制度の利用状況に関する調査」。

XI 特定非営利活動法人

 会　　計

1 自主的な会計基準の設定

　1998年制定の特定非営利活動促進法（NPO法）は，特定非営利活動法人（NPO法人）に対して，その計算書類を法人事務所に備え置くとともに，所轄官庁へ提出するよう定めています。同法は，特定の利害関係者から計算書類の開示請求がある時には事務所で閲覧させること，それ以外の一般人からの開示請求がある時には，所轄官庁で閲覧させることを定めています。所轄官庁（経済企画庁・内閣府）は計算書類の作成に必要な会計基準（会計処理の基準と表示様式の基準）（⇨ Ⅲ-6 ）を定めていませんが，2010年7月に全国79のNPO支援センターで構成する協議会が民間主導の自主的会計基準としてNPO法人会計基準を公表しています。2017年12月には同基準の一部が改正されています。

2 特定非営利活動法人会計基準

　NPO法人会計基準は法律で定められたものではなく，所轄官庁の指導によるものでもないため，NPO法人に強制されるものではなく，その採用はNPO法人に委ねられています。しかし，この基準が発表されるまでは，NPO法人に対する体系的な会計基準はありませんでした。

　この会計基準は小規模なNPO法人が数多い（年間総事業費または収入規模1,000万円以下の団体が大多数を占め，500万円以下の団体が過半数を占める）ことを考慮して「積み上げ方式」という方法で同会計基準を作成しています。

　この方法は，現金預金以外に資産や負債がない場合の法人は，同会計基準及び付属資料の最初からある部分までを参照することにより実務上対応できるようにし，現金預金以外の資産や負債がある場合の法人は最初から他の部分までを参照することにより実務上対応できるようにしているのです。

　またNPO法人が特定非営利活動に係る事業の他にその他の事業を実施している場合には活動計算書において当該その他の事業を区分して表示するよう求めています。事業の種類ごとの事業費の内訳表示，収益を含む事業別及び管理部門別の損益の状況表示のいずれかを推奨しています。

　NPO法人会計基準が作成を求めているのは活動計算書と貸借対照表であり，同財務諸表は複式簿記の手続きを通じて作成されます。同会計基準はNPO法人特有の取引等の会計処理と表示も定めています。例えば，無償または著しく

XI-3 会 計

表 XI-1　活動計算書（報告式）	
○年○月○日至○年○月○日	
Ⅰ　経常収益	××
Ⅱ　経常費用	××
当期経常増減額	××
Ⅲ　経常外収益	××
Ⅳ　経常外費用	××
当期正味財産増減額	××
前期繰越正味財産額	××
次期繰越正味財産額	××

注：本表では，特定非営利活動促進法第28条第1項の収支計算書を
　　活動計算書と呼んでいる。

表 XI-2　収支計算書（報告式）		
○年○月○日		
Ⅰ　資産の部		
1　流動資産		××
2　固定資産		××
資産合計		××
Ⅱ　負債の部		
1　流動負債		××
2　固定負債		××
負債合計		××
Ⅲ　正味財産の部		
1　前期繰越正味財産		××
2　当期正味財産増加額（または減少額）		××
正味財産合計		××
負債および正味財産合計		××

低い価格による施設の提供を受ける取引，ボランティアによる役務の提供を受ける取引等です。

③ 活動計算書

株式会社の損益計算書に相当する活動計算書の概要は表XI-1のように示すことができます。この書類は黒字・赤字の状況（正味財産増減額）とその原因である収益と費用を示します。

収益と費用は2つに分けられます。経常収益及び経常費用と経常外収益及び経常外費用です。経常収益と経常費用の差額が当期経常増減差額であり，これに経常外収益を加え，経常外費用を引くと当期正味財産増減差額になります。

経常収益には通常の活動による受取会費や受取寄付金等が含まれます。経常費用には通常の活動による人件費やその他の経費が含まれます。同経費には減価償却費（⇨ X-3 ）も含まれます。

活動計算書の末尾にある次期繰越正味財産額は当期正味財産増減差額に前期からの繰越分の前期繰越正味財産額を加えた金額です。

④ 貸借対照表

貸借対照表の概要は表XI-2のように示すことができます。貸借対照表は財産の運用形態と調達源泉を示します。財産の運用形態は資産，調達源泉が他人である場合は負債，自己である場合は正味財産です。

資産の部は流動資産と固定資産に分かれます。流動資産には現金預金や未収金などが含まれます。固定資産は建物などが含まれます。負債の部も流動負債と固定負債に分かれ，流動負債には未払金や短期借入金などが含まれ，固定負債には長期借入金等が含まれます。正味財産の部は前期繰越正味財産額と当期正味財産増減額に分かれます。　　　　　　　　　　　　　　　（新谷　司）

XI 特定非営利活動法人

 福祉サービスの提供

1 特定非営利活動法人の提供するサービスの特徴

　福祉サービスは，福祉公社や社会福祉事業団といった地方公共団体と関係の深い団体や社会福祉法人，さらには民間企業など様々な団体から提供されています。特定非営利活動法人（NPO法人）など，NPOやボランティア団体も福祉サービスを供給する団体の一つですが，サービスを供給する他の団体と比較してどのような点で特徴があるのでしょうか。

　NPOという団体が必要とされる理由には諸説がありますが，ここでは「政府の失敗」と「市場の失敗」という視点から考えていくことにします。「政府の失敗」とは，福祉のニーズが多様化する中で，国や地方公共団体によってそのようなニーズすべてに対応することには限界もあり，また望ましいことでもないため，多様化するニーズに対応する存在としてNPOが必要とされているという考え方です。とはいえ，これだけではNPOの優位性を説明することはできません。「市場の失敗」という考え方では，企業に対するNPOの優位性を次のように説明します。一般的に企業と消費者の関係にはサービスの内容や質に関して，企業の方が有利な立場にあります。一例として，ある商品が何を使ってどこでつくられたのか，商品をつくっている企業がすべて情報をもっていることを挙げることができます。このような「情報の非対称性」を利用して利益を不当に上げようとする企業の存在を否定することはできません。しかしNPOは利益の追求を目的とした組織ではないため，そのような問題は比較的生じにくいと考えられています。

　つまりNPOは，国や地方公共団体，さらには企業とは異なる固有の特徴を有していて，それがNPOの提供するサービスの特徴であるといえます。

2 特定非営利活動法人の福祉サービス提供の実際

　それではNPO法人の提供する福祉サービスにはどのような特徴があるのでしょうか。ここでは高齢者福祉分野のNPO法人に関する調査結果をふまえてその特徴について確認していきます。

　福祉サービスには，介護保険によって指定されている事業（指定事業），配食サービスや移送サービスのような介護保険によって指定されていない団体独自の事業（自主事業），地方公共団体から事業を受託して行う事業（委託事業）があ

▷1　政府の失敗，市場の失敗については塚本（2004）の説を参考にした。
▷2　平成11〜13年度科学研究費補助金（基礎研究（C）(2)）「社会福祉非営利組織の組織原理と運営実態についての動態的研究」（研究代表者：三本松政之）の結果による。

表 XI-3　高齢者福祉分野のNPO法人の実施事業内容

実施事業内容	割合(%)
指定事業のみ	4.7
自主事業のみ	8.8
委託事業のみ	9.5
指定＋自主事業	28.4
指定＋委託事業	27.0
自主＋委託事業	3.4
指定＋自主＋委託事業	15.7
無回答	2.7

出所：熊田（2004）を修正。

表 XI-4　高齢者福祉分野のNPO法人の介護保険指定事業内容

事業内容	割合(%)
訪問介護	60.0
訪問入浴介護	5.5
訪問看護	2.1
通所介護	26.9
通所リハビリテーション	0.7
短期入所生活介護	1.4
認知症対応型共同生活介護	9.0
福祉用具貸与	2.8
居宅介護支援	4.1

出所：表 XI-3と同じ。

XI‐4　福祉サービスの提供

ります。NPO法人の事業形態として，「指定＋自主事業」（28.4％）が最も多く，次いで「指定＋委託事業」（27.0％），「指定＋自主＋委託事業」（15.7％）となっています（表XI‐3）。つまり高齢者福祉分野のNPO法人は，制度に規定されたサービスのみならず，制度に規定されないサービスを複合的に提供していることが特徴となっています。

なお具体的に，指定事業では「訪問介護」（60.0％）が最も多く，次いで「通所介護」（26.9％）となっています。自主事業，委託事業ではともに「介護保険外の訪問介護」が多いものの，介護・移動・家事・相談・企画実施・手続支援・連携・情報提供などそのサービスのメニューは，広範囲にわたっています（表XI‐4・5）。また調査結果では，高齢福祉分野以外のサービスを提供しているNPO法人は，ほぼ半数の46.2％に及んでいました。具体的には障害のある人・子ども，児童，母子，父子，青少年，疾病者，ヘルパーの養成や相談といった福祉一般，さらにはまちづくりや環境保全，図書コーナーの運営など福祉以外の取り組みにも着手している団体もあります。これはNPO法人が福祉分野にとらわれず，地域社会の課題全般に取り組むという特徴があらわれているといえるでしょう。

3　特定非営利活動法人のサービスが果たす役割

NPO法人の多くは，介護保険制度等に則ったサービスを提供している一方で，制度では対応できていないニーズにも応えられるようなサービスの提供を自主事業として行っています。さらには高齢者だけでなく，障がい児・者，児童，母子，父子，青少年，疾病者，福祉一般，そして一般市民をも対象にする等，従来の制度では捉えられないサービスの提供も行われています。このようなサービスの多様性は，NPO法人が「利用者のニーズを重視」しているからであり，それこそがNPO法人による福祉サービスの提供の特徴となっているのです。

また「利用者のニーズの重視」とともに重要な特徴として「地域とのつながり」を大切にしたサービス提供を挙げることができます。あるNPO法人では，配食サービスでの弁当の配達を行う際に，地域の高齢者の協力を得て実施しています。高齢者の協力を得ることで，高齢者自身の閉じこもりの予防，一定の対価を支払うことでの仕事づくり，弁当配達におもむくことで住民同士の交流が生まれ，それが新たな地域のつながりをつくる契機となっているのです。[3]

NPO法人は福祉サービスの提供という点からは多様な提供団体の一つですが，その中で重要な役割を担い，果たしています。とはいえ近年，行政の下請け化や採算性の重視による商業化という課題もあらわれつつあり，それにともない NPO法人の特性も失われつつあります。NPO法人が福祉サービスの提供において，どのような役割を果たすべきなのかについての理解と検討が，現在求められているといえます。[4]

（熊田博喜）

表 XI‐5　高齢者福祉分野のNPO法人の委託・自主事業内容（上位5つ）

上位事業	自主事業	割合(%)
1位	保険外の訪問介護	28.3
2位	部屋や庭の掃除	22.4
3位	給食サービス，外出の支援，話し相手	22.1
4位	他関係機関との連携	13.8
5位	各種の相談と助言，行政サービス申請代行	13.1

上位事業	委託事業	割合(%)
1位	保険外の訪問介護	19.3
2位	機関紙・広報誌の発行	18.6
3位	移送サービス	17.2
4位	外出の支援	16.6
5位	部屋や庭の掃除，給食サービス	12.4

出所：表XI‐3と同じ。

▷3　安岡厚子（2001）『介護保険はNPOで』ブックマン社。
▷4　須田木綿子（2005）「公的対人サービス領域における行政役割の変化と『NPO』」『福祉社会研究』2，福祉社会学会。

参考文献
熊田博喜（2004）「福祉NPOの運営実態とその組織特性」『武蔵野大学現代社会学部紀要』5。
須田木綿子（2005）「公的対人サービス領域における行政役割の変化と『NPO』」『福祉社会研究』2，完福祉社会学会。
塚本一郎（2004）「NPOの経済・政治理論」塚本一郎・古川俊一・雨宮孝子編『NPOと新しい社会デザイン』同文舘出版。
安岡厚子（2001）『介護保険はNPOで』ブックマン社。

XII 医療法人

 組　　織

 医療法人の種類

　医療法人の組織形態は大きく 2 種類に分けることができます。1 つは人の集まりを基盤として設立される社団，もう一つは提供された財産を運営するために設立される財団です。どちらの種類でも設立できますが，医療法人の場合には社団が一般的です。

　医療法人は必ず，社団か財団のいずれかに該当しますが，これとは別に一定要件を充たした医療法人だけがなれる，租税特別措置法を根拠とする「特定医療法人」と医療法を根拠とする「社会医療法人」があります（表XII-1）。

　「特定医療法人」は1964年に創設された類型で，承認要件は厳格ですが，国税庁長官の承認を得られれば，法人税の軽減税率が適用されるなど，税制上の優遇措置を受けることができます。

　「社会医療法人」は2007年施行の第 5 次医療法改正において新設された類型で，医療提供体制に関して自治体病院の機能を代替するものとして，公的医療機関と並ぶ 5 事業（救急医療，災害時における医療，へき地医療，周産期医療，小児医療〔小児救急医療を含む〕）を担う主体として認定された医療法人です。認定を受けると本来業務である病院，診療所及び介護老人保健施設から生じる所得について法人税が非課税になるなど税制上の優遇措置を受けることができます。また，一部の社会福祉事業に加え収益事業が認められるほか，公募債（社会医療法人債）も発行できるようになります。2018年 1 月 1 日現在の認定数は292法人が正式認可を受けています。

表 XII-1　医療法人の形態

	医療法人（財団又は社団）	特定医療法人	社会医療法人
根拠法	医療法	租税特別措置法	医療法
認可・承認	都道府県知事の認可	国税庁長官の承認	都道府県知事の認定
要　件	・役員数 　　理事 3 人 　　監事 1 人以上 ・理事長 　　原則医師又は歯科医師 ・運転資金として年間支出予算の 2 カ月分	医療法人のうち ・財団又は持ち分の定めのない社団 ・自由診療の制限 ・同族役員の制限 ・差額ベッドの制限（30％以下） ・給与の制限（年間3,600万円以下） 等を満たすもの	医療法人のうち ・財団又は持ち分の定めのない社団 ・公共性の高い医療を担う ・重要事項の決定は，外部の専門家を含めた評議会で行う ・財務監査が義務化 ・社会医療法人債（公募債）の発行が可能
法人税率	30％	19％	非課税
収益事業の可否	収益事業は行えない	収益事業は行えない	収益事業が可能
法人数（2016年 3 月31日現在）	5 万1,958（うち一人医療法人 4 万3,237）	369	262

出所：厚生労働省資料を基に筆者作成。

XII-1 組織

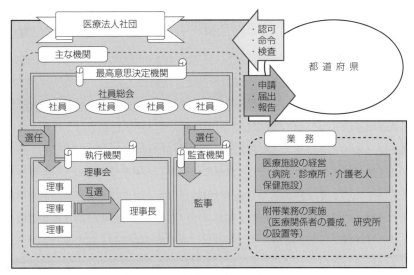

図 XII-1　医療法人のイメージ図

出所：第13回社会保障審議会医療部会（2010年11月11日）資料。

また，2004年8月の厚生労働省通知により，医療法人解散時の残余財産の帰属先を国や地方公共団体に限定する等，医療の永続性・継続性の確保をはかり，非営利性を徹底した「基金拠出型法人」ができました。これにより，2007年4月以降新設される医療法人は「基金拠出型法人」となっています。

2　医療法人の仕組み

一般的な医療法人（医療法人社団の場合）のしくみは図XII-1の通りです。医療法人は，役員として，理事3人以上および監事1人以上をおかなければならないとされています（医療法第46条の2第1項）。

また，理事のうち1人は理事長とし，医師または歯科医師である理事のうちから選出することとなっています。ただし，都道府県知事の認可を受けた場合には，医師または歯科医師でない理事のうちから選出することができます。（医療法第46条の3第1項）。

医療法人（社団）には理事で組織される理事会と医療法人を構成する社員で組織される社員総会があります。ここで示す社員とは，医療法人で働いている従業員ではなく，医療法人への出資者のことです。社員総会は法人の最高意思決定機関であり，定款変更等法人運営にとって重要な事項については社員総会の議決が必要になります。理事長は少なくとも年1回，定時社員総会を開かなければなりません（医療法第48条の3第2項）。

なお，財団である医療法人は評議会をおくことが定められています（医療法第49条）。さらに，予算，借入金および重要な資産の処分に関する事項，事業計画の決定または変更，合併，解散等については，あらかじめ評議会の意見を聴かなければならないとされています（医療法第49条の2第1項）。　　　　（徳広隆司）

XII 医療法人

 財　源

1 診療報酬

　医療法人の主な収入は，「診療報酬」です。診療報酬は「診療報酬表」の点数によって定められています。診療報酬表は，それぞれの診療行為ごとに点数がつけられていて，1点が10円で計算されて医療費の価格となります。

　診療報酬の点数は，厚生労働大臣の下に設置された中央社会保険医療協議会で審議して決められます。診療報酬は2年に1回改定されます。

　診療報酬が果たす機能の一つに，医療機関の政策誘導機能があります。実際に，個々の点数の増減，算定要件の変更，点数の包括払い方式の採用等，様々な手法を駆使して，その時々の政策課題に即し政策誘導が行われてきました。[1]

2 国民医療費

　国民医療費とは，当該年度内の医療機関における傷病の治療に要する費用を推計したものです。この額には診療費，調剤費，入院時の食事療養費，訪問看護療養費の他に，健康保険等で支給される移送費を含んでいます。

　正常な妊娠・分娩の費用や健康診断等の費用，患者が負担する差額ベッドの費用などは含まれていません。[2]

　日本の2015年度の国民医療費は42兆3,644億円です。その内訳を財源別にみると公費負担分16兆4,715億円（38.9％），保険料分は20兆6,746億円（48.8％），

▷1　島崎謙治（2015）『医療政策を問いなおす』筑摩書房，148頁。
▷2　健康保険適用の範囲外で患者に請求される特別病室の費用のこと。厚生労働省の通知により，医療機関が差額ベッド代を患者に請求できるのは，患者側に希望がある場合に限られており，医療機関が特別室の設備や構造，料金などについて説明し，料金などを明示した同意書に患者の署名が必要となる。また，受付窓口や待合室など医療機関の見やすい場所に，差額ベッドの数や料金を掲示する必要がある。1日20万円以上する病室もあるが，1日5,000円程度が一般的である。

表 XII-2　財源別国民医療費

財源	2014年度 国民医療費（億円）	構成割合（％）	2015年度 国民医療費（億円）	構成割合（％）	対前年度 増減額（億円）	増減率（％）
総数	408,071	100.0	423,644	100.0	15,573	3.8
公費	158,525	38.8	164,715	38.9	6,190	3.9
国庫(1)	105,369	25.8	108,699	25.7	3,330	3.2
地方	53,157	13.0	56,016	13.2	2,859	5.4
保険料	198,740	48.7	206,746	48.8	8,006	4.0
事業主	83,292	20.4	87,299	20.6	4,007	4.8
被保険者	115,448	28.3	119,447	28.2	3,999	3.5
その他(2)	50,806	12.5	52,183	12.3	1,377	2.7
患者負担	47,792	11.7	49,161	11.6	1,369	2.9

注：(1) 軽減特例措置は，国庫に含む。
　　(2) 患者負担及び原因者負担（公害健康被害の補償等に関する法律及び健康被害救済制度による救済給付等）である。
出所：厚生労働省資料。

XII - 2 財　源

表 XII - 3　財源別にみた国民医療費・対前年度増減率・構成割合の年次推移

年　　次	総　　数	公　費			保険料			その他	
		総　　数	国　　庫	地　　方	総　　数	事業主	被保険者	総　数(2)	患者負担 (再掲)(3)
国民医療費（億円）									
2003年度	315 375	110 617	81 085	29 532	157 778	65 969	91 809	46 980	46 749
2005	331 289	121 162	83 544	37 618	162 341	67 164	95 177	47 786	47 572
2010	374 202	142 610	97 038	45 572	181 319	75 380	105 939	50 274	47 525
2015	423 644	164 715	108 699	56 016	206 746	87 299	119 447	52 183	49 161
対前年度増減率（%）									
2003年度	1.9	4.9	3.8	8.0	△ 1.9	△ 2.6	△ 1.3	8.5	8.6
2005	3.2	5.2	△ 0.7	21.0	1.8	1.6	2.0	2.9	3.0
2010	3.9	5.7	6.3	4.4	3.6	3.0	4.0	0.4	△ 4.8
2015	3.8	3.9	3.2	5.4	4.0	4.8	3.5	2.7	2.9
構成割合（%）									
2003年度	100.0	35.1	25.7	9.4	50.0	20.9	29.1	14.9	14.8
2005	100.0	36.6	25.2	11.4	49.0	20.3	28.7	14.4	14.4
2010	100.0	38.1	25.9	12.2	48.5	20.1	28.3	13.4	12.7
2015	100.0	38.9	25.7	13.2	48.8	20.6	28.2	12.3	11.6

注：(1)　推計額は，単年度ごとの制度区分別給付額等を各制度において財源負担すべき者に割り当てたものである。
　　(2)　その他の総数には原因者負担（公害健康被害の補償等に関する法律及び健康被害救済制度による救済給付等）を含む。
　　(3)　自動車交通事故による自動車損害賠償責任保険の支払いは，平成21年度までは患者負担に，平成22年度以降は原因者負担に含
　　　　めており，原因者負担はその他の総数に含まれている。
出所：厚生労働省「平成27年度国民医療費の概況」。

その他（患者負担等）が5兆2,183億円（12.3%）となっています（表XII-2）。

③　医療費の財源確保

　医療費の財源は大きく分けて，公費，保険料，患者負担の3つで構成されています。さらに，公費は国と地方に，保険料は事業主と被保険者に分かれています。国は，増え続ける医療費を抑制するために，患者負担割合の引き上げを常套手段として使ってきました（表XII-3）。その結果，2003年度には，被保険者本人負担が3割となりました。しかし，負担割合の引き上げは，一時的には効果があるものの，医療費抑制の根本的な解決策にはなっていません。また，これ以上の患者負担割合の引き上げは，公的医療保険の根幹を揺るがすことになりかねません。

　最近では，医師の不足による病院の閉鎖など医療危機・医療崩壊が社会問題化しています。これを受けて国も，一部診療報酬引き上げや医学部の新設や定員増など医療費抑制政策を改めようという動きがみられるようになりました。そうなると，財源をどこに求めるかが問題となります。

　国民にとって安心・安全な医療を提供するためには，社会保険料の引き上げや消費税率の引き上げについても，考えていかなければならないでしょう。

(徳広隆司)

XII 医療法人

 会　　計

　病院等の開設主体は様々ですが、開設主体の中で最も大きな割合を占める医療法人の件数の割合は6割程度です。2007年4月施行の改正医療法により、この医療法人は規模の大小に関係なく、社会医療法人であって社会医療法人債を発行しているか否かによって、会計・開示制度が異なりました。つまり社会医療法人以外の医療法人および社会医療法人債を発行していない社会医療法人（以下、法人債未発行法人）と社会医療法人債を発行する社会医療法人（以下、法人債発行法人）との間では会計・開示制度が異なったのです。ただし、この制度は表示様式の基準だけであり、会社処理の基準を含んでいません。

1 法人債未発行法人と法人債発行法人の会計・開示制度

　2007年の省令より、法人債発行法人は上場企業とほぼ同様の財務諸表を作成することになりました。この財務諸表とは、貸借対照表、損益計算書、キャッシュ・フロー計算書等です。一方法人債未発行法人と医療法人には、法人債発行法人に適用される表示の基準がありませんでした。そこで2013年の課長通知により、それらの法人に適用される表示基準が示されました。この財務諸表は貸借対照表と損益計算書です。法人債発行法人と法人債未発行法人及び医療法人が所轄方へ提出する財務諸表は一般の人の閲覧が可能です。

　現在、閲覧対象となっている財務諸表の表示様式を定めた基準には、会計処理の基準が含められていませんでしたが、2016年の省令により、医療法人会計基準が示され、会計処理の基準が定められました。ただし、この会計基準は一定規模以上の医療法人に適用されます。社会医療法人の場合は、負債が20億円以上または事業収益が10億円以上の同法人（法人債未発行法人）、または法人債発行法人です。医療法人の場合は負債が50億円以上、または事業収益が70億円以上です。

2 病院会計準則と損益計算書・貸借対照表

　準則は、開設主体の異なる各種病院の経営状況を統一的に捉えるため、病院施設のみに適用される基準として、設定されました。この準則は2004年に新しい企業会計の基準を導入して全面改訂されていますが、管理会計の指針であって、財務諸表監査の導入を義務化しないという立場を採っています。準則では複式簿記に基づいて、貸借対照表、損益計算書、キャッシュ・フロー計算書を中

▷1　従来より医療法人の最大多数を占めていたのは持分の定めのある医療法人社団である。この法人は社員に対して実質的に利益分配や残余財産の分配が可能であり、非営利とはいえない法人である。2007年の改正医療法では、非営利原則を徹底させるために持分の定めのある医療法人社団の新規設立を禁止した。他方で公益性の高い医療の担い手であったが、赤字の経営に陥っている自治体病院の民営化の受け皿として、または公益性の高い医療法人として社会医療法人を創設している。

▷2　キャッシュ（資金）の範囲を現金および現金同等物と定め、このキャッシュの変動額と残高を示す計算書である。変動額は、業務活動によるキャッシュ・フロー、投資活動によるキャッシュ・フロー、財務活動によるキャッシュ・フローと3つの活動別に分けて表示する。

XII-3 会　計

表 XII-4　損益計算書（報告式）

自○年○月○日～至○年○月○日

1	医業収益	××
2	医業費用	××
	医業利益（または損失）	××
3	医業外収益	××
4	医業外費用	××
	経常利益（または損失）	××
5	臨時収益	××
6	臨時費用	××
	税引前当期純利益（または損失）	××
	法人税等	××
	当期純利益（または損失）	××

表 XII-5　貸借対照表（報告式）

○年○月○日

Ⅰ	資産の部		
	1　流動資産		××
	2　固定資産		
	有形固定資産	××	
	無形固定資産	××	
	その他の資産	××	××
	資産合計		××
Ⅱ	負債の部		
	1　流動負債		××
	2　固定負債		××
	負債合計		××
Ⅲ	純資産の部		××
	（うち，当期純利益または損失）		（××）
	純資産合計		××
	負債・純資産合計		××

心とする財務諸表の作成を求めています。キャッシュ・フロー計算書を除く2種類の財務諸表の概要を説明します。

準則による損益計算書の概要は表XII-4のように示すことができます。この計算書は黒字・赤字の状況（当期純利益・当期純損失または損益）とその原因である収益と費用を示します。収益は財貨・サービスの提供分であり，利益が増加する要因です。費用は財貨・サービスの消費分であり，利益が減少する要因です。

収益は医業収益（外来診療収益等），医業外収益（受取利息等），臨時収益（固定資産売却益等）に分かれ，費用は医業費用（給料・医薬品等），医業外費用（支払利息等），臨時費用（固定資産売却損等）に分かれます。減価償却費（⇨ X-3 ）は医業費用に含まれます。

医業収益と医業費用の差額が医業損益[3]，これに医業外収益を加え医業外費用を引くと経常損益，これに臨時利益を加えて臨時費用を引くと税引前損益，これから税金を引くと税引後損益となります。

準則による貸借対照表の概要は表XII-5のように示すことができます。貸借対照表は財産の運用形態と調達源泉を示します。財産の運用形態は資産，調達源泉が他人である場合は負債，自己である場合は純資産です。

資産の部は流動資産と固定資産に分かれます。流動資産には現金預金や医業未収金などが含まれます。固定資産は有形固定資産（土地・建物等），無形固定資産（借地権等），その他の資産（長期貸付金等）に分かれます。負債の部も流動負債と固定負債に分かれますが，流動負債には未払金などが含まれ，固定負債には長期借入金などが含まれます。

純資産は資産から負債を引いた差額です。純資産には損益計算書との関係を明らかにするために当期損益を内書きする必要があります。　　　（新谷　司）

▷3　収益から費用を引いた差額が正の値の場合は利益といい，その差額が負の値の場合は損失という。利益と損失を合わせて損益という。

XII　医療法人

 福祉施設の「経営」

複合体による社会福祉施設経営

　国の医療費抑制政策の下，医療法人は福祉分野に活路を求めて社会福祉施設の経営に乗り出しました。とりわけ，介護保険制度の施行をビジネスチャンスと捉え，1990年代後半以降，高齢者分野を中心に社会福祉施設を経営する医療法人は急速に増えました。

　二木立は，「医療機関の開設者が，同一法人または関連・系列法人とともに，各種の保健・福祉施設のうちいくつかを開設して，保健・医療・福祉サービスをグループ内で一体的（自己完結的）に提供するグループ」を「保健・医療・福祉複合体」と定義しています。「保健・医療・福祉複合体」とは，単独法人または関連・系列法人とともに，医療施設（病院・診療所）と何らかの保健・福祉施設の両方を開設し，保健・医療・福祉サービスを一体的に提供しているグループであり，その大半は私的病院・診療所が設立母体となっています。[1]

　医療法人が母体となる複合体による社会福祉施設の代表的なものは，大規模医療法人による特別養護老人ホームの経営です。特別養護老人ホームの経営は医療法人には認められていないため，系列の社会福祉法人を設立して，母体となる医療機関と一体的に経営しています。

　2015年の介護保険制度改正により，特別養護老人ホームの入所条件が「要介護1以上」から「要介護3以上」に引き上げられました。これにより，特別養護老人ホーム利用者の医療依存度はますます高まることが考えられます。このことは，利用者獲得において，医療法人を母体とする特別養護老人ホームに有利に働くでしょう。

　また，国の施策として在宅医療が推進される中，有床診療所や在宅療養支援診療所を中心に，訪問看護，訪問介護や通所介護事業所を併設する「ミニ複合体」が増えています。

　医療法の改正により，医療法人の附帯事業として，有料老人ホームや高齢者専用賃貸住宅の開設が認められたため，在宅医療とセットで高齢者住宅を開設する医療法人が増加しました。

② 医療法人制度改革と社会福祉事業

　2006年の第5次医療法改正では，医療法人の経営の安定性向上と医療と福祉

[1] 二木立（2007）『介護保険制度の総合的研究』勁草書房。

XII-4 福祉施設の「経営」

表 XII-6 社会医療法人が開設できる社会福祉事業

	第1種社会福祉事業	第2種社会福祉事業
社会医療法人	○ケアハウスの設置・運営 ○知的障害者施設など児童入所施設の設置・運営など ○身体障害者療護施設など障害者入所施設の設置・運営 ※社会福祉法人限定の特別養護老人ホーム等は対象外	○保育所など通所施設の設置運営など ○デイサービスセンターなど適所施設の設置・運営など
医療法人	○ケアハウスの設置・運営	

出所：厚生労働省資料。

のさらなる連携をはかるという観点から，医療法人による附帯事業が拡大されました。そこでは，今まで医療法人には開設が認められなかった，第1種社会福祉事業である，ケアハウスの開設が認められるようになりました。

さらに，自治体病院に代わって，公共性の高い医療に取り組むことが期待される社会医療法人には，知的障害者施設や身体障害者施設等の開設が認められるようになりました（表XII-6）。

また，実現はしませんでしたが，介護療養病床の廃止が決まった際には，転換先の一つとして，特別養護老人ホームの開設を医療法人に認めることが検討されました。医療法人による社会事業進出については，高齢者分野以外ではまだ目立った動きはありません。

医療法人による高齢者専用住宅の開設が進んだ結果，サービス付き高齢者向け住宅の設置母体として医療法人が13.7％（サービス付き高齢者向け住宅登録情報より高齢者住宅研究所調べ，2016年3月時点）を占めるまでになりました。しかし，2008年以降の診療報酬改定により集合住宅への往診に対する診療報酬が大幅に引き下げられたため，今後も医療法人が積極的に高齢者専用住宅の開設していくのかは不透明です。また，ビジネスという視点からみた場合，高齢者分野以外の社会福祉事業の経営に医療法人が積極的に乗り出すかどうかは疑問です。

高齢者分野を含め，社会福祉事業の経営に医療法人が積極的に乗り出すことよりも，医療行為ができるという優位性を活かして，他の社会福祉事業者との連携により本体である医療機関の患者を獲得する方が現実的であると考えます。

(徳広隆司)

第 4 部

地域が担う社会福祉の「経営」

XIII 地域包括支援システム

1 ニーズキャッチとシステム形成

 ### 1 施策システムと地域生活支援システム

福祉サービスの供給においては，施策システムがあらかじめ規定したニードに対して，財やサービスを提供します。しかしながら，生活上の様々な困りごとや生活のしづらさのある個人にとって，施策システムを通じた解決が行われない場合もあります。第1に受給資格の問題です。ある施策の対象となるには客観的かつ公平な分配が求められますので，専門性や社会通念などに基づいた判定基準に合致しないとその施策の対象になることができません。第2に福祉サービスの範囲の問題です。生活上の様々な困りごとや生活のしづらさにすべて福祉サービスが用意されていません。第3に漏給の問題です。施策の存在自体を知らない，あるいは申請の方法がわからない等の情報不足があると施策にアクセスできません。

そこで，施策システムによる応答を前提としつつ，生活の主体者である本人の地域での生活を支えるためのシステムが求められ，これをここでは地域生活支援システム◁1と呼びます。

2 地域生活支援システムにおけるニーズキャッチの方法とシステム形成

○ニーズキャッチ◁2の方法

ニーズキャッチは，人々が生活する上での様々な困りごとや生活のしづらさを発見する，地域生活支援システムにおけるインターフェイスでの行為です。

ここでは，野﨑による東京都内の高齢者の見守り実践の分類を参考に，ニーズキャッチの方法をいくつか示します。◁3 ◁4

① 窓口の設置と周知：住民・対象者がアクセスできる相談窓口の設置，連絡先や活動の周知・広報，出張相談等。

② 情報収集・通報受付：民生委員・ボランティア・近隣住民からの情報収集や通報の受付，水道・光熱等のライフライン業者や宅配業者等との協定・連携，施策システムから抜け落ちる人の把握，多様な相談受付方法の検討等。

③ 個別巡回訪問：対象者の名簿作成，巡回訪問，巡回訪問を円滑に進めるためのツール（機関紙や飲料水など）の開発・導入等。

▷1 施策システムと相互作用を持つシステムで，高齢分野では地域包括支援システムと呼ばれる等，施策システム別に形成される。また，人々の生活を支えるという目的を踏まえると，一定の地理的範囲である圏域（基礎自治体，あるいは小中学校区など）を単位にして形成される。

▷2 地域福祉分野では，施策システムによる規定があるかどうかに限らず，生活上の様々な困りごとや生活のしづらさをニードという言葉で表現し，地域生活支援システム内の各アクターがそのような問題群を把握することを指してニーズキャッチと呼ぶ傾向があり，ここではこうした意味においてニーズキャッチという用語を用いることにする。

④　ネットワーキング：住民組織化支援，ボランティア育成，意見交換会等。
⑤　調査：アンケート調査，インタビュー調査，住民座談会等。

○地域生活支援システムの形成とニーズキャッチ

　ニーズキャッチが行われた後は，その対象者の求めに応じて施策システムに送致します。施策システムでの対応を希望しない，あるいは施策システムでは対応できない場合には，地域生活支援システムでの対応として，様々な資源につないだり，新たな資源を開発したりします。地域生活支援システムの協議の場は，高齢分野では生活支援・介護予防のための協議体や介護保険事業運営協議会，障害分野では（自立支援）協議会など，それぞれの施策システムごとに設定され，キャッチしたニーズに見合った基盤整備と調整に関して協議し，PDCAサイクルに基づいて見直します。

3　対象を限定しない地域包括支援システムへ

　ある施策システムと連動して，ニーズキャッチを行いつつシステム形成を図るのが地域生活支援システムですが，いくつか問題点も指摘されています。具体的には，施策と施策の狭間に落ちて対応されない／引きこもりや若年認知症，難病患者・がん患者などが従来の施策システムに該当しない／高齢のひとり親と障害のある子どもの世帯など複合的な課題を有する場合の施策システム間の調整が想定されていない／等です。

　そこで，一定の地理的範囲において，地域生活支援システムをサブシステムとして包含した，対象を限定しない地域包括支援システムの構築が目指されます。この際，地域福祉計画の策定と実施を動力にして地域福祉コーディネーターが軸となることもありますし，施策システム別に形成された地域生活支援システムの枠組みを援用し，対象を拡大して行う場合もあります。対象を限定しない地域包括支援システムにおいては，①インプット側のインターフェイスでの包括性を持った総合相談，②サブシステムとして内包した複数の地域生活支援システム間の調整，③対象を限定しない情報収集のしくみが求められます。

　ところで，この対象を限定しない地域包括支援システムは，ニーズ論的アプローチが基礎にありますが，実際には問題論的アプローチを包含しています。何をニーズとして捉えるのかは，住民を含めた当該地域の各アクターの認知・発見に依存しますし，捉えたニーズへの対応の程度が事前に決まっていないことも少なくありません。住民側がキャッチしたいケースの発見・対応への合意形成は比較的容易ですが，社会との関係形成が希薄で周縁化しがちな人たちのニーズキャッチとそのニーズへの対応は比較的ハードルが高いでしょう。今後，地域包括支援システムの射程と限界を検討する必要があります。

（大村美保）

▷3　施策システムや地域生活支援システムにおける人材や組織と，その地域の社会や文化，あるいは資金投入の規模等により様々であり，定式化されているわけではない。

▷4　野﨑瑞樹（2014）「高齢者の見守りにおける専門職の支援実践と困難の検討」『社会福祉学』55(2)，66-78頁。

（参考文献）

小松理佐子（2012）「日本型コミュニティケア政策の変遷」日本社会福祉学会編『社会福祉政策』（対論社会福祉学②）中央法規出版，130-152頁。

坂田周一（2012）「社会福祉学における対象認識の固有性」日本社会福祉学会編『社会福祉原理・歴史』（対論社会福祉学①）中央法規出版，102-131頁。

野﨑瑞樹（2014）「高齢者の見守りにおける専門職の支援実践と困難の検討」『社会福祉学』55(2)，66-78頁。

第4部　地域が担う社会福祉の「経営」

XIII　地域包括支援システム

 ## 2　システムと圏域①
――市町村

1　地方公共団体における「圏域」の意味

　2000年の地方分権一括法の施行により、福祉サービスについては市町村の自治事務に位置づけられ、福祉サービスの提供や利用者支援において公共団体の果たすべき役割が高まりました。公共団体が福祉サービスの提供や利用者支援を行う上で「圏域」は重要な意味を有しています。

　「圏域」とは、「限られた一定の範囲。作用などの及ぶ範囲」のことを指しますが、福祉サービスや支援・活動という作用を考えた場合、「圏域」は次の3つの意味で重要となります。

　1つ目として、同一公共団体内にも「地域特性」があるということです。福祉サービスの提供が公共団体の責務であるとはいえ、自然環境・地理的条件・人口動態・文化的背景・経済産業状況等、同一の公共団体内の地域によって実際には多様性があります。このように「地域が人口や制度の特定の属性によって、何らかの独自の社会的統一を形成していること」を地域特性と呼びますが、地域特性は「高齢化が進んでいる地域」「子育て世代が多く住む地域」といった違いとして表れるため、地域特性に応じた「圏域」を設定することが求められます。

　2つ目として、「課題の発見」や「住民参加」をしやすくするということです。先程の「高齢化が進む地域」と「子育て世代が多く住む地域」では、現れる生活問題も異なりますが、このような問題の発見を容易にし、その課題の解決に向けて住民の協力・参加を得るためには、適切な圏域が設定される必要があります。仮に市町村全域を「圏域」として設定すると、市町村全域で共通する課題には対応できるとはいえ、特定地域の問題の発見は難しくなるとともにその課題の解決に向けた住民の協力・参加は得られにくいといえます。課題の発見がしやすく住民にとって協力・参加が得られやすい「圏域」の設定が重要となります。

　3つ目として、「サービス利用‐提供」を容易にするということです。ある住民が認知症がある家族の課題を抱えている場合、できるだけ身近に相談できる窓口があることが望ましく、また住民がデイサービス等の通所介護サービスを利用する場合もできるだけ自宅の近くに介護事業所ある方が望ましいといえます。そのような意味で「サービス利用‐提供」の観点から、それを

▷1　地方公共団体が本来的に行うとされている事務のこと。2000年の地方分権推進一括法においては、従来の機関委任事務と団体委任事務が廃止され、法定受託事務（本来国が果たすべき役割に係る事務：生活保護）と自治事務に再編された。

▷2　高橋勇悦（1993）「地域特性」京極高宣監修『現代福祉学レキシコン』雄山閣出版, 53頁。

▷3　倉沢進（1999）『コミュニティ論』放送大学教育振興会, 50-51頁。
▷4　「小地域を基礎にして行われる住民の福祉活動」

容易にする適切な「圏域」設定が行われる必要があります。

2 「圏域」の考え方

「圏域」として最も基本的なものの一つが，町内会・自治会の「圏域」となります。倉沢によると町内会・自治会は，全戸の強制的な加入を原則とした包括的な機能を持つ住民組織ですが，行政の末端補完機能を果たすこともその性格として挙げられています[3]。このことからも町内会・自治会が，市町村で「圏域」を考える際に重要な役割を果たしてきたことが窺えます。また社会福祉協議会が推進してきた「小地域福祉活動」も重要な圏域の一つとなります。そして近年，重要な「圏域」が「日常生活圏域」です。日常生活圏域は，2005年の介護保険法改正の際に包括的支援事業を地域において一体的に実施する役割を担う中核的機関として設置された「地域包括支援センター」の担当圏域を示すもので，人口規模，業務量，運営財源や専門職の人材確保の状況，地域における保健福祉圏域との整合性を配慮し，最も効果的・効率的に業務が行えるように設置するものとされています。また2009年には「地域包括ケアシステム」[5]という新たな「圏域」の考え方が示されています。

3 近年の「圏域」動向と課題

地方公共団体内には，多様な圏域が存在しますが，このように様々な規模で重層的に圏域を設定することによって，「町内会・自治会」といった身近な圏域で発見された地域課題が，「小学校区」「中学校区」といったより広い圏域で共有化され，さらには市町村全域で対応の検討がなされ，制度として新たな解決の仕掛けの開発につなげることができるといえます。

一方で重層的な圏域設定には，いくつかの課題もあります。1点目として日常生活圏域，地域包括ケアシステム，地区社協に加え，近年，「福祉圏（地域福祉計画）」「地域自治区（地方自治法）」「地域ケア会議・協議会（介護保険法）」など様々な圏域が登場してきていますが，このような各種「圏域」が整合性をもって設定されていないと有効に機能しないこと，2つ目として多層に設定された圏域が有機的に繋がっていなければ問題の共有化・解決に繋がらないこと，3点目として何よりも住民からみて，類似の圏域が乱立し，かつその圏域設定の意味が伝わらなければ，福祉活動や参加に混乱を生じさせる危険性を孕んでいることに留意する必要があります。住民サイドに立脚した「圏域」設定が求められています。

(熊田博喜)

とされ，その単位を「地区社協」と呼んでいるが，その活動の圏域は，組織・個人の意思がお互いに反映し合うことのできる範囲として「小学校区」が想定されている（全国社会福祉協議会〔1992〕『小地域福祉活動の手引き』4-18頁）。

▷5 「ニーズに応じた住宅が提供されることを基本にした上で，生活上の安全・安心・健康を確保するために，医療や介護のみならず，福祉サービスを含めた様々な生活支援サービスが日常生活の場（日常生活圏域）で適切に提供できるような地域の体制」と定義され，「おおむね30分以内に駆けつけられる圏域」を理想的な圏域としている。このような「日常生活圏域」や「地域包括ケアシステム」が想定している圏域が，「中学校区」であるとされている。

参考文献

右田紀久恵 (1993)『自治型地域福祉の展開』法律文化社。

倉沢進 (1999)『コミュニティ論』放送大学教育振興会。

これからの地域福祉のあり方に関する研究会報告 (2008)『地域における「新たな支え合い」をもとめて』全国社会福祉協議会。

全国社会福祉協議会 (1992)「小地域福祉活動の手引き」。

地域包括ケア研究会 (2009)「地域包括ケア研究会報告書」。

西村周三 (2013)「医療・介護サービスへの影響」国立社会保障・人口問題研究所編『地域包括ケアシステム』慶應義塾大学出版会。

平野隆之・原田正樹 (2014)『改定版 地域福祉の展開』放送大学教育振興会。

XIII 地域包括支援システム

3 システムと圏域② ——日常生活圏域

1 地域包括ケアシステムと「地域ケア会議」の役割

地域包括ケアシステムは，地域で自立した生活が営めるように，「医療・看護」「介護・リハビリテーション」「保健・福祉」といった専門職によるサービス提供とその支援が有効に発揮するための前提として「介護予防・生活支援」「すまいや住まい方」を基盤として，これらが相互に関係しながら，包括的に提供されるあり方を指します。このような支援は「自助」「互助」「共助」「公助」といった様々な助け合いの組み合わせで実現するとされています。

このような地域包括ケアシステムの実現に向けて鍵を握るものの一つが「地域ケア会議」です。

地域包括ケアシステムは，生活課題を抱える住民の支援を様々な専門職や住民がネットワーク形成・協働しながら進める必要がありますが，多職種・住民が協働できるプラットホームが不可欠となります。地域ケア会議は地域包括ケアシステムの実現に向けて多職種・住民がネットワーク・協働できるプラットホームとしての役割を果たしているといえます。

2 地域ケア個別会議と介護予防・日常生活支援総合事業

それでは実際に地域ケア会議はどのように進められるのでしょうか。例えばAさんは足が悪く，日々の移動に困難を感じていて，特に買い物について困っているとの相談が地域包括支援センターに入りました。Aさんの居住する近隣にはスーパーマーケットがありましたが，数年前に閉店した関係で現在は往復1時間も掛かる別の店舗に買い物に出掛けています。地域包括支援センターでは，Aさんの支援に関して「地域ケア個別会議」を開催し，センター職員以外に地方公共団体職員・民生委員・ケアマネジャー・ホームヘルパー・社会福祉協議会・生活支援コーディネーターが出席しました。Aさんは独居でかつ隣近所も高齢者が多いため買い物を依頼できない状況です。話し合いが進められる中で「ボランティアによる買い物支援」を行うことで在宅生活を継続することが確認される一方で，買い物支援等を担うインフォーマル資源不足が明らかとなってきました。

ここまでは地域ケア会議の個別ケースを通した住民の生活支援，すなわち①個別課題解決機能，②地域包括支援ネットワークの構築機能，③地域課題

▷1 地域ケア会議は，「地域包括支援センターまたは市町村が主催し，設置・運営する行政職員をはじめ地域の関係者から構成される会議体」と定義されている。またその機能として，個別ケースの支援内容の検討を通して行われる①個別課題解決機能，②地域包括支援ネットワーク構築機能，③地域課題発見機能，地域の課題抽出やその解決方法の検討を通して行われる④地域づくり・資源開発機能，⑤政策形成機能がある。なお①〜③を地域ケア個別会議，④〜⑤を地域ケア推進会議と呼ぶ。

発見機能に該当する機能となりますが，Aさんの支援を通して「インフォーマルサービス支援不足」という地域課題が発見されています。このように地域ケア会議を通して地域に必要なサービス・支援・活動が明らかとなった場合に役割を果たすものが，生活支援コーディネーターと協議体といった「介護予防・日常生活支援総合事業（新しい総合事業）」となります。

③ 新しい総合事業と生活支援サービス

新しい総合事業とは，「要支援者自身の能力を最大限に活かしつつ，介護予防訪問介護等に住民が参画できるような多様な生活支援サービスを総合的に提供可能なしくみ」に見直すことを指しますが，これは全国一律で行われていた介護予防事業に対する新たな考え方を示しています。これまでは介護予防（筋力トレーニング），生活支援（ボランティア団体），社会参加（サロン事業）というように事業が細分化され，それぞれに予算立てが行われていました。しかし，これを例えば「近所の人の買い物のお手伝い」をすることによって，買い物を手伝うことでの「社会参加」，買い物の手伝いそのものが利用する人の「生活支援」，そして結果，活動する人の「介護予防」につながるといった，住民の自発的・互助的な取り組みが持つ総合的な効果を，再評価する点に特徴があります。

このような生活支援サービスを利用したい人のニーズに適うような地域住民の互助的な活動を発見・開拓する役割を担うのが「協議体」です。協議体は基礎自治体レベルの第一層と日常生活圏域レベルの第二層が想定され，「生活支援コーディネーター」という専門職がそれを担うこととされています。

④ 日常生活圏域での地域包括ケアシステムの実現とその課題

例えば，前述のAさんのケースで考えるならば，Aさんの地域の「インフォーマルサービス支援不足」が判明し，またAさん以外にも買い物に困難を抱える住民が地域にいることが明らかとなった場合，生活支援コーディネーターは協議体を活用しながら，買い物支援を担う住民の発掘やさらには商店との協働を，地域ケア推進会議と連携して進めることになります。

このように地域包括ケアシステムの構築には，日常生活圏域の果たす役割が重要となりますが，そこには①個別支援から地域支援，②多職種連携，③住民の力の活用（互助）の３つの視点から地域ケア会議や協議体といったプラットホームを通して「地域づくり」が進められることが要点であるといえます。とはいえ①・②の実現は勿論，特に③について，互助が失われた現在の地域社会においてどのように住民互助の力を高めていくのか，地域包括ケアシステムの成否に関わる重要な課題であるといえます。　　　　　　　（熊田博喜）

▷2　「見守り」「配食・会食」「外出」「交流」等，日常生活を営む上で必要なサービスの総称であり，これが従来，事業者等によってサービスがつくられていたものを，今後は地域の住民活動を活性化（地域づくり）することによって生み出すものとされている。

参考文献

国立社会保障・人口問題研究所編（2013）『地域包括ケアシステム』慶應大学出版会。

地域包括ケア研究会（2008）『地域包括ケア研究会報告書』。

地域包括ケア研究会（2016）『地域包括ケアシステムと地域マネジメント』。

長寿社会開発センター（2013）『地域ケア会議運営マニュアル』。

三菱UFJリサーチ＆コンサルティングス（2016）『介護予防・日常生活総合事業への移行のためのポイント解説』。

三菱UFJリサーチ＆コンサルティングス（2016）『新しい総合事業の移行戦略』。

XIII 地域包括支援システム

ニーズとサービスの調整

1 ニーズとサービスの調整

　私たちの住む地域には，「特別養護老人ホームに入所して介護を受けながら生活したい」「デイサービスに通って元気になりたい」「障害のある人の就労支援施設に通って仕事をする準備をしたい」「保育所に子どもを預けて仕事をしたい」など，福祉サービスの利用希望を持つ人が住んでいます。一方で，地域にはそのサービスを提供する社会福祉施設（特別養護老人ホーム，障害者就労支援施設，保育所等）があります。この場合，サービス利用が比較的簡単である，施設があってもサービス利用者が多く簡単に利用できない，施設・サービス自体が存在しない，など様々な状況があります。

　福祉サービスは，行政（国，地方公共団体）によるサービス供給量の調整が行われています。国全体で，あるいは一定の行政地域（都道府県の範囲，市町村の範囲等）で，その市民（町民・村民）の福祉サービスを利用したい住民がどのくらいいるか（ニーズの総量）を把握し，将来推計を立て，サービスの供給量の目標が決められています。

　ここでは，主に市町村および都道府県による，高齢者の介護サービスに関する「介護保険事業計画」，障害のある人のサービスに関する「障害福祉計画」，子ども・子育て支援に関する「子ども・子育て支援計画」についてみていきます。

2 介護保険事業計画

　要介護高齢者を対象とした介護保険制度では，介護保険法において介護保険事業計画を策定することが規定されています[1]。5カ年計画で，3年ごとの見直しがされます。つまり，2年間余裕をもって策定されています。

　市町村は，計画策定委員の選出を行い，要介護者・要支援者・高齢者の推計を踏まえて，現状のサービスについての評価，これからのサービス提供の見込みを行い，事業費等の推計をしていきます。この計画に基づき，介護保険料が決められます。あわせて都道府県は，介護保険事業支援計画を策定します。また，市町村・都道府県による介護保険事業（支援）計画をバックアップするために，厚生労働大臣（国）は，「基本指針」を策定します[2]。

3 障害福祉計画

▷1　市町村による「介護保険事業計画」は介護保険法第117条に，都道府県による「介護保険事業支援計画」は同法第118条に，それぞれ基づいて策定される。厚生労働大臣（国）による「基本指針」は同法第116条に基づいている。

▷2　介護保険法116条では，介護保険事業に係る保険給付の円滑な実施を確保するための基本的な指針を定めている。その内容として，①サービス提供体制の確保・地域支援事業の実施に関すること，②市町村介護保険事業計画の対象サービスの種類ごとの見込み量を定めるに当たって参考にする標準，介護保険事業計画，都道府県介護保険事業支援計画の作成に関すること等，がある。また，障害者総合支援法第87条では，厚生労働大臣の定める「基本指針」の事項について定めている。①障害福祉サービス，相談支援の提供体制確保に関する基本的事項，②①に加えて地域生活支援事業の提供体制確保の目標に関する事項，③市町村計画，都道府県計画作成に関する事項，④その他の事項，が掲げられている。子ども・子育て支援法第60条では，子ども・子育て支援事業の「基本指針」として，①子ども・子育て支援の意義，教育・保育の提供体制，事業の実施に関する基本的事項，②市町村計画，都道

障害者支援制度では，障害者総合支援法において障害福祉計画を策定することが規定されています。障害福祉計画は3年を1期とする計画です[3]。

市町村障害福祉計画は，①障害福祉サービス，相談支援，地域生活支援事業の提供体制確保の目標，②各年度の指定障害福祉サービス，指定地域相談支援，指定計画相談支援の種類ごとの必要量の見込み，③地域生活支援事業の種類ごとの実施に関する事項，を定めることとされています。

都道府県障害福祉計画は，各市町村による市町村障害福祉計画が達成するための計画として位置づけられます。施設の必要入所定員総数，障害者福祉に関わる専門職の質の向上や，精神障害のある人の退院促進等も含めた計画となっています。市町村・都道府県による障害福祉計画をバックアップするために，厚生労働大臣（国）は，「基本指針」を策定します。

❹ 子ども・子育て支援事業計画

子ども・子育て関連3法[4]が，2012年8月に成立し，2015年に4月に本格施行しました。

市町村子ども・子育て支援事業計画は，5カ年を一期として，幼児期の教育，保育，地域子ども・子育て支援事業の提供体制の確保と実施に関する需給計画です。全市町村で作成されます。地域における幼児期の子どもを持つ家庭に関する状況および需要について調査・把握し，子どものための教育・保育給付，地域子ども・子育て支援事業について，その事業確保の内容と実施時期について計画します。

都道府県子ども子育て支援事業支援計画[5]は，市町村計画の数値の積み上げ（合計）を基本にしながら，都道府県内の広域調整を勘案し，需要量の見込みとサービス確保（供給）方策について策定します。需給調整により認定こども園や保育所を認可・認定を行わないことも可能になっています。

市町村・都道府県による子ども・子育て支援事業計画の総合的推進のために，内閣総理大臣（国）は，「基本指針」を策定します。

❺ サービス調整の課題

サービス調整の最も大きな課題は，超高齢化による要介護・要支援高齢者の増大，保育待機児童増加，等による施設数の不足です。各計画において，施設数・サービス事業者数の整備を策定しても，福祉サービスへの新規参入事業者がなかったり，足りなかったりして，計画上の数値に届かない場合があります。最近は，市町村直営で施設やサービスを経営することが減っていることも影響しています。このことにより，最終的に利用者本人とその家族に，その地域でサービスが利用できないなどのしわ寄せが来てしまうこともまた事実です。

（本多　勇）

府県計画の作成に関する事項，③児童福祉増進のための施策との連携に関する事項，④雇用環境整備に関する施策との連携に関する事項，⑤総合的推進に必要な事項，の5項目を定めている。

▷3　「市町村障害福祉計画」は障害者総合支援法第88条に，「都道府県障害福祉計画」は同法第89条に，それぞれ基づいて策定される。厚生労働大臣（国）による「基本指針」は同法第87条に基づいている。

▷4　子ども・子育て支援関連3法とは，「子ども・子育て支援法」「就学前の子どもに関する教育，保育等の総合的な提供の推進に関する法律の一部を改正する法律」「子ども・子育て支援法及び就学前の子どもに関する教育，保育等の総合的な提供の推進に関する法律の一部を改正する法律の施行に伴う関係法律の整備等に関する法律」の3法である。どれも2012年8月成立。

▷5　「市町村子ども・子育て支援事業計画」は子ども・子育て支援法第61条に，「都道府県子ども・子育て支援事業支援計画」は同法第62条にそれぞれ基づいて策定される。内閣総理大臣（国）による「基本指針」は同法第60条に基づいている。

XIII 地域包括支援システム

資源開発

社会福祉における資源

　個人や集団に何かが欠けており、何らかの望ましい状態が実現できないでいることを必要といいますが、この欠けている何か、すなわち必要を充足する機能をもった客体を資源と呼びます。必要は多岐に渡りますし、必要の定義によって資源とは何かが決まりますので、具体的な資源の形態は、有形物・無形物、サービス、貨幣、バウチャーやクーポン（利用券）、人材など様々です。資源は、必要の充足にとって直接役立つもの（報酬的な資源）である場合もありますし、必要の充足にとって間接的に役立つ（用具的な資源）である場合もあります。

　資源は必要との組み合わせで考えるため、必要の分類を資源の分類に反映して考えることもできます。すなわち、所得保障、保健医療、教育、住宅にはそれぞれ固有の資源があり、それと同様に、社会福祉には社会福祉資源があるといえます。社会福祉資源には、例えば次のようなものがあります。

　　社会福祉施設／社会福祉事業の従事者／介護保険制度によるサービス／
　　地域福祉に関係する団体や人材／社会福祉に関係する現金や現物の給付
　　／家族や近隣などのインフォーマルネットワーク

　資源には稀少性があって入手は容易ではありません。一般の財やサービスは、市場の価格メカニズムを通じて需要と供給が調整されますが、社会政策における資源は自動的な調整メカニズムがないため、一般的には、人為的に必要と資源との調整（＝配分または配給）を行うことになります。また、社会福祉資源の中には、家族や近隣などのインフォーマルネットワークのように、愛情・義務感、習慣や慣習、互酬性などに基づき必要の充足を行うものもあります。

2 資源開発のプロセス

　資源の開発は福祉政策の一部であり、そのプロセスは、課題設定、政策立案、政策決定、政策実施という一連の流れを持ちます。

○課題設定
　課題を捉えるための指標や社会調査を通じて把握される、あるいは民間の自発的な運動によって顕在化されるなどを通じて、資源開発が社会的に解決

すべき課題であることが認識される段階です。

○政策立案

設定された課題に対して資源開発の政策立案を行う段階です。日本の政策立案は、行政機関または議員により行われます。こうした政策立案において、近年では政策立案者が単独で行うのでなく、市民の意思を反映させるための取り組み[*1*]を行うことが多くなっています。

○政策決定

議会など公式の意思決定機関において資源開発にかかる政策を審議し、それを実行するための権限と予算を決定する段階です。

○政策実施

決定された資源開発にかかる政策を実施する段階です。なお、実施された政策は通常、政策評価が行われます。

③ 資源の担い手と資源開発の方法

資源の担い手の主要なものには、公共部門、民間部門、ボランタリー部門、インフォーマル部門があり、それぞれ長短があります。

民間部門（社会福祉法人など）は公共部門よりも効率的でサービス選択を可能としますが、サービスの地理的分布やサービス選択の程度などが課題となります。

ボランタリー部門（慈善団体・宗教団体・芸術等）は自発的であり、公共部門や民間部門を補完しうる存在ですが、必要とは異なった価値を重視する、あるいは管理的な業務を避ける傾向があります。

インフォーマル部門（コミュニティ・友人・近隣住民・親族等）は安価である反面、対価が過小評価されたりインフォーマル支援が最善とも言い切れないという問題があります。そして、公共部門（国・都道府県・市町村）は、こうした他部門の不足部分を補充する役割があり、他部門との比較をした上で公的部門が最適な担い手かどうかを常に検討することが求められます。

いずれの部門においても、資源を開発する方法には大きく分けて規制によるものと給付によるものがあります。規制による方法としては行政立法、行政処分、行政指導など、給付による方法としては現金給付、現物給付、バウチャー・クーポン（利用券）などが挙げられます。資源開発の方法を検討するにあたっては、前述の資源開発のプロセスの中で、資源の担い手とその特性を勘案しつつ、ロールシフトも含めて検討することが求められます。

（大村美保）

▷1 例えば、政策立案前に行う動向・趨勢・意識などを把握するためのニーズ調査、審議会や各種協議会において行う特定の関係者や団体との意見交換、政策案が作成された段階で行うパブリックコメント、不特定多数に参加を求めて意見交換を行うタウンミーティング、小規模地域でのワークショップ方式によるコミュニティミーティング等。

（参考文献）

武川正吾（2004）『福祉社会』有斐閣。

武川正吾（2012）「福祉政策における必要と資源」『現代社会と福祉 第3版』（新・社会福祉士養成講座④）中央法規出版。

P. Spicker（1995）*Social Policy*, Bristol University Press（＝2001, 武川正吾・上村泰裕・森川美絵訳『社会政策講義』有斐閣）。

XIII 地域包括支援システム

6 市町村の役割

1 地方自治と分権改革

日本国憲法は，戦前，地方公共団体が国の厳しい統制を受けたことへの反省から，新たに「地方自治」の規定を設けました。このうち，第92条が規定する「地方自治の本旨」は，地域の政治や行政は，地域住民の意思に基づき（住民自治），国から独立した地方公共団体が自らの責任において処理する（団体自治），という2つの要素によって構成されます。

このように地方自治の実現は日本国憲法で保障されていたにもかかわらず，日本では長い間，国（中央省庁）が地方公共団体を統制する中央集権型の福祉国家システムが維持されてきました。しかし，財政危機を契機とする「福祉国家の危機」を迎えると，国家の役割を縮小するために福祉国家から条件整備国家への転換が検討され，1990年代以降，社会福祉における分権改革が進展することとなりました。

1990年代の社会福祉における分権改革のさきがけとなったのは，1990年の福祉関係八法改正でした。これにより，市町村が施設福祉および在宅福祉サービスを総合的に実施する責任を担うこととされ，さらに1997年に制定された介護保険法では，市町村が保険者とされました。また，2000年に改正・改称された社会福祉法は，これからの社会福祉は市町村を基盤に展開されるべきであることを改めて明確に打ち出し，地域福祉が名実ともに社会福祉の主流となりました。このほか，障害者総合支援法や児童虐待防止法，高齢者虐待防止法でも，市町村が実施体制の中心に位置づけられています。

これらの分権改革は，福祉サービスに関する国の権限を市町村に移譲することにより，住民生活に最も身近な市町村が，地域の実情に合わせて自らの責任の下で福祉サービスを管理運営することを目的としています。このため，地方自治の本旨のうち，団体自治の実現を目指す制度改革ということができます。

しかし，それと同時に，分権改革は住民自治の視点からもその意義を指摘することができます。例えば，介護保険制度を導入するにあたり，先進的な地方公共団体では，住民懇談会や公募委員，パブリックコメントなど住民参加が進展しました。また，社会福祉法により法定化された地域福祉計画は，住民参加により策定されるため，地域社会を構成するそれぞれの組織や住民

▷1 「地方公共団体の組織及び運営に関する事項は，地方自治の本旨に基いて，法律でこれを定める。」

▷2 社会福祉に関する共通的基本事項を定めたわが国の社会福祉の基幹法。2000（平成12）年，社会福祉事業法より改称・改正され，地域福祉の推進が初めて規定されるとともに，市町村地域福祉計画および都道府県地域福祉支援計画がそれぞれ法定化された。

▷3 武川正吾（2006）『地域福祉の主流化』法律文化社，19頁。

へ地域社会の意思決定に参加する機会を提供することになり，住民自治の実体化に大きく貢献します。

2 地域包括ケアシステムの構築における市町村の役割

このような分権改革に共通するのは，住民に最も身近な地方公共団体である市町村が，住民の意向や社会資源の整備状況を踏まえて福祉サービスを運営管理することにより，住民のニーズにきめ細かく対応することが可能になる，という考え方です。このような考え方に基づき，近年，市町村の積極的な取り組みを制度的に促しているのが，介護保険法に基づく地域包括ケアシステムの構築です。

2015年4月より施行された介護保険制度の改正は，地域包括ケアシステムの構築を理念に掲げ，地域支援事業の充実化を図りました。たとえば，市町村に地域ケア会議を設置する努力義務が課されたことにより，地域ケア会議が地域包括ケアシステムの実現に向けた手法として明確に位置づけられました。また，高齢者の日常生活を支える生活支援サービスや介護予防サービスを多様な主体が重層的に提供する体制をつくるため，地域の体制整備を推進する生活支援コーディネーターの配置や，その活動を支える協議体の設置を地域支援事業に位置づけることにより，市町村が中心となって民間団体との連携体制を構築するための事業も，地域支援事業に位置づけられることになりました。このほか，予防給付のうち訪問介護および通所介護は，段階的に地域支援事業に移行され，今後は市町村が中心となり，地域の多様な主体を活用して実施することになりました。

3 市町村の役割

このように近年の国の社会福祉政策は，市町村の役割を拡大するという方向性に沿って進められています。こうした方向性は，公的な制度だけではカバーできない住民のニーズを満たすために，地域で活動する様々な民間団体の実践や地域住民の助け合いを市町村が支援体制に取り込むことも含んでおり，その背景に財政的な負担を軽減したい国の狙いがあることも否定できません。しかし，それぞれの地域の特性に合った福祉サービスの供給体制を構築するためには，住民生活に最も身近な市町村が主体的に関わることが不可欠であることに異論を唱える人は少ないでしょう。事実，先進的な取り組みが展開されている地域では，いずれも市町村が福祉サービスの供給に対する最終的な責任を自覚的に引き受けています。今後，市町村は住民との丁寧な合意形成の下，新しい制度を活用して地域の実態に応じた福祉サービスの供給体制を構築する意欲や力量が問われていくことになります。 （川村岳人）

参考文献

大橋謙策（2007）「地域福祉の歴史的展開と考え方」新版・社会福祉学習双書編集委員会編『地域福祉論』（新版・社会福祉学習双書⑦）全国社会福祉協議会，1-39頁。

小林良二（2006）「地域福祉の経営と運営」日本地域福祉学会編『新版　地域福祉事典』中央法規出版，152-155頁。

濱野一郎（2007）「社会福祉運営の課題」仲村優一・一番ヶ瀬康子・右田紀久恵監修『エンサイクロペディア社会福祉学』中央法規出版，16-19頁。

平野方紹（2009）「福祉行政の実施主体」野口定久・平野方紹編著『福祉行財政論』（精神保健福祉士・社会福祉士養成基礎セミナー⑥）へるす出版，1-43頁。

山本清「経済教室」「日本経済新聞」2009年4月30日付朝刊，17面。

和気康太（2007）「社会福祉の運営・管理」仲村優一・一番ヶ瀬康子・右田紀久恵監修『エンサイクロペディア社会福祉学』中央法規出版，406-411頁。

XIII 地域包括支援システム

 国と都道府県の役割

1 福祉国家の再編と分権改革

1970年代以降，経済成長の停滞および社会保障支出の増大を契機として，先進諸国では「福祉国家の危機」が強調されるようになりました。日本でも，1973年のオイルショックによって高度経済成長が終焉すると，潤沢な財源を背景として拡大してきた社会福祉施策は一転，見直しを迫られることになりました。

このように「福祉の見直し」は財政危機に端を発しましたが，それは単に「財源が乏しくなったから，国による社会福祉施策を縮小，削減する」という単純な議論に止まるものではありませんでした。なぜなら，福祉国家が形成されると同時にその危機に直面したわが国は，国と地方公共団体の役割分担など，福祉国家システムのあり方を根底から再検討する必要に迫られたからです。そして，この福祉国家の再編に関する議論の結果，1980年代から1990年代にかけて条件整備国家の考え方が台頭し，後の分権改革へとつながっていくのです。

2 行政の役割

分権改革の進展に伴い，今日，行政は福祉サービス供給システムの管理者として，調整や条件整備といった役割を担うことが求められるようになっています。例えば，多様な民間事業者が福祉サービスに参入するようになると，行政は様々な主体が供給するサービスに重複や遺漏が生じないように事業者間の調整を図る必要があります。また，福祉サービスの利用者には社会的に弱い立場の人々も少なくないため，そうした人々の人権が侵害されないよう，利用者と事業者の対等な関係の構築や，利用者の権利擁護も求められます。さらに，福祉専門職や財源の確保など，福祉サービスを供給するための資源の確保も条件整備に含まれます。このほか，交通環境や人口規模などの面で不利を抱え，民間事業者の参入が乏しい地域では，助成金を交付するなど民間事業者が参入しやすい条件を整備することも期待されます。

もっとも，行政は依然，福祉サービスを直接的に供給することも求められます。例えば，地域に民間事業者が参入していない，あるいは民間事業者では対応が難しい等の理由で住民のニーズが充足されずにいる場合，必要に応

▷1 IX-5 側注参照

▷2 髙田眞治（2007）「福祉見直しと福祉改革」仲村優一・一番ヶ瀬康子・右田紀久惠監修『エンサイクロペディア社会福祉学』中央法規出版，192頁。

▷3 社会サービスを供給する権限を民間企業など他の主体に移譲し，自らの役割を財源調達や規制など，環境条件の整備に縮小した国家。

じ，地方公共団体が自らそのニーズを充足する福祉サービスを開発し，供給することが求められます。

3 国と都道府県の役割分担

前述のとおり，条件整備国家への転換を受け，分権改革が推進された結果，国と地方公共団体の役割分担が明確となりました[4]。1970年代に福祉国家が形成された当初，社会福祉サービスは機関委任事務とされ，国が一元的に管理運営し，地方公共団体や社会福祉法人が国の指揮監督の下に供給する体制が築かれていました。しかし，分権改革の結果，一部の例外を除いて福祉サービスに関する事務は地方公共団体の自治事務に位置づけられることになりました。今日，地方公共団体，とりわけ基礎自治体である市町村は，国が定める制度的な枠組みに基づきながらも，地域の実情に合わせて自らの責任の下で管理運営することが求められているのです。

もっとも，こうした状況においても，国が社会福祉に関する施策の企画立案や法整備などを通じて，社会福祉の基本的な制度設計を行う責務を負っていることに変わりはありません。しかし，都道府県や市町村の責任が増えていることを受け，こうした地方公共団体の取り組みを支援することが，より重要な意味を持つようになっています。

例えば，地域包括ケアシステムは市町村が中心となって構築することが求められていますが，国は市町村の取り組みを支援するため，地域ケア会議の推進などを内容とする地域支援事業を実施しています。そのほかにも，地域包括ケアシステムを支援する際は，社会資源の整備状況などに大きな地域差があることを踏まえ，都市部や過疎地域など地域を類型化した上で，それぞれについて全国の優良事例を提示することも国の役割とされています[5]。

都道府県は，「市町村を包括する広域の地方公共団体」（地方自治法第2条第5項）[6]として，福祉サービスの基盤整備や市町村の後方支援を行っています。前者の例としては，社会福祉法人や社会福祉施設の設置認可や，研修事業などを通じた人材の育成や確保があります。後者の例としては，児童相談所や身体障害者更生相談所，知的障害者更生相談所，婦人相談所，精神保健福祉センターなどの機能を挙げることができます。こうした相談機関にはそれぞれ専門的技術を持つ職員が配置されており，専門的な相談や利用者の福祉ニーズの専門的判定，市町村では対応困難な事例への対応などを担っています。また，市町村による地域包括ケアシステムの構築を支援するため，市町村が開催する地域ケア会議に学識経験者をアドバイザーとして派遣するなど，独自の事業を行っている都道府県もあります[7]。 （川村岳人）

[4] 分権改革の結果，国は政策の企画立案，財政的支援・誘導を，都道府県は基盤整備と市町村への専門的支援を，市町村は住民に対して直接的な援助をそれぞれ行うという役割分担が明確になった。

[5] 地域包括ケア研究会（2013）「地域包括ケアシステムの構築における今後の検討のための論点」12頁。

[6] 「都道府県は，市町村を包括する広域の地方公共団体として，第2項の事務で，広域にわたるもの，市町村に関する連絡調整に関するもの及びその規模又は性質において一般の市町村が処理することが適当でないと認められるものを処理するものとする。」

[7] 竹端寛ほか（2015）『自分たちで創る現場を変える地域包括ケアシステム』ミネルヴァ書房。

参考文献

髙田眞治（2007）「福祉見直しと福祉改革」仲村優一・一番ヶ瀬康子・右田紀久惠監修『エンサイクロペディア社会福祉学』中央法規出版，190-193頁。

武川正吾（2006）『地域福祉の主流化』法律文化社。

古川孝順（2007）「基礎構造改革の展望」仲村優一・一番ヶ瀬康子・右田紀久惠監修『エンサイクロペディア社会福祉学』中央法規出版，194-197頁。

長谷川万由美（2007）「社会福祉と公私・政府間関係」仲村優一・一番ヶ瀬康子・右田紀久惠監修『エンサイクロペディア社会福祉学』中央法規出版，324-327頁。

第4部 地域が担う社会福祉の「経営」

XIV 場のマネジメント

1 地域のマネジメントと福祉専門職

1 地域の協議会

　本章では，地域の運営における福祉専門職の役割や専門性を考えてみましょう。現在地域の中には，次項から取り上げている介護保険事業運営協議会，障害者総合支援法に基づく協議会，要保護児童対策地域協議会等の様々な協議会や会議が設置されています。これらは，同じ地域の中で同じ課題に取り組んでいる人々・組織が，一つの場に集まることによって，課題の効果的な解決をはかることを目的としています。

　協議会の活動は，会議を開催するという形で行われることが中心になります。そのため協議会の運営を担う事務局の役割は，会議の開催の連絡をしたり，会議のための資料を用意したりするだけの仕事と誤解されがちです。しかし，こうした協議会は地域単位の社会福祉運営に取り組む場であるといえます。具体的にいえば協議会は，①同じ課題に取り組む人々・組織のネットワーク形成の場であり，②そのメンバーそれぞれが日々の活動を展開するための基盤となるシステムの形成・修正の場であり，③共通の課題を解決するためのプランニングの場であるということです。

▷1　XVII-2 参照。

▷2　XVII-4 参照。

2 場のもつ意味

　地域単位の運営の場は，個人の抱える課題の解決をはかるための検討をし，その個人のためのネットワークづくりを行うことで終わらずに，次のステップへと活動が発展するところに意味があります。

　例えば，「長い間，障害者施設で生活していたAさんが，アパートでひとり暮らしを始めたけれどうまくいかない」という課題を検討することになったとしましょう。Aさんの状況について個別アセスメントした結果，Aさんには近隣に相談できる人がいないことが明らかになったとします。このような場合に第1の課題となるのは，Aさんの近隣で相談に乗ってくれそうな人を探すということになるでしょう。

　しかし，地域単位の運営の場ではこれで終わりにはなりません。次のステップとして，同じ地域にAさんと同じような状況の人が，他にいないのかを把握するなどの地域アセスメントに取り組みます。

　地域アセスメントの結果，Aさんと同じような状況の人々の存在が明らかに

▷3　支援活動を行うにあたって，対象となる個人・家族の問題やニーズなどを評価すること。近年，アセスメントにおいては，マイナスの要素だけではなく，個人・家族のもつ強み（ストレングス）を評価することが重要であるとの指摘もみられる。

▷4　地域アセスメントの内容には，地域特性，社会資源，住民の課題や願いなどの評価が含まれる。地域アセスメントは地域支援のためだけでなく，個人の支援においても必要な要素である。

XIV-1 地域のマネジメントと福祉専門職

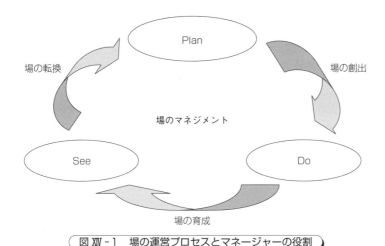

図 XIV-1　場の運営プロセスとマネージャーの役割

なれば、次のステップとして、それらの人に対してどのように支援するかを検討します。地域の中に障害のある人の相談を受けるところがないということになれば、運営の場は新しい相談窓口を設置するための検討に発展するかもしれません。あるいは、近隣の相談役として民生委員を活用することにし、民生委員では対応しきれなかった時に、民生委員から他の機関につなぐしくみ（システム）を検討するという方向に発展するかもしれません。

このような例が、次のステップへの活動の発展ということです。

3　場のマネージャーの役割

地域の運営の場は、図XIV-1にあるように、地域の必要に応じて創出され、育成され、さらに新たな場へと転換していく内発性をもつものでなければなりません。それには、場をマネジメントする人の存在が重要になります。

「場の創出」は、地域の必要に応じた運営の場を創り出す段階です。そこでは、①課題（地域の必要）の発掘、②場の企画、③メンバーの選定と召集、が運営者の主な役割になります。

「場の育成」は、協議会等の会議において検討が行われる段階です。そこでは運営者は、④課題検討のファシリテーション、⑤検討結果を政策・援助部門に反映させるための関係者への働きかけ、等の役割を担います。

「場の転換」は、検討結果にしたがって実施され、当初設定していた目標が達成される段階です。そこで運営者は、⑥⑤の関係者による実施過程のモニタリング、⑦①から⑥に対する評価（アウトプット・アウトカム）、に関わりながら、⑧新たな地域課題の解決に向けた場への転換をはかります。

場のマネージャーの役割をプロセスに沿って整理をすると以上のようになりますが、その本質は、このプロセスを円滑に進めることにあるのではなく、プロセスを通じて地域の内発性を高めていくことにあります。　　　（小松理佐子）

▷5　ここでいう場をマネジメントする人とは、I-4で説明した社会福祉の経営の構成要素の一つを指している。

参考文献

小松理佐子（2007）「社会福祉援助の方法(3)」古川孝順編『生活支援の社会福祉学』有斐閣, 252-264頁。

田中英樹（2008）「コミュニティソーシャルワークの概念とその特徴」日本地域福祉研究所『コミュニティソーシャルワーク』創刊号, 5-17頁。

宮城孝（2008）「コミュニティソーシャルワークの展開過程」日本地域福祉研究所『コミュニティソーシャルワーク』創刊号, 25-34頁。

XIV 場のマネジメント

2 介護保険事業運営協議会

1 介護保険事業の運営のしくみ

▷1 介護保険制度では、国民に最も身近な行政単位である市町村（特別区含む）が保険者となって制度運営することとされている。また、介護保険事業が円滑に実施されるために国、都道府県、医療や年金の保険者等が重層的に支えることとされている。介護保険制度の実施について、3年を1期として保険者である市町村は市町村介護保険事業計画を、都道府県は都道府県介護保険事業支援計画を、各々定めることとされている。現在は2017年度から2019年度までの期間として第7期介護保険事業計画が実施されている。

介護保険制度の実施について、保険者である市町村等は介護保険法第117条に規定される市町村介護保険事業計画を策定しなければなりません。これは介護保険料の改定に合わせて3年を1期とする計画であり、策定においては、保険者である各市町村等の住民が日常生活を営んでいる地域の高齢化率や要介護認定率、福祉サービスの供給量、行政の財政面、地理的条件、公共交通等のアクセス条件等、様々なことを考慮しなければなりません。

これらの介護保険事業に係る内容を検討するのが、介護保険事業運営協議会です。介護保険事業運営協議会は、「介護保険事業に係る保険給付の円滑な実施を確保するための基本的な指針」に基づき、介護保険制度の保険者である市町村および特別区に設置されています。各市町村等では、条例に基づき介護保険運営協議会等の名称で設置されている場合が多く、また、各市町村の福祉審議会や介護保険事業計画作成委員会、地域包括支援センター運営協議会等として組織化されている場合もあります。

2 介護保険事業運営協議会の役割

介護保険事業運営協議会は、介護保険の運営主体、すなわち保険者である市町村等が策定する介護保険事業計画やそれに基づく介護保険事業の運営が着実かつ円滑に実施され適切に運営されるかどうかをチェックしたり、分析したりする機関です。

具体的には、介護保険事業に係る施設サービス、居宅サービス、地域密着型サービス等の供給量の見込みや行政への監視機能、苦情処理の方法、要援護高齢者への適正なサービスの公平な提供、市民の介護保険サービスの選択の確保等、その地域の実態に基づき適切に介護保険サービス等が運営できるようにするために機能しています。

3 介護保険事業運営協議会における場のマネジメント

介護保険事業運営協議会の運営は、地域の実情に基づき幅広い関係者の協力が必要となるため、大学教員等の学識経験者、保健医療関係者、福祉関係者、被保険者代表者、福祉サービス利用者等がメンバーとなり行われます。

また、「介護保険事業に係る保険給付の円滑な実施を確保するための基本的な指針」においても、介護保険の「被保険者の意見の反映」が求められています。このように介護保険事業運営協議会は、介護保険制度の円滑な運営のみならず、制度運営において地域住民の日常生活の状況や介護サービスの利用に係る「生の声」が適切に反映されているのかについて確認することが重要な役割の一つとなっているといえます。

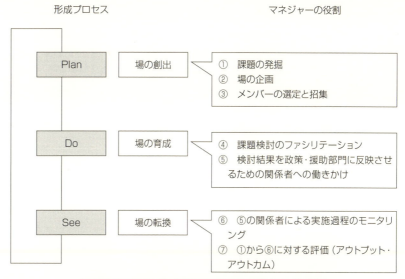

図 XIV-2　場の形成プロセスとマネージャーの役割

出所：小松理佐子（2007）「社会福祉援助の方法(3)」古川孝順編『生活支援の社会福祉学』有斐閣，259頁。

　介護保険事業運営協議会という介護保険制度を運営する機関は、メンバー・場・マネージャー（運営者）によって構成されます。ここでのメンバーは学識経験者から医療・保健・福祉職、地域住民の代表まで非常に多様です。

　そのため、介護保険事業運営協議会の開催にあたっては、その主催者である市町村等の事務局（運営者）の職員（マネージャー）の役割が重要となります。

　小松理佐子は、場の形成プロセスとマネージャーの役割を図XIV-2のように整理しています。

　ここでは、介護保険事業運営協議会という場の創出を前提とし、その目的に沿ったかたちでメンバー等が選定されるため、Do（場の育成）と See（場の転換）においてマネージャーは機能しなければなりません。

　マネージャーは、Do（場の育成）の段階においては、検討事項が円滑に議論されるために協議の手順や方法を示したり、検討事項において必要とされる情報の提供など構成メンバーへの働きかけが必要となります。

　次に See（場の転換）の段階においては、構成メンバー等の組織がマネージャーのねらいどおりに機能しているのかどうかなど実施過程を監視し、その結果を評価しなければなりません。その際、マネージャーは構成メンバーや第三者の活動を支援する立場になります。

　マネージャーは、単に介護保険事業運営協議会という場が円滑に進行するばかりではなく、地域住民が真に求めている福祉ニーズについて議論し、住民の生の声が介護保険事業等の実際の運営に盛り込まれるように支援することが求められます。

（飛永高秀）

参考文献
古川孝順編（2007）『生活支援の社会福祉学』有斐閣。

第4部 地域が担う社会福祉の「経営」

XIV 場のマネジメント

 ## 障害者総合支援法に基づく協議会

1 沿革

障害者総合支援法に基づく協議会（以下，「協議会」）は，障害者自立支援法に起源を持ち，地域自立支援協議会という名称で通知により規定されていました[注1]。その後，「障がい者制度改革推進本部等における検討を踏まえて障害保健福祉施策を見直すまでの間において障害者等の地域生活を支援するための関係法律の整備に関する法律」の施行により2012年4月に法定化されます。さらに2013年4月施行の障害者総合支援法では法第89条の3第1項で単に「協議会」となり，地域の実情に応じて名称を定められるよう弾力化されるとともに，当事者や家族の参画が明示されました。

2 「協議会」の設置主体，目的，構成メンバーと主な事業

「協議会」には市町村が設置するものと都道府県が設置するものとがあり，いずれも設置は努力義務とされ任意で，財源は交付税により措置されます。

「協議会」は，障害者等への支援の体制の整備を図ることを目的としており，関係機関等が相互の連絡を図ることにより，地域における障害者等への支援体制に関する課題について情報を共有し，関係機関等の連携の緊密化を図るとともに，地域の実情に応じた体制の整備について協議を行います（法第89条の3）。また，市町村障害福祉計画を策定・変更する場合は，あらかじめ「協議会」の意見を聴くことが努力義務として課せられています。

「協議会」の構成メンバーは，地域の実情に応じ選定されますが，具体的には以下のような例が想定されます。

　　相談支援事業者，障害福祉サービス事業者，保健所，保健・医療関係者，教育・雇用関係機関，企業，不動産関係事業者，障害者関係団体，障害者等及びその家族，学識経験者，民生委員，地域住民　等

3 設置・運営状況

2015年4月現在の「協議会」の設置・運営状況は以下のとおりです。

○市町村が設置する「協議会」

市町村が設置する「協議会」の設置率は97％で，設置している市町村のうち直営での実施は78％と多数を占め，委託での実施は18％です。「協議会」の構成

▷1　障害者自立支援法（当時）における地域自立支援協議会は，市町村及び都道府県が実施する地域生活支援事業の一部に位置づけられ，「地域における障害福祉に関する関係者による連携及び支援の体制に関する協議を行うための会議」とされるとともに，厚生労働省告示第395号（基本指針）において設置の努力義務が示されていた。

メンバーは，多い順に，障害福祉サービス事業者（89%），障害当事者団体・障害当事者（障害者相談員を除く）（84%），教育関係機関（特別支援学校等）（76%），指定一般・指定特定・指定障害児相談支援事業者（障害者相談支援事業の委託あり）（73%），市町村（行政職員）（69%），医療機関（病院・診療所等）（67%）です。[2]

> [2] 厚生労働省(2017)「障害者相談支援事業の実施状況等の調査結果について」。

○ 都道府県が設置する「協議会」

都道府県が設置する「協議会」は，すべての都道府県で設置されており，46都道府県では直営での実施です。「協議会」の構成メンバーは，多い順に，障害当事者団体・障害当事者（障害者相談員を除く）（89%），障害福祉サービス事業者（77%），市町村（行政職員）（74%），大学等（学識経験者など）（74%），指定一般・指定特定・指定障害児相談支援事業者（障害者相談支援事業の委託あり）（62%），医療機関（病院・診療所など）（68%）の順です。

4 課　題

「協議会」は，関係機関等の有機的な連携の下で地域の課題の改善に取り組む組織で，地域で障害のある人を支えるため具体的かつ現実的な検討が求められます。その運営においては，「協議会」の下に部会を設置する等の方法で，「協議会」の活性化を図る必要があります。また，都道府県又は市町村の障害福祉計画の策定に際して意見を求められた場合には，地域の課題の解決に向けた積極的な提言を行うことが重要です。さらに，国は，障害福祉計画の策定にかかる「基本指針」において，第5期計画期間（2018-2020年度）終了時には各市町村または各圏域に少なくとも一つ地域生活支援拠点等を整備することとしていますが，その整備にあたり「協議会」を十分活用して検討するよう求めています。

なお，地域生活支援拠点等とは，障害のある人等の地域生活支援に必要な緊急対応等ができる機能について，障害者支援施設やグループホーム等への集約や必要な機能を持つ主体の連携等により，重症心身障害や強度行動障害等により支援が難しい者を含めた障害のある人等の地域生活を支援するための体制整備を指します。

他分野の協議会組織や専門機関との連携も「協議会」の重要な役割です。具体的には，障害者等が安心して地域で暮らすことができるよう市町村の「協議会」と居住支援協議会との連携，都道府県・指定都市の「協議会」と発達障害者支援センターや高次脳機能障害支援拠点，難病相談支援センター等の専門機関との連携が求められます。

（大村美保）

XIV 場のマネジメント

要保護児童対策地域協議会

1 要保護児童対策地域協議会とは何か

要保護児童対策地域協議会（以下，協議会）は，保護者のない児童や保護者に監護させることが不適当であると認められる児童など（以下，要保護児童等）の早期発見や援助，保護を図るために，地域の関係機関や民間団体等が要保護児童等の情報や考え方を共有し，適切な連携の下で援助していくためのネットワークです。協議会には，児童相談所，警察，学校等の関係機関間の連絡調整，協力要請や支援の進行状況の確認等の管理・評価，主としてケースに対応する機関の選定等の業務を担う要保護児童対策調整機関が指定され，研修を受けた専門職が配置されます。

2 協議会の対象と構成員

○対　象

協議会で支援の対象となる要保護児童等とは以下のとおりです。

① 要保護児童等：保護者のない児童または保護者に監護させることが不適当であると認められる児童とその保護者。
　　例）被虐待児童，非行児童，保護者に遺棄された児童や保護延長者，等。

② 要支援児童等：保護者の養育を支援することが特に必要と認められる児童とその保護者。
　　例）育児不安や孤立感を抱える保護者とその児童，等。

③ 特定妊婦：出産後の養育について，出産前において支援を行うことが特に必要と認められる妊婦。
　　例）妊婦健康診査未受診等，妊娠期からの継

▷1 協議会の設置主体は普通地方公共団体である市町村及び都道府県のほか，特別地方公共団体である特別区や地方公共団体の組合（一部事務組合や広域連合）等である。

▷2 協議会を設置した地方公共団体の長が，運営の中核となる要保護児童対策調整機関を指定する。支援対象児童等に対する支援の実施状況を把握し，必要に応じて，児童相談所，養育支援訪問事業者，母子健康包括支援センター，市区町村子ども家庭総合支援拠点などの関係機関との連絡調整を行う。配置される調整担当者は，研修の受講が義務づけられている。

▷3 想定される構成員は以下のとおりである。
・児童福祉関係
　市町村の児童福祉，母子

表 XIV-1　標準モデル組織構成

構　成	構成員	目的・協議事項
個別ケース検討会議	要保護児童等に直接関わる担当者や今後関わる可能性がある関係機関等の担当者	・要保護児童等の状況の把握・問題点の確認 ・援助方針の確立と役割分担の決定及びその認識の共有 ・ケースの主担当機関と主たる援助者決定 ・現に対応している虐待事例についての危険度や緊急度の判断　　　　　　　　　　　　等
実務者会議	構成員のうち実際に活動する実務者	・要保護児童等の実態把握や支援を行っているケースの総合的把握 ・すべてのケースについて定期的な状況のフォロー ・ケースの主担当機関の確認 ・援助方針の見直し ・要保護児童対策を推進するための啓発活動 ・協議会の年間活動方針の策定，代表者会議への報告　　　　　　　　　　　　　　　等
代表者会議	構成員の代表者	・実務者会議が円滑に運営整備される為の環境整備 ・要保護児童等の支援に関するシステムの検討 ・協議会の活動状況の報告と評価　　　　　　等

XIV-4 要保護児童対策地域協議会

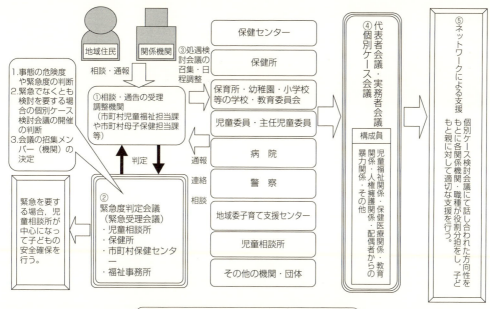

図 XIV-3　ネットワークのモデル的な実践例

出所：厚生労働省「市町村児童家庭相談援助指針（雇児発第0225001号）」を一部改変。

続的な支援を必要とする妊婦

○構成員

協議会の構成員は，児童福祉，保健医療，教育，警察・司法，人権擁護，配偶者からの暴力等の分野の関係機関や団体，その職務に従事する者やその他の関係者が想定されていますが，これに限らず，地域の実情に応じて幅広い者を参加させることが可能です。協議会に参加する機関や団体の構成員には，守秘義務が課されています。

3　要保護児童対策地域協議会の構造と運営

厚生労働省の「要保護児童対策地域協議会実施要綱」では，情報共有を行う場として，代表者会議，実務者会議，個別ケース検討会議の三層構造を示しています。それぞれの役割は，表XIV-1のとおりですが，実際には協議会の設置主体の児童家庭相談体制の状況から，代表者会議と実務者会議，実務者会議と個別ケース検討会議が一体となった二層構造となっている場合もあります。

協議会での相談から支援に至るまでの流れは，図XIV-3のとおりです。地域住民や関係機関から個別の相談・通報を受けて，調整機関で緊急度判定会議を開催し，協議会で対応するケースについて調査し，個別ケース検討会議で援助方針や役割分担・連携方法等を決定し，ケースに対して適切な支援を行います。

（尾里育士）

保健等の担当部局，児童相談所，福祉事務所，児童福祉施設，里親，民生・児童委員協議会，主任児童委員，民生・児童委員，社会福祉士，社会福祉協議会。
・保健医療関係
　市町村保健センター，保健所，地区医師会，地区歯科医師会，地区看護協会，医療機関，医師，歯科医師，保健師，助産師，看護師，精神保健福祉士，・カウンセラー（臨床心理士等）。
・教育関係
　教育委員会，幼稚園，小学校，中学校，高等学校，特別支援学校。
・警察・司法関係
　警察（警視庁及び道府県警察本部・警察署），弁護士会，弁護士。
・人権擁護関係
　法務局，人権擁護委員
・配偶者からの暴力関係
　配偶者暴力相談センター等配偶者からの暴力に対応している機関。
・その他
　NPO，ボランティア，民間団体。

XV 利用者支援システム

 福祉サービス利用制度

1 選別から普遍へ，措置から契約へ

日本で構築されてきた福祉サービスの提供と利用のしくみは，福祉改革，社会福祉基礎構造改革によって「パラダイム転換」と語られるような大きな転換を果たしました。

まず福祉改革において福祉サービスの利用者層は，かつての経済階層を軸とした選別から脱却し，低所得であろうとなかろうと福祉ニーズをもつ者は対象になるという普遍化が進められました。そして社会福祉基礎構造改革においては，福祉サービスの利用者主権化をはかるとして，利用者自身による福祉サービスの選択権と自己決定権を確保するべく，福祉サービスの利用制度が変更されました。それまでの措置制度による利用に契約制度による利用が加わったのです。

具体的には，1997年の児童福祉法の改正，さらに介護保険法，障害者自立支援法の制定によって，契約制度が採用されました。そして，新たに加わった契約による利用が主流となりました。

2 契約による利用

契約制度による利用というしくみの最大のポイントは，福祉サービス利用者が契約主体になることです。このことによってサービス提供に対する一定の権利が生じるとともに，サービス利用に係る自己責任も生まれます。

福祉サービスの需要をもつ者が，自らの権限によってサービスの利用手続きを進め，サービスを入手するのです。サービスの利用に係る諸々の取り決めをサービス提供者と調整，確認し，最終的には文書で取り交わす行為，すなわち契約に直接臨む責任主体として，サービス利用者は位置づけられることとなりました。契約行為に行政の介入は基本的にありません。福祉サービスの提供に市場原理が導入され，それが契約という方式に現われたと捉えられます。

責任主体として契約を交わしサービス利用に至る過程では，生活状況に照らした需要の認識と生活設計，必要とするサービスの種類・サービスの内容・サービス提供者の抽出，選定といった能力が問われます。また，提供されるサービスの品質の検討，承認，あるいは変更も契約主体として担うことになります。生活問題を抱える当事者にとって，サービスを利用する責任主体として，随時問われる能力をどのように確保，維持するかは重要な課題だといえるでしょう。

▷1 世界的な福祉国家批判の潮流に沿うかたちで，日本においても1980年代半ばに行財政改革と並行して進められた。1990年には福祉関係八法の改正が成立した。

▷2 Ⅸ-7 側注参照。

▷3 市場機構によって需要と供給の調整をはかるというもの。競争原理を背景とした効率化が期待される。また各主体は自己責任のもと行動する。

3 措置による利用

措置制度は，国民の福祉に対する公的責任を，福祉サービスの提供を現金給付・現物給付の行政処分により果たすというものです。そもそもは第2次世界大戦後，GHQの指導による民間施設への補助金の禁止に対処するべく構築された公費の支出方式でした。福祉国家体制の基盤，公的責任による福祉サービスの整備の礎になるとともに，行政による福祉施策の管理構造を強化する機能も備えていました。

措置制度には申請主義と職権主義が併存しますが，申請主義を基本としています。生活に困難をきたし社会的支援を求める者が，所管窓口で福祉サービスの利用を申請することで制度利用の手続きが始まるのです。利用手続きは申請，受理，調査・判定，給付の決定，変更・停止・廃止で構成されており，この手続きを進める主体は所管行政です。

申請者の主訴をふまえて調査を行い，要援護性の有無等を判定し，給付内容を立案していく過程で，意思決定の主体はあくまでも行政です。申請者すなわち福祉サービス利用者は客体として位置づけられ，主体性を発揮する機会は申請時など限定的です。利用施設の選定などサービス内容にかかわる事柄の決定は行政に委ねられます。ただし，措置においても利用者の意思は尊重されるということに注意を払わなければなりません。しくみとして主体に位置づけられる行政ですが，利用者の意思を確認し，要望を勘案しながらその決定を進めていくという点に，社会福祉ならではの運営，すなわち専門性が求められます。

4 利用に関わるトライアングル

福祉サービスの利用は契約によるものと措置によるものとに大別されますが，利用手続きの方式を識別すると複数にのぼります。サービス利用者，サービス提供者，実施機関の三者の関わり方によるもので，古川孝順はこれを「社会福祉援助の実施＝提供＝利用トライアングル」と呼びます（図XV-1）。

①サービス利用者は，サービスの利用を相談あるいは申請し，利用する福祉ニードをもった者，②サービス提供者は，サービスを実際に提供する事業者としての市町村・都道府県，または市町村・都道府県の認可・指定・委託等のもとサービスを提供する社会福祉法人・指定事業者・受託事業者等，③実施機関は，措置権者・認定権者・委託権者・保険者，また費用支払者・指定権者・補助金交付者等としての市町村や都道府県です。利用方式によって，この三者の関係の取り方は異なります。　（西田恵子）

▷4 SCAPIN 775による3原則の一つ，公的責任原則に基づく公私分離による。日本国憲法第89条「公の財産の用途制限」においても「公の支配に属しない慈善，教育若しくは博愛の事業に対し，これを支出し，又はその利用に供してはならない」とされている。

▷5 相談援助，福祉サービスの供給の要否の検討や具体的な援助を，援助を求める者の申請を要件として行うというもの。申請がなければ援助に至る過程は形成されないこととなる。

▷6 相談援助の実施について，職により権限をもつ者が専決的に判断し，手続きを行うというもの。恣意的判断が入る等の問題が歴史的な経過から捉えられるが，アウトリーチによる援助の意義をもちうる。

▷7 古川孝順（2005）『社会福祉原論 第2版』誠信書房。

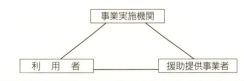

図XV-1 社会福祉援助の実施＝提供＝利用トライアングル

出所：古川孝順（2005）『社会福祉原論 第2版』誠信書房，223頁。

XV 利用者支援システム

ニーズキャッチシステム

1 申請主義の抱える問題

　福祉サービスの利用は申請主義を基本としています。申請主義は，尊厳をもって生存，生活する一人ひとりが主体として位置づけられることに連動したもので，公権力による恣意的なサービスの提供を生じさせないためのものです。
　しかし，申請主義は利用者主権，利用者民主主義の意味をもつ一方，権利を行使する主体として力量を十分に備えることができない者には，相談援助を受ける上での壁となる可能性を孕んでいます。相談援助を必要とする状況にあるということは，自立生活に何らかの支障をきたしているということで，そのような状況に陥る諸要因は，申請手続きに関わることが少なくないからです。そこで求められてくるのがニーズキャッチシステムです。

2 専門職者・専門機関のアンテナ

　相談援助を要する者が，申請に始まる相談援助過程に乗りにくい，ひいては福祉サービス利用過程の主体として臨む上でハンディキャップがあるという場合，これらの過程に乗る，あるいは主体となって権利を行使するように支える役割を担う存在があります。それが社会福祉士を代表とする相談援助に関わる専門職です。
　かつての専門職による職権主義とは異なるアプローチとして，社会福祉に関わる価値・知識を背景にもちながら，生活問題に瀕している対象者が援助過程に乗るべく出向きます。申請を待つにとどまらず，アウトリーチするのです。
　福祉ニードをもちながらサービス利用の必要性を認識していない者の掘り起こし，生活設計に必要なサービスや情報の紹介，サービス利用の手続きを理解できない者への説明，判断に迷う者への助言などを行い，ニードを顕在化させ，サービス利用につなげるなどがアウトリーチの具体的な内容です。
　また，サービス利用過程が展開されるに至った際には，サービス提供が利用者の求める内容に沿うものとなっているか，利用者の状況と提供の状況との間に落差はないか，随時，把握することもアウトリーチの一場面とみなすことができます。ニーズの充足状況を把握する中から，充足されないニードを抽出し，その取り扱いを検討することも重要です。
　ニーズ保有者，福祉サービス利用者の側に立った代弁者になることが，専門

▷1　福祉サービス利用者の主体性を認識し，サービス供給過程において意見を表明する機会を確保するとともに，利用者の意思を尊重するなどの参加を組み込んだサービス供給システムのあり様を指す。

▷2　XV-4 側注参照。

▷3　当事者に代わって説明や意見を述べる者のこと。言語を用いて表明することに困難がともなう場合や，直面する事態に混乱している場合などに行われるもので，代弁を引き受けた者の主観や考えは含まない。

職者の大切な役割であることは論をまちません。ですが，もし所属する機関・組織の経営方針や運営方針が，利用者主権によるサービス提供や援助活動とぶつかり，代弁とニーズ充足をまっとうできない場合には，果たしえなかった代弁の役割を他の専門職者に引き継ぐことが求められます。

その点でも，日頃，形成しているサービスネットワークは重要な拠り所です。社会福祉協議会，他の社会福祉施設，介護サービス事業所，医療機関，保健福祉事務所等，ネットワークのメンバー間で，ニーズに関わる様々な情報を共有するとともに，ニーズ充足に向けた専門職・専門機関間の連携として代弁や調整を支え合うことは欠かせない活動です。なお，その際，個人情報の保護と本人の同意は当然，確保しなければなりません。

3 地域における重層的なネットワーク

ニードを有する者が福祉サービスを利用するに至る過程には，専門職者・専門機関の援助活動とともに，地域のインフォーマルな資源が大きな役割を果たします。インフォーマルな資源は，近隣，自治会・町内会，サークル，生活圏にある商店や各種窓口等，様々にあります。日常の何気ないコミュニケーションが，実は意識化されていない相互の見守りや情報交換になっており，場面場面で疾病・障害，加齢，困窮による生活問題の発生が感知され，状況に応じて支える体制が組まれるのです。民生委員・児童委員はその束ね役になるとともに，専門機関へのパイプとして情報提供力を発揮することが期待されます。

「住民と行政の協働による新しい福祉」を標榜する厚生労働省が設置した「これからの地域福祉のあり方に関する研究会」の報告（2008年3月）は，「地域の住民が，生活の中で近隣の様子の変化に気づいたり，サロンやサークル活動などの多様な活動を展開することを通じて，地域の生活課題を発見」する必要を改めて説きました。

サービス利用者へのサービス提供や直接的な支援は専門機関によって行われます。しかし，生活を営む総合的な存在であるサービス利用者やその家族に関わるあらゆることが網羅されるわけではありません。地域とは，フォーマルな資源とインフォーマルな資源とが重層になって関わり，ニーズを受け止める場だといえるでしょう（図XV-2）。

（西田恵子）

▶4 個人情報の保護に関する法律（2003年）によるだけではなく，バイステックの7原則の一つ，秘密保持の原則にあるとおり，個人の尊厳と援助関係における信頼関係に直接関わるものとして，当該者の情報を他者に漏らしてはならないこと。

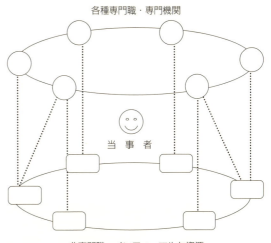

図XV-2 ニーズキャッチにむけたネットワーク

XV 利用者支援システム

 情報提供システム

1 社会福祉基礎構造改革と情報

1980年代後半から関心を集めてきた社会福祉領域の情報は，その後，社会福祉基礎構造改革との関連で，政策レベルで取り上げられるようになりました。このことによって福祉サービスに関わる情報は，新たな局面を迎えます。

「措置から契約へ」という言説に表される社会福祉基礎構造改革は，いくつかの条件整備を前提とします。それはサービス利用者が契約主体となる環境の整備です。その環境の一つに情報の提供があります。契約主体としてサービスを選択，決定していくには，利用するサービスの内容等に関わる情報の把握が必須だからです。

それまでサービス提供者とサービス利用者との間には福祉情報の非対称性が大きく存在しました。サービス提供者とサービス利用者とが対等に関係を結べない現れの一つとして，この問題は根深くあり続けたものです。それを解消すべく所要の施策が展開されることになりました。

▷1 経済学における市場の不均等な情報構造を表す「情報の非対称性」に範を得たもので，福祉サービスの市場においてサービス供給者が取引相手である福祉サービス利用者よりも優位な立場で情報を扱えることを指す。

2 社会福祉法

具体的には社会福祉法を根拠とした展開です。社会福祉法は，社会福祉事業法にはなかった「情報」に関わる章節として第8章第1節「情報の提供等」を新たに起こしました。関連する条文は次のとおりです。

　　第75条　情報の提供
　　第76条　利用契約の申込み時の説明
　　第77条　利用契約の成立時の書面の交付
　　第78条　福祉サービスの質の向上のための措置等
　　第79条　誇大広告の禁止

基本となるのは第75条です。「福祉サービス（中略）を利用しようとする者」すなわちニーズ保有・サービス利用者が，「適切かつ円滑に」サービスを「利用する」ため，福祉サービス提供者は情報提供を行う努力をすることをうたっています。ここで示される情報提供の対象は，サービス提供主体が経営する事業，提供するサービスです。あわせて同条2項において，国および地方公共団体がニーズ保有・サービス利用者の情報入手について環境整備をはかる努力をすることもうたっています。

XV-3 情報提供システム

サービス提供者にサービスを選択するために必要な情報の開示を求める一方，他方ではサービス選択の過程を支援する制度として，介護支援専門員，成年後見制度，日常生活自立支援事業，福祉サービス第三者評価事業が創設されました。サービス選択後の支援施策として，サービス利用者の苦情を受けつける苦情対応制度も設けられました。いずれもサービス提供者とサービス利用者の間に存在する非対称性を克服することを目指した制度です。

しかしながら，社会福祉法や関連する制度に一定の効果を期待することはできますが，これらによって非対称性がすべて解消されるわけではありません。

3 ソーシャルワーカーの役割──情報の解説者

福祉サービスに関わる情報が従前に比べて量的にも質的にも拡充されているように見受けられる一方，その情報が十分に効果を発揮しているのかという問題があります。福祉サービス利用者は生活問題を抱える人々であり，社会生活を送る上で様々なハンディキャップをもつことが多いということによります。サービス提供者が情報を発信していたとしても，サービス利用希望者やサービス利用者がその情報を十分に受信できなければ意味をもたないのです。

電子情報が普及し続ける現代にあっては，情報デバイド[3]の問題もあります。インターネットの普及によって社会参加が可能になった人々がいる一方，電子機器の使用技能の習得が困難な人々もいます。

そこで社会福祉法を根拠とした公的な情報提供のしくみにとどまらない，様々な配慮や工夫が求められることとなります。

その第1に挙げられるのがソーシャルワーカーをはじめとした福祉人材による情報の提供です。ソーシャルワーカーは倫理として第三者性を堅持しています。情報の扱いが得意ではないニーズ保有者に対して，ソーシャルワーカーという専門職の信用に基づいて，ニーズ保有者の生活設計に必要な情報を，内容を解説し理解を得ながら提供することが求められます。その提供はシミュレーションを備えた数種類のパッケージで提供することが望ましいでしょう。

また，ケースの様々な事象から把握した福祉サービスに関わる事柄を意識的に情報化する役割を担うことが求められます。

4 ニーズキャッチシステムとの連動

ニーズキャッチシステムは，サービス情報のネットワークだとみなせます。生活の総合性に合わせて，フォーマルサービスとインフォーマルサービスが総合的に提供されることが必要だということは，両者の情報が流通することが必要だということでもあります。

支援に関わる専門職は各主体の動向に注意を払い，継続的な情報交換を重ねていく必要があります。

(西田恵子)

▷2 社会福祉法第78条を根拠とする。2001年3月，厚生労働省私的懇談会による「福祉サービスにおける第三者評価事業に関する報告書」を受け，同年5月に「福祉サービスの第三者評価事業の実施要領について（指針）」が通知された（⇨ Ⅷ-2）。

▷3 情報格差のこと。パソコン等の電子機器を使用しインターネット等の電子情報を入手・操作することで，生活の利便性が高まり具体的な利益を得る者がいる一方，使用や入手が困難で生活に支障を来したり不利益をこうむる者がいることを指す。

XV 利用者支援システム

4 利用支援システム

1 利用支援システムとは何か

▷1 [Ⅸ-7]側注参照。

　1997年に厚生省が示した社会福祉基礎構造改革案により, 福祉サービスの提供方式は, 従来の「措置制度」から「利用制度」（契約）へと改められ, サービス選択権や自己決定権が保障されるようになりました。

　「措置制度」とは, 行政の援助提供機関にサービス利用の申請をし（申請主義）, 行政に付与された職権により福祉サービスの決定を受ける（職権主義）というサービス提供方式をいいます。

　しかし, 福祉サービスを必要とする人々には情報弱者であったり, 利用能力が不十分であったりすることが多いのが現状です。例えば, サービスを必要とする人が認知症や知的障害等の理由で,「サービス利用申請の申し出ができない」「サービスの利用方法がわからない」「サービス内容の理解ができず契約ができない」というような場合には, サービスの申請, 選択, 決定（契約）という一連の利用プロセスにおいて, 必要な手続きの支援等が必要になります。

　このように, 福祉サービスの利用（契約）方式の下で,「誰もが」「必要とするサービスを」「必要な時に」利用できるように, 家族や地域の支援者, 専門職等の働きかけにより, 必要とするサービスに適切につなぐことができる相談援助の仕組みとして「利用支援システム」が登場するようになりました。

▷2　古川孝順（2008）『福祉ってなんだ』岩波書店, 17頁。

　すなわち,「利用支援システム」とは, 図XV-3のように, 社会福祉のシステムの中で,「援助システム」とは独立した相談援助のしくみづくりとしてのシステムをいいます。そのため, 利用支援システムが対象とする人々は, 現に社会福祉サービスを利用している人々に加え, それを自覚しているか否かにかかわらず, 社会福祉を必要としている人々, さらに広くいえば市民社会を構成する人々すべてが含まれることになります。

▷3　同前。

　地域包括支援センターが中核となって実施されている総合相談支援事業などがその一例で, 利用者本位の利用支援システムの構築のための重層的なしくみづくりが求められています。

2 利用支援システムを構成する要素

　利用支援システムを構成する要素としては, 利用支援の拠点（利用支援機関）としての相談窓口, 利用支援の方法, 利用支援の基盤となるネットワークを挙

XV-4 利用支援システム

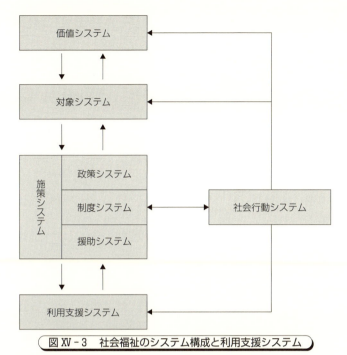

図 XV-3 社会福祉のシステム構成と利用支援システム
出所：古川孝順（2008）『福祉ってなんだ』岩波書店，16頁。

げることができます。

　利用支援機関には，行政の相談窓口（相談援助や措置・決定業務）である福祉事務所や児童相談所，地域を基盤とする相談支援を行う地域包括支援センター，児童家庭支援センター，社会福祉協議会等があります。相談窓口は，サービスを必要とする人がわかりやすく，利用しやすくするための工夫として，分野を問わず，ワンストップで総合的な対応ができる「総合相談窓口」の役割や意義が高まっています。

　サービスの利用方式として代表的な介護保険制度では，介護サービスの利用申請やサービス利用計画の作成支援を担う介護支援専門員（ケアマネジャー）が位置づけられ，介護保険サービスの利用支援機能を果たしています。また，民生委員・児童委員も福祉的ニーズを持つ地域住民と利用支援機関をつなぐ重要な役割を担っています。

　利用支援の具体的な方法としては，サービス利用や申請に関わる相談，利用手続きの過程におけるケアマネジメント，サービス利用過程における苦情対応や権利擁護等があります。また，サービスに関する情報公開や申請弱者へのアウトリーチの機能は，利用支援システムの構築において欠かせない重要なアプローチとなります。

（李　恩心）

▷4　サービスの利用を必要としながら援助の申請をしない，または援助の必要性を感じていない人に対して，専門職などが積極的に関わりながら，援助につなげる方法や技術をいいます。

参考文献
古川孝順（2005）『社会福祉原論　第2版』誠信書房。
古川孝順（2008）『福祉ってなんだ』岩波書店。

183

XV 利用者支援システム

権利擁護システム

権利擁護システムとは何か

1990年代以降、福祉サービスの利用支援や福祉サービス利用者の権利擁護のために、利用者の声を代弁・弁護する活動や制度が権利擁護システムとして整い始めました。例えば、認知症や知的障害、精神障害等「判断能力が不十分」であるなどの理由により、対等な立場で福祉サービス等の契約ができない人に対する生活支援を行うための成年後見制度や日常生活自立支援事業等があります。これらは、利用者本位の福祉サービスの利用や生活支援を支える重要なしくみですから、専門職のみならず市民とともに権利擁護の理念を共有し、様々な場で連携・協働することが求められています。

成年後見制度

成年後見制度は、精神上の障害により「判断能力の不十分な人々」の生活や療養看護および財産の管理に関する支援を行いながら本人を保護する法律上の制度です。成年後見人等が本人の自己決定を尊重しながら、権利擁護活動に努めます。成年後見制度には、法定後見制度と任意後見制度の2種類があります。「法定後見制度」は、判断能力の程度によって「後見」「保佐」「補助」に分けられます（表XV-1）。利用開始には家庭裁判所での審判を受ける必要があります。法定後見制度の申し立てができる人は、本人、配偶者、四親等内での親族、検察官、市町村長などです。任意後見制度は本人が判断能力を有している間に、認知症等の精神上の障害により判断能力が不十分になる状況に備え、自らの意思で任意後見人と任意後見契約を締結しておく制度のことをいいます。近年は、成年後見の担い手として市民後見人の育成を推進する地方公共団体も増えており、市民の役割も強まっています。また、成年後見制度の利用が困難な人に対して成年後見制度の利用に係る経費の助成等を行う成年後見制度利用支援事業があります。

日常生活自立支援事業（旧・地域福祉権利擁護事業）

日常生活自立支援事業は、社会福祉法第2条に位置づけられている福祉サービス利用援助事業のことです。国の公費補助制度として都道府県・指定都市社会福祉協議会が実施主体となっています。また、認知症高齢者、知的障害のあ

▷1 Ⅷ-4 側注参照。
▷2 Ⅷ-4 側注参照。
▷3 介護サービス施設や事業所などに出向き、利用者の疑問や不満、不安を聴き、介護サービス提供事業者及び行政との橋渡しをしながら、問題の改善や介護サービスの質の向上につなげる役割を担う。2000年度からの介護相談員派遣等事業（実施主体は市町村）に基づき設置されている。
▷4 利用者やサービス事業者以外の公正・中立な第三者機関が専門的・客観的な立場からサービスの質を評価することをいう。
▷5 児童虐待の防止等に関する法律（2000年11月施行）、高齢者虐待の防止、高齢者の養護者に対する支援等に関する法律（2006年4月施行）、障害者虐待の防止、障害者の養護者に対する支援等に関する法律（2012年12月施行）がそれぞれ施行されている。
▷6 大曽根寛編著（2012）『社会福祉と権利擁護』放

表 XV‑1　法定後見制度

	後　　見	保　　佐	補　　助
対象となる人	判断能力が欠けているのが通常の状態の人（成年被後見人）	判断能力が著しく不十分な人（被保佐人）	判断能力が不十分な人（被補助人）
成年後見人等（成年後見人・保佐人・補助人）の同意が必要な行為及び取消しが可能な行為	日常生活に関する行為以外の行為	民法13条1項所定の行為（借金，訴訟行為，相続の承認・放棄，新築・改築・増築などの行為）	申立ての範囲内で家庭裁判所が審判で定める「特定の法律行為」（民法13条1項所定の行為の一部）
成年後見人等に与えられる代理権の範囲	財産に関するすべての法律行為	申立ての範囲内で家庭裁判所が審判で定める「特定の法律行為」	
制度を利用した場合の資格などの制限	医師，税理士等の資格や会社役員，公務員等の地位を失うなど		－

出所：法務省 HP（http://www.moj.go.jp/MINJI/minji17.html#a1，2016年9月20日アクセス）を筆者修正。

る人，精神障害のある人等のうち判断能力が不十分な人が，地域において自立した生活が送れるようにするために，福祉サービスの利用援助や苦情解決制度の利用援助，日常生活上の消費契約や行政手続に関する援助，日常的な金銭管理等の支援を提供します。

　支援者としては，初期相談から支援計画の策定，利用契約の締結までを担う専門員（社会福祉士・精神保健福祉士等）と，支援計画に基づいて具体的な支援を行う生活支援員が配置されています。また，判断能力が不十分な人の権利擁護に関わるという事業の特性に鑑み，運営適正化委員会が事業全体の運営監視と利用者からの苦情解決にあたっています。

4　苦情解決制度と様々な権利擁護施策

　苦情解決制度は，サービスの利用契約制度化に伴う利用者の権利擁護とサービスの質の向上の視点から制度化されました。主な苦情解決や権利擁護の仕組みとして，サービス事業所の苦情解決制度（第三者委員，介護相談員等）や第三者評価，都道府県社会福祉協議会に設置される運営適正化委員会等があります。また，近年，高齢者や障害のある人，子どもに対する虐待問題への対応や虐待予防への取り組みとして関連法律が整備され，相談援助専門職（例えば，地域包括支援センターの社会福祉士等）が権利擁護活動として，きめ細やかな対応をすることが求められるようになりました。

5　権利擁護システムの課題

　これらの権利擁護システムは，各事業の対象者や守備範囲の制限が設けられているなど，地域生活を総合的に支えるという視点では必ずしも十分ではありません。近年は，成年後見制度の利用促進に関する施策も実施されていますが，これらの制度やサービスへの市町村や社会福祉協議会などのコーディネートの機能や，後見人等が公共性をもって活動できるように地域におけるバックアップ体制の構築などが一層重要になってきます。　　　　　（李　恩心）

送大学教育振興会，72-107頁。
▷7　成年後見制度の利用の促進に関する法律（2016年5月施行）では，成年後見制度の利用の促進に関する国の責務として総合的かつ計画的な施策の推進が示された。2018年4月からは厚生労働省に成年後見制度利用促進室が設置され，成年後見制度利用促進基本計画に基づき，利用者がメリットを実感できる制度・運用の改善や，権利擁護支援の地域連携ネットワークづくり等の具体的な施策が取り組まれるようになった。
▷8　大曽根編著，前掲書。

参考文献

岩間伸之（2008）『支援困難事例へのアプローチ』メディカルレビュー社。
社会福祉士養成講座編集委員会（2014）『権利擁護と成年後見制度 第4版』中央法規出版。
髙山直樹（2014）「権利擁護」岩崎晋也・岩間伸之・原田正樹編『社会福祉研究のフロンティア』有斐閣，148-151頁。
厚生労働省 HP（http://www.mhlw.go.jp/stf/seisakunitsuite/bunya/0000202622.html，2018年5月20日アクセス）。

第4部 地域が担う社会福祉の「経営」

XVI 地域包括支援を担う専門職

ジェネラリスト・ソーシャルワーカー

 未来志向の社会福祉の「経営」とは何か

近年，社会福祉を取り巻く環境は大きく変化してきています。そうした中で，社会福祉の専門職である社会福祉士とはどのような役割を期待されているのでしょうか。

メゾ・マクロの領域のソーシャルワーク機能であるアドミニストレーションには2つの領域があり，一つは人々のニードを充足させるために，社会福祉の制度や政策をどのように進めていけばよいかということに着目する「社会福祉運営管理（social administration）」，もう一つは社会福祉のサービスを提供する機関や施設が，質の高いサービスを提供のための組織を運営に着目する「社会福祉施設運営管理（social welfare administration）」として説明をされてきました。しかし，今日的な課題として制度の狭間にもれおちてしまう人々の増大が指摘されており，個別のケースの課題解決がアドミニストレーション機能とうまく結びついていないということが問題となっています。これからの社会福祉のありかたとしての「地域包括支援」を担うソーシャルワーカーは，福祉領域内部のアドミニストレーションのみではなく，多分野の専門職，地域住民とともに持続可能な地域社会を未来志向で「経営」するという広い視点と，実践が求められるのです。

② 新しい社会福祉士像が求められる社会的な背景

2008年に出された日本学術会議による「近未来の社会福祉教育のあり方について」の提言の中で，新しい社会福祉士像が求められる社会的な背景として，次の点が挙げられました。

◯**生活課題が多様化・拡大化・複合化する現状**

社会的なつながりが弱くなり，地域社会が本来もっていた住民相互の支援のしくみが失われたことによって，人々の生活問題がより多様化・拡大化し，従来のしくみでは対応しきれない状態になってきています。2000年に厚生省社会・援護局から出された図（図XVI-1）ではそのような社会福祉の諸問題の拡大化が指摘されましたが，さらに問題は複雑化しており，また地域間格差も広がってきています。多様な地域特性をもつ実践の場で，社会福祉士は柔軟かつ高度な実践が求められているといえます。

▷1 ソーシャルワークの対象とする領域や分野が多様であっても，それらを総合的に捉えるための価値・技術・知識によって構成される共通の基盤をいう。
▷2 ジェネリックな基盤をもち，さらにその上にそれぞれの領域に固有の技術や知識をもつことをいう。近年，福祉課題の多様化により，スペシフィックの領域がより広がっている。
▷3 問題が多様化・困難化する現実への対応として，多様な援助主体が互いに連携を取りながらチームで利用者の支援を行う支援方法。チームのコーディネート機能もソーシャルワークに求められる技術となる。

186

◯ソーシャルワーカーの社会的必要性

提言の中では，必要とされる社会福祉の専門職像がいくつか示されていますがそれらを整理してみると，措置から契約へ福祉サービス提供システムが移行したことにともない，サービス利用者の権利を保障するための高い専門性による個別支援を遂行し，かつ多元的なサービス提供主体をネットワーク化し包括的な支援システムを確立するための地域マネジメントを担うという，個別支援から地域支援を連続的に担う役割が必要とされていることがわかります。

3 ジェネリックとスペシフィックの関係

社会福祉士国家資格の試験科目からもわかるように，社会福祉士はジェネリック（一般的）な社会福祉の専門職として位置づけられています。しかし，当然，様々な個別の課題に対応するためには，医療ソーシャルワーカーやスクールソーシャルワーカーといった領域ごとの専門的かつ高度な知識と技術をもつスペシフィック（専門的）ソーシャルワーク機能も必要とされています。ジェネリックとスペシフィックのソーシャルワーク機能は，別々に体系づけられているのではなく，すべてのソーシャルワーカーが知識・技術体系の基盤としてジェネラリスト・ソーシャルワークを習得し，その上でスペシフィック（専門的）な知識・技術体系を身に付けていくという2階建てのようなイメージをもちます。

これからの社会福祉士の実践は，領域別の専門的なソーシャルワーカーがジェネリックなソーシャルワーク基盤を共有し，さらにそれぞれの専門性を発揮しながら，チームアプローチによる協働的実践を，地域を基盤として展開していくことが求められています。

（川島ゆり子）

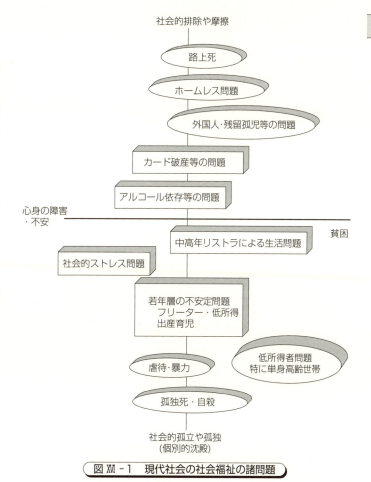

図 XVI-1　現代社会の社会福祉の諸問題

資料：厚生省社会・援護局（2000）「社会的援護を要する人々に対する社会福祉のあり方に関する検討報告書」。

参考文献

佐藤豊道（2001）『ジェネラリスト・ソーシャルワーク研究』川島書店。
Johnson, L. C. & Yanca, S. J. (2001) *SOCIAL WORK PRACTICE: A GENERALIST APPROACH*, Allyn & Bacon.（＝2004，山辺朗子・岩間伸之訳『ジェネラリスト・ソーシャルワーク』ミネルヴァ書房）

XVI 地域包括支援を担う専門職

2 ジェネラリスト・ソーシャルワーカーの技術①──ネットワーキング

1 ネットワークとネットワーキング

ネットワークとネットワーキングは共によく耳にする言葉ですが，混同しやすい傾向にありますので，まず整理をしておきたいと思います。ネットワークとはつながりの構造を表し，ネットワーキングとはネットワークという構造をつくりあげていくために，意図的に取り組まれる実践プロセスであるということができます。

地域の中で起こる困難で複雑な課題に対応するために，多様な福祉サービスの供給主体をつなぎ，地域の中に，だれもがもれ落ちることのないセーフティネット▷1を構築していくネットワーキングは，社会福祉専門職にとって必要不可欠な技術であるということができます。

2 ネットワークの階層性

地域の中に構築されるネットワークには階層があるということが指摘されています。牧里毎治は個人の生活を支える「ミクロネットワーク」，当事者集団，セルフヘルプグループ，実務者のサービス・チームなどの集団レベルでの「メゾネットワーク」，そして政策担当者の機関間のネットワークである「マクロネットワーク」という3つの階層にネットワークを分類しました（図XVI-2）▷2。

それぞれのネットワークは，その性質もまた形成の目的も異なりますが，特にネットワークの階層性で課題となるのは，個別支援のミクロネットワークレベルで提起される課題を，どのようにして政策形成のマクロネットワークレベルにつなげていくことができるかということです。その仲介的役割をメゾネットワークレベルが担うことになるのですが，このメゾレベルでのネットワークの形成が地域マネジメントを考える上でも重要な課題となります。

▷1 元々はサーカスの綱渡りの下に張る安全網の意味。社会福祉の支援からもれ落ちた人々を最後に受け止めるという意味で，生活保護制度や地域での支え合いによる支援ネットワークを指す。

▷2 牧里毎治（2000）「地域福祉とソーシャルワーク」『ソーシャルワーク研究』25(4)，70-76頁。

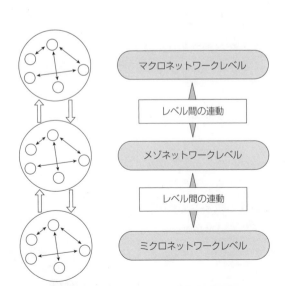

図XVI-2　ネットワークの3つのレベル

③ ネットワーキングの技術

ネットワーキングは時間がかかるプロセスであるということを，ソーシャルワーカーは理解しておく必要があります。単純に会議に同席したということだけではネットワークを形成したということにはなりません。

またネットワークの上にメンバー間の信頼と規範が蓄積されていくことにより，そのつながりが社会にとっての資本として活用することができるという考え方をソーシャル・キャピタル論[3]といいます。ソーシャル・キャピタルが豊かな地域を目指すためにも，ネットワーキングの技術は，ジェネラリスト・ソーシャルワークとして，すべての福祉分野の専門職が習得すべきものです。

④ ネットワーキングのプロセス

○メンバーとの出会い

ネットワーク形成の第1段階は，ネットワークでつながる相手との出会いです。出会いの機会を増やすためには，常に自分の存在を外部に向かってアピールをしていくことが求められます。施設に所属するソーシャルワーカーであっても，施設を地域に向けて開いていく施設の社会化とともに，ソーシャルワーカーも自分自身の存在を社会に開いていくことが求められます。

○メンバーとの相互支援

ネットワーク上に集まる多様な人材は，それぞれに専門性や得意分野があり，また知識や技術が不足する分野もあります。ネットワーク上のメンバーは，信頼関係を深めるとともに，不足する部分を補い合い，強みを活かし合う相補関係を築き，ネットワーク上で支え合うことによって互いの実践をより高度なものにすることができます。

○ネットワークのメンテナンス

ネットワーク（つながり）を維持していくためには，メンテナンスにあたる作業が必要になります。ネットワーク上にこまめに新しい情報を流しメンバーで共有化すること，ネットワークをより強化するために新しいメンバーの追加を随時行うことも必要となります。

ネットワークは生き物であるといわれます。ソーシャルワーカーは，上記のプロセスを循環しながら，常にネットワークを柔軟に最適化していくことが求められているのです。

(川島ゆり子)

▷3　多様な分野で学際的に注目されている理論である。ソーシャル・キャピタルは，ネットワーク，信頼，規範がその構成要素とされており，ソーシャル・キャピタルを地域の中で醸成していくことが，地域社会に利益をもたらすとされる。

参考文献

宮川公男 (2004)「ソーシャル・キャピタル論」宮川公男・大守隆編『ソーシャル・キャピタル』東洋経済新報社。

山手茂 (1996)『福祉社会形成とネットワーキング』亜紀書房。

第4部 地域が担う社会福祉の「経営」

XVI 地域包括支援を担う専門職

3 ジェネラリスト・ソーシャルワーカーの技術②——マネジメント

1 戦略的な手法としてのマネジメント

ジェネラリスト・ソーシャルワーカーには，地域で起こる様々な課題に対してチームアプローチで対応していくためにネットワーキングという技術が必要であるということは，前項で述べました。

ここでは，さらに視野を広げて個別支援と地域支援の双方を視野に入れ，どのように地域でのケアシステムをマネジメントしていくのかという戦略的なソーシャルワーカーの技術について述べていきます。

措置制度の下での福祉は，サービス提供主体が経営競争の意識をもつ必要がなかったために，ともすると現状のシステムを維持管理することだけが社会福祉の「経営」の目的となっていました。しかし現在，契約制度に移行し，地域を基盤としてセーフティネットを構築していくことが求められる社会福祉の新たな「経営」には，より戦略的に課題を達成するという能動的な経営技術が求められています。

2008年に出された「これからの地域福祉のあり方に関する研究会報告書」（厚生労働省）で提言されたネットワーク図（図XVI-3）をみると，福祉や関連する多様な分野の主体とのネットワーク形成が求められ，その機能として，課題の発見から支援へのつなぎに加え，地域に不足する，あるいは存在しないサービスの開発も提言されています。つまり，現在の福祉課題の拡大化，複雑化に対応し，制度のすきまにも対応可能なケアシステム構築を目指すためには，現状の

図 XVI-3 地域における個別の支援と地域の福祉活動の運営のためのネットワーク

出所：厚生労働省（2008）「これからの地域福祉のあり方に関する研究会報告書」。

190

システムを運営管理するだけではなく，新しい機能をも生み出していくというイノベーション機能も視野に入れたマネジメントが必要とされているのです。

2 地域を基盤としてマネジメントを展開する視点

では，具体的にどのような視点で地域を基盤とした戦略的なマネジメントを展開していくべきでしょうか。このことを考えるときに重要なキーワードとなるのは，「ネットワーク」と「アセスメント」です。

厚生労働省のネットワーク図（図XVI-3）でネットワークとアセスメントの重要性を確認してみましょう。要支援者を支えるネットワークのメンバーが多様になるということは，ともするとそれぞれバラバラに支援が届けられるという状況になる可能性があります。ネットワークの全体性をうまくコーディネートしていくためには，ソーシャルワーカーは個別支援のアセスメントを的確に行い，サポートネットワーク全体の設計図を頭にしっかり描いていくことが必要になるのです。しかし，そのためには個別支援のアセスメントだけでは十分ではありません。地域においてどのような人材が存在するのか，どのような社会資源が存在するのか，住民の福祉に対する意識はどのようなものかといったコミュニティ・アセスメントを的確に行うことにより，個別ケースの多様性に柔軟に対応できるような多彩なネットワークを，状況に応じて構築することが可能となります。つまり，個別支援のネットワークの設計図を多彩に描くためには，ソーシャルワーカー自身が地域の中の資源や人材のネットワーク図を大きく全体像として描けることが必要となるのです。

ソーシャル・キャピタルの研究者であるパットナム（R.D. Putnam）は，ネットワークの2つの型を提唱しました。一つはボンディング型，そしてもう一つはブリッジング型です。メンバー同士がみなお互いに知り合いで結束が固いボンディング型のネットワークは，外部に対して排他的になる傾向があります。これからのソーシャルワーカーがマネジメントの戦略として意識するべきなのは，もう一つのブリッジング型のネットワークです。これは外向きのネットワークとも呼ばれ，現在つながっているネットワークだけではなく，新しいつながりの開発を意識する拡大型のネットワークです。

ソーシャルワーカーが描く地域全体のネットワーク図に新たな人材や資源が次々と参加することにより，新しいサービスや活動が生まれる可能性が広がり，対応可能なケースの幅が広がっていきます。個別支援のケースをきっかけとして，ブリッジング型のネットワークを拡大し，地域のケアシステムの力量全体を向上させていくマネジメントこそ，これからのソーシャルワーカーの重要な社会福祉の「経営」の課題であるということがいえるでしょう。

(川島ゆり子)

▷1 旧来のシステムや常識を打ち破って，新たなものを革新的につくりあげることをいう。イノベーションを地域の中で起こす際には，旧来のシステムを支持する層との対立もありうる。

▷2 地域に関する統計的な数値（人口統計や経済的指標），歴史，地理，文化，力関係，共有される感情，資源など，地域に働きかけていくために必要な情報を，地域の住民とともに調査・確認し情報を共有していく作業。

参考文献

B. リー／武田信子・五味幸子訳（2005）『実践コミュニティワーク』学文社。

第4部 地域が担う社会福祉の「経営」

XVI 地域包括支援を担う専門職

 ## ジェネラリスト・ソーシャルワーカーの技術③──プランニング

個別支援プランニングと地域支援のプランニングの連動性

　個別支援のプランニングは，利用者本人，家族，利用者を取り巻く環境の情報を収集し分析した上で，利用者本人がこうありたいと望む生活の姿の実現に向けて，必要な支援の具体的な方法や目標を設定する作業をいいます。地域マネジメントのプランニングも実は同じプロセスをたどり，しかも双方のプランニングは密接な関係をもちます（図XVI-4）。

　地域の中でだれもがもれ落ちることのない包括的な支援システムを形成していくプランニングをしていくためには，個別の支援の積み重ねによって蓄積される情報や経験，個別の支援で目指される目標がボトムアップされていく必要があります。また，地域マネジメントで目指される目標設定は，個別支援の目標設定と方向性がずれるものであってはならないはずです。個別支援のプランニングと地域マネジメントのプランニングは常に往復する関係性にあり，ソーシャルワーカーはそのことを理解する必要があります。

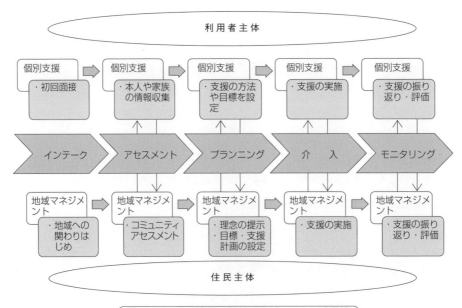

図 XVI-4　個別支援と地域マネジメントの連動性

2 プランニングにおける二重の視点の必要性

当事者主体で個別支援のプランニングを行う上で、本人の意思表明やサービスの選択が難しいケースもあり、人権擁護の視点が欠かせないものになります。また、社会的排除や摩擦、孤立や孤独といった、見えにくいケースの場合、インテークの場にもつながらない現状があり、支援そのものが届かないケースも多くみられます。

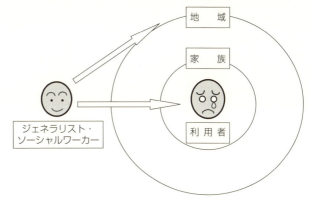

図ⅩⅥ-5　ジェネラリスト・ソーシャルワーカーの二重の視点

こうした場合、ソーシャルワーカーが積極的に地域社会の中に入り込み、アウトリーチの手法を用いてケースを発見する必要があります。また、見えにくい課題をもった人々が地域の中に存在するということを地域の課題として捉え、地域マネジメントのプランニングにおいても、住民が積極的にそのことについて協議をしていく必要があります。

声を出しづらい状況にある当事者の声を代弁して、地域に向かってその課題を発信し、協議の場につなげ地域マネジメントをプランニングするためには、個別支援と地域マネジメントの双方に視点をもつ（図ⅩⅥ-5）ことが、ジェネラリスト・ソーシャルワーカーに求められています。

3 2つの方向性からの協議の場の重要性とローカル・ガバナンス

地域の中で様々な主体が、福祉の目指すべき姿について話し合う協議の場に主体的に参加し、地域マネジメントのプランニングを行っていく場は、2つの方向性が考えられます。一つは地域福祉活動計画の策定の場、地域福祉計画の策定の場といった政策的な方向性からプランニングを考えるものです。理念や活動の目標設定を行い、計画的に福祉を進めていこうとする協議の場となります。

もう一つは、個別支援の事例を契機とし、地域の中でどのように支えるシステムを構築していくかという、ミクロからの方向性です。事例検討の場にフォーマル・インフォーマルな担い手・当事者・行政が主体的に参加し、多様なケースへの対応を協議し、支援ネットワークに参加し、協働体験を蓄積することにより、ローカル・ガバナンス[1]が構築されると考えることができます。ブリッジング型のネットワークを広げる機会として積極的に地域の中で多様な参加者による事例検討を開催し、地域マネジメントを進めていくことが、これからのソーシャルワーカーの新たな役割として期待されているといえるでしょう。

（川島ゆり子）

▷1　共治とも訳される。ガバメント（政府からの統治）との対比として、住民と行政との新たな関係によって進められる地方自治の姿として、ガバナンスが示された。地方分権が進む中、ローカルな場での公民協働の政治システムをいう。

第5部 新しい福祉サービスの創出

XVII　組織化の方法

 コラボレーション型

 コラボレーション型とは何か

　コラボレーションとは，複数の立場の人によって行われる協力・連携・協働作業のことを指します。社会福祉領域におけるコラボレーションとは，社会福祉以外の分野の企業，病院，学校等と連携，協力して新たな事業を展開することを指します。本項ではこのような方法をコラボレーション型と名付け，コラボレーション型の実践の具体例について紹介するとともに，不可欠な要素について考察します。

2 コラボレーション型の実践例紹介

○個人農家・団体と福祉サービス提供事業者のコラボレーション

　NPO法人ピアファームは障害のある人の就労継続支援B型の事業を行っています。この事業者は，梨，ブドウ，野菜の栽培を障害のある人が行うとともに，3カ所の直売所を運営しています。この直売所では，事業者で栽培した梨，ブドウ，野菜を販売するほか，約160の個人農家・団体の農産物や加工品を販売しています。

　このように地域の個人農家や団体の農産物や加工品を一緒に販売することで，取り扱う商品が増えることにより，購入者も増え，福祉サービス提供事業者の生産した農産物の販売にもつながります。また購入者と直接触れ合うことができ，働いている人のやる気が増すこともあります。結果として，安定した収入，働く障害のある人の賃金向上へとつなげています（図XVII-1）。

　この事業のそれぞれの役割を整理すると，地域の個人農家や団体は生産した農産物を提供し，福祉サービス提供事業者は直売所で働く障害のある人の支援と言えます。また地域の個人農家・団体にとっては，農産物を販売する場と人材を提供してもらっているというメリット，福祉サービス提供事業者にとっては障害のある人の働く場の獲得，賃金の獲得といったメリットがあり，双方にメリットがある事業といえます。

○4者のコラボレーション型

　NPO法人ゆうき福祉会は，障害のある人の就労移行支援，就労継続支援B型，生活介護の事業を行っています。この事業者は，パティシエがレシピ提供及び製菓指導を行った菓子を製造し，販売をしています。また菓子を包むパッ

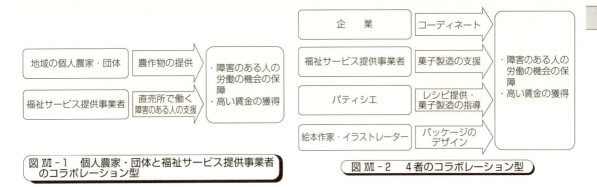

図 XVII-1　個人農家・団体と福祉サービス提供事業者のコラボレーション型

図 XVII-2　4者のコラボレーション型

ケージは絵本作家やイラストレーターがデザインして，提供しています。このようにおいしいもの，見た目にも注目されるものを販売し，事業所で働く障害のある人の高い賃金獲得に結び付けようと試みています（図XVII-2）。

　この事業は，社会株式会社テミルが障害のある人の労働の機会とその対価の保障を目的として行っているプロジェクトによるものです。それぞれの役割を整理すると，株式会社テミルという企業が全体のコーディネート，福祉サービス提供事業者が菓子を製造する障害のある人の支援，パティシエがレシピの提供や製菓指導，絵本作家・イラストレーターが菓子のパッケージのデザインと言えます。つまり，企業，福祉サービス提供事業者，パティシエ，絵本作家・イラストレーターの4者のコラボレーション型の実践例といえます。

3　コラボレーション型に不可欠な要素

　このようにコラボレーション型は，社会福祉領域だけでは解決できない課題に対し，解決方法を提示できることに意義があります。本項で紹介した事例の課題としては共通して，障害のある人の労働の機会が保障されていない，安定した賃金が確保できないといったことが挙げられます。これらの課題に対し，複数の専門職と協力して直売所や商品に付加価値を付けることで，その解決へと取り組んでいます。

　このように，様々な専門職が携わって事業を展開するコラボレーション型においては，コーディネート役が不可欠です。そして，社会福祉の経営の視点から考えた場合，このコーディネート役は社会福祉の専門職が担う必要があります。

（相馬大祐）

XVII　組織化の方法

2　ネットワーク型

1　ネットワーク型とは何か

　ネットワークとは，網の目状のゆるやかな連携関係といえます。社会福祉領域におけるネットワークは，社会福祉領域の専門職だけでなく，その他の領域の医師や保健師，学校教員，弁護士等といった専門職との間におけるネットワークを指すフォーマルネットワークと，親族，隣人，友人，ボランティア等のネットワークを指すインフォーマルネットワークに分類できます。

　本項ではネットワークによって事業を展開する方法をネットワーク型と名づけ，その意義と課題について考察します。前述したようにネットワークには2つの種類があり，フォーマルネットワークはさらに社会福祉専門職のみのネットワークと社会福祉と異なる領域の専門職とのネットワークに細分化できます。社会福祉の専門職と社会福祉と異なる領域の専門職のネットワークについては，前項で紹介したコラボレーション型といえます。本項で紹介するネットワーク型は，社会福祉の専門職間のフォーマルネットワークによる事業の展開を指します。

2　ネットワーク型の紹介

◯社会福祉法人が連携して新たな事業を創出した事例

　今後の社会福祉法人はどうあるべきかを社会福祉法人自らで考え，介護保険事業，障害者総合支援事業，保育事業等の制度によって費用が賄われる事業ではなく，制度外の事業を展開している事例があります。2004年より，大阪府の老人福祉施設を経営する社会福祉法人と大阪社会福祉協議会は共同で社会貢献事業（生活困窮者レスキュー事業）を開始しました。この事業は，大阪府内の老人福祉施設約450施設自らが人材と資金を出し合い，地域の中で孤立し制度の狭間に埋もれている人々を支援するものです。具体的には大阪府内の老人福祉施設に約700人のコミュニティーソーシャルワーカーが配置され，制度の狭間にある生活困窮者等に対し，総合生活相談等を行っています。

　この事例は，老人福祉施設を経営する社会福祉法人が社会福祉法人としてできることを模索し，人材と資金を提供し合って，新たな事業を展開している事例といえます。

▷1　大阪府社会福祉協議会編著（2013）『社会福祉法人だからできた 誰も制度の谷間に落とさない福祉』ミネルヴァ書房。

○同職種が連携して事業を展開している事例

障害のある人の相談支援を行う相談支援専門員の資質向上を目的に，2006年に特定非営利活動法人（NPO 法人）として設立されたのが埼玉県相談支援専門員協会（以下，SSA）です。SSA は埼玉県内の各地域で働く中核的な相談支援専門員のネットワークの構築を行うとともに，県内の実情にあった人材育成ビジョンを提示し，実際に研修の企画及び運営を行っています。また県内各地域にアドバイザーを派遣し，相談支援体制整備の支援を行っています。このような活動の中で，初任者向けの相談支援基礎講座（通称若葉マーク研修）の企画及び実施や，各地域の中核的な人材を養成するスーパーバイザー養成研修の企画及び実施等を行っています。また他都道府県の相談支援専門員協会とネットワークの構築も行い，他都道府県の相談支援体制を学ぶことを目的としたインターンシップ事業も行っています。

この事例は，相談支援専門員という同職種の県内のネットワーク化を図り，研修事業と相談支援体制の整備に関する事業を展開するとともに，全国の相談支援専門員とのネットワークも構築している事例といえます。

▷2　埼玉県相談支援専門員協会（2012）「埼玉県障害者相談支援従事者人材育成ビジョン」。

③ ネットワーク型の意義と課題

ネットワーク型の意義は，1 つの社会福祉の機関や 1 人の社会福祉の専門職では解決できない地域の課題に対し，複数の機関，専門職がネットワークを構築することで解決に向けた取り組みを行っている点が挙げられます。前述した事例を例にすれば，制度の狭間にある人々への支援をどのように展開するか，人材育成をどのように行うかといった課題に対し，ネットワークを構築して解決方法を講じているといえます。

一方課題としては，社会福祉の専門職によるネットワークのため，他の専門職や当事者の視点が抜け落ちる可能性があります。地域における課題把握やその解決方法を検討する際，社会福祉の専門職以外の視点を取り込むことによって，ネットワーク型の事業の成果が一段と増すと考えられます。

（相馬大祐）

参考文献

山手茂（1996）『福祉社会形成とネットワーキング』亜紀書房。

XVII　組織化の方法

 「当事者」参画型

当事者という言葉の意味

　社会福祉において当事者という言葉は，何らかの生活上の課題（ニーズ）を抱え，福祉サービスを必要としている人，または実際に福祉サービスを利用している人を意味する言葉として使われています。とはいえ私たちは，日々の暮らしの様々な場面で，何らかの福祉サービスを必要としている（利用している）ため，厳密にいえば，私たちすべてが当事者といえます。そのため，ある特定の人たちを当事者と位置づけて何かを論じることは，その人たちを何か特別な人とみなすことにつながる危険性があります。ここでは，当事者の参画型支援という文脈で当事者という言葉を使うので，ホームレス状態にある人々などを例に扱いますが，当事者という言葉を使う時は常にこのことに留意する必要があります。

当事者の参画型支援への着目

　旧来，社会福祉の支援は，「社会福祉の専門家が，なんらかの生活上の課題を持っている人（利用者）に対して支援をするもの」という一方向的なものとして捉えられていました。しかし，近年，福祉サービスを利用する人々の権利の実現，またその人たちのニーズの充足に寄与できるという観点から，当事者の参画型の支援に注目が集まっています。社会福祉における当事者の参画型支援は，次の3つのレベルに大別できると考えられます。

　第1は政策のレベルで当事者の参画を支援することです。具体的には政策の策定過程でのロビー活動，政策の改正を求める署名活動に代表されるようなソーシャルアクションに当事者が参画することを支援する取り組みです。

　第2は集団援助（グループワーク）のレベルで当事者の参画を支援することです。例えばアルコール依存症者のための自助グループであるAA（Alcoholic Anonyms）等の活動では，アルコール依存症の当事者同士が自らの体験を語り合うことによって，飲まない状態の維持を目指します。自助グループの活動それ自体には，必ずしもソーシャルワーカーといった専門家が必要なわけではありませんが，そうした場を創ったり，活動への参画を促すことによって間接的に当事者の参画を支援します。

　第3は，支援組織の運営レベルで当事者の参画を支援することです。これは

何らかの生活課題を抱えていて，今まさに支援を受けている当事者や，支援を受けて当面の生活課題が解決した元利用者が，支援組織の活動の一部に参画することを支援するような取り組みのことです。この場合，有償のスタッフとして参画することもあれば，無償のボランティアとして参画することもあります。

3 運営レベルでの当事者の参画支援の具体例

第1，第2のレベルでの当事者の参画型の支援は従来から行われていましたが，現在，注目されているのは，第三の参画型の支援です。その理由を生活困窮者，特にいわゆる「ホームレス」と呼ばれる人々を例に取り説明します。

「ホームレス」と呼ばれる人々は，住居や経済的な問題だけではなく，そのほかにも様々な問題を抱えていることが少なくありません。具体的には，親密な人間関係から排除されていたり，自尊感情を喪失している等です[1]。住居や経済的な問題は，就労支援をしたり生活保護制度などの公的に用意されている制度を活用することによって解決を図ることができますが，前述したような問題は，そうした支援だけでは解決を図ることが難しい問題といえます。そこで必要となってくるのが，第3の参画型の支援です。このことを，過去に日雇い労働市場として栄えていた東京の「山谷」と呼ばれていた地域で活動している認定NPO法人「山友会」の事例を基に説明をします。

山友会では組織の様々な部門で，スタッフとして元「ホームレス」の方を雇っていたり，炊き出しと呼ばれる活動に元「ホームレス」の方が参画しています。そこでは，それらの活動を通して，元「ホームレス」が，スタッフや同じく元「ホームレス」の方々と親密な人間関係を形成していたり，その関係の中で役割を遂行することを通して，自尊感情を取り戻していることが報告されています[2]。

▷1 後藤広史(2013)『ホームレス状態からの「脱却」に向けた支援』明石書店。

▷2 同前。

4 運営レベルでの当事者の参画支援を進めるために

現在，人と人とのつながりの希薄化が進み，また社会の中で活躍する場を失い，自尊感情を喪失している人が増えています。その意味で第3のレベルでの当事者の参画型の支援は「ホームレス」と呼ばれる人々に限らず，今後ますます求められてくると思われます。しかしながら，そのような支援を行っている組織はまだまだ多くありません。またそれらの支援を行っている組織はNPO等の民間の支援団体であることが多く，財政的な基盤が脆弱であることも少なくありません。そのため，こうした当事者の参画型の支援ができる組織を増やしていくためのしくみづくりが求められています。そして何よりも，社会福祉を学ぶ私たちが，社会福祉を「社会福祉の専門家が，なんらかの生活上の課題を持っている人（利用者）に対して支援をするもの」という発想からどれだけ自由になれるかが，当事者の参画型支援を広げていく際の鍵となるはずです。

(後藤広史)

XVII　組織化の方法

地域の協働運営

1　協働運営の必要性と地域交通システムの変化

　人々が安全に安心して住み続けるためには，地域内に必要な生活機能を整備することが重要です。その一方で，サービスの供給を一つの事業体に委ねることは，その事業の安定性や継続性，効率性や公平性が担保されにくいという課題があります。

　例えば公共交通を例にとると，従来の公共交通システムは，①独立採算型（図XVII-3）や②自治体補助型（図XVII-4）が主流でしたが，運行会社の経営悪化による路線の廃止・縮小や地方公共団体の財政難による補助金のカットなど，安定した交通事業の運営が難しい状況が生まれました。そこで近年，住民やNPO法人等が主体となって企画・運営する，新しい形の地域交通システムが全国各地で広がりをみせています（図XVII-5）。ここでは，「生活バスよっかいち」の事例から，地域生活に必要なサービスを継続的に提供するしくみとしての協

▷1　新しい地域交通システムが登場した背景には，本文中に述べたような理由以外にも，環境負荷の軽減，福祉需要の高まり，地域振興，まちの活性化，交通事業の規制緩和等の要因がある。

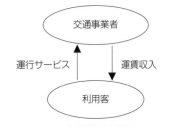

図XVII-3　独立採算型公共交通システム

出所：市川嘉一（2004）「市民・NPOがつくる地域交通システム」『日経グローカル』6，5頁。

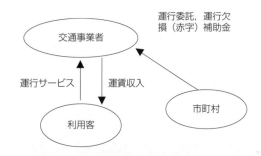

図XVII-4　自治体補助型公共交通システム

出所：図XVII-3と同じ。

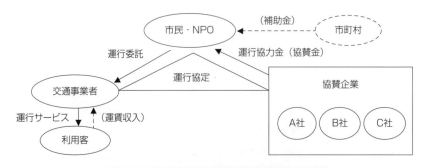

図XVII-5　市民・NPO運営型公共交通システム

出所：図XVII-3と同じ。

働運営の方法についてみていきたいと思います。

2 生活バスよっかいちの事例

◯バスを運行するまでの経緯

「生活バスよっかいち」は、住民が事業主体となって運行する全国初のバスとして、2003年に三重県四日市市北部の羽津地区いかるが町地域（人口約1,700人，約540世帯）で誕生しました。

「生活バスよっかいち」が生まれたのは、以前あった路線バスが利用者の減少を理由に廃止されたことがきっかけです。いかるが地区の住民を対象に行ったアンケートでは、買い物や通院のためのアクセス手段が必要だという意見が多く出され、今までのバスに替わる交通手段を確保する必要がありました。その後、いかるが地区の住民有志や学識経験者、バス会社関係者らが集まり、行政に頼らないバス運行の形について議論や試験運行を重ね、2003年4月にNPO法人を立ち上げて本格的な運行を開始しました。

◯生活バスよっかいちの特徴

「生活バスよっかいち」の運行にあたっては、利用者から徴収する運賃だけでなく、バスルート沿線の地元企業などからの協賛金を主要な財源にしようと考えました。その際協賛企業からは、「集客・宣伝効果はもちろん、『地域の新たな公共交通ニーズを開拓し、もってバスを活用した地域活性化と福祉の増進に寄与する』というNPO法人の地域づくりへの理念に共感し、出資した」という声が聞かれたそうです。また、市も住民と企業が連携した新しいバス運行システムを積極的に評価し、毎月一定額の補助金を出すことになりました。

住民主体でバスを運行することのメリットとしては、バスを利用する当事者である住民が運行ルートや停留所を決めたことで、本当に生活に必要な行き先を重点的に選んでバスを走らせることが可能となった点が挙げられます。また、高齢の利用者のために200〜300m間隔できめ細かく停留所を配置したり、乗降の際に踏み台を用意したりする等の配慮がなされています。

運行開始から15年が経過し、ニーズの変化に合わせて路線の変更や停留所の増減（8カ所新設，1カ所廃止），路線の延長なども行っています。

3 よりよい協働運営に向けて

「生活バスよっかいち」の例にみるように、住民がNPO法人を立ち上げてサービス供給の主体となることで、地域生活を守るための活動に住民自身が参加する機会が生まれます。また、様々な立場の人々が運営に関わることで、硬直的なサービス内容が、より実態に即した形に変化するというメリットが挙げられます。このような協働運営の方式は、今後ますます必要になってくると考えられます。

（永井裕子）

▷2 行政，企業，非営利法人，町内会・自治会などの様々な団体や個人が、それぞれの強みを活かして連携しながら、協働でサービスを維持・創出し、その運営にあたることを指す。

（参考文献）

市川嘉一（2004）「市民・NPOがつくる地域交通システム」『日経グローカル』6。

野口定久（2008）『地域福祉論』ミネルヴァ書房。

第5部　新しい福祉サービスの創出

XVII　組織化の方法

町内会・自治会

１　町内会・自治会とは何か

　町内会・自治会とは，自分たちが生活する地域をより住みやすい場所にするために自主的に活動する組織です。通常は町内や集落を単位にして組織される場合が多く，上部組織としての学区や市町村レベルの連合町内会・自治会，下部組織としての組・班があります。

　高度経済成長期以降，生活の都市化や核家族化により住民生活が大きく変容する中で，町内会・自治会への加入率が減少したり，活動が形骸化したりするという課題が生まれてきました。しかしながら町内会・自治会には，個人や家族では解決できない課題を地域全体で共有し，地域づくりに取り組んできた実績があります。また，現在も地域のニーズに即した新たな相互支援の取り組みが全国各地で誕生しています。

　ここでは，島根県松江市の淞北台団地で行われている高齢者支援の事例をみていきたいと思います。

　松江市淞北台地区の取り組み

○淞北台地区の概要

　松江市にある淞北台団地は，1968〜1972年の5カ年計画で島根県住宅供給公社の勤労者向け住宅として開発された高台団地で，自治会は入居が始まった1968年に誕生しました。一戸建て住宅の世帯と県営住宅県警察官舎等の世帯を同一組織とし，その形態が現在まで続いているという，他の地域ではあまりみられない特徴があります。また，淞北台自治会は，団地への市営バスの乗り入れに関する運動，地域活動の拠点となる会館の建設，祭りの開催や各種組織によるコミュニティ活動等，長年活発に自治会活動に取り組んできた経緯があります。

　開発から約40年以上が経過し，入居当時30〜40代だった住民が高齢化してきていることや，県営住宅の家賃が低廉であるため他の地域の独居高齢者が多く転居してきていることなどから，徐々に生活に対する不便を感じる人が増えはじめました。

○高齢者支援の取り組み

　自治会が立ち上がった当初は活発に地域活動が行われていましたが，住民の

XVII-5　町内会・自治会

年齢が上がるにつれ，祭りなど催しの規模を縮小するなど次第に活気が失われてきました。そのような状況の中，今後高齢者が確実に増加することを見越して，2000年に自治会内で高齢者福祉施策検討委員会が発足しました。

　同委員会が行った60歳以上の自治会員への生活実態アンケートの中では，高齢者が生活する上で困っていることとして，①坂道，②バスの便が少ない，③買物が不便という意見が多く挙げられました。また，入居者の多くが同世代であり，若年層が団地から流出する中で高齢化が進み，高齢者の単身・夫婦のみ世帯が増加していることがわかりました。

　これらの経緯から，今住んでいる人たちが，この先も淞北台団地に住み続けられるような支援活動を，自分たちで立ち上げようという機運が高まりました。

○「いきいきライフ推進会議」の活動内容

　前述の動きの中で，2001年「いきいきライフ推進会議」（2006年に「いきいきライフを推進する会」に改称）という自治会の高齢者福祉事業を代行する住民組織が発足しました。会議のメンバーは自治会長が委嘱した民生児童委員や関係団体の代表などによって構成されています。「いきいきライフを推進する会」では，淞北台地区の地域特性や前述のアンケートから把握したニーズを基に，①団地と市内病院とを結び，週2回，1回100円で利用できる城北巡回福祉タクシーの運行，②介護関連講座の開催，③生きがい講座の開催，④「ふれあい交流館」の管理運営，などを行っています。生活に不便を感じている人たちの要望に対応した活動はもちろん，現在は自立して生活している人たちへの啓発活動も合わせて行っているところが特徴といえます。

③　町内会・自治会が福祉活動を行う上での課題

　淞北台団地の例にみるように，自治会が長年主体的にまちづくりに携わってきた背景がある場合には，サービスの管理・運営等の活動を自治会主導で行ったり，町内会・自治会が法人格を取得したりするという選択も有効です。一方，町内会・自治会などの地縁組織が十分に機能していない地域では，事業の透明性や継続性，公共性を高めるために，NPO法人を新たに立ち上げる必要が生じる場合もあります。その際は，町内会・自治会という同じ地域に居住する人々を対象とした組織と，NPOという目的を同じくする人々が集まる組織の両方のメリットを活かした活動展開が望まれます。

　また，町内会・自治会が，将来にわたって様々な地域の福祉課題の解決に取り組む場合，地域住民だけでなく，福祉・医療・保健・教育・司法等に携わる外部の専門職のサポートを取り入れながら組織づくりを行うことも重要です。例えば，地域福祉計画などの行政計画の策定を通して，町内会・自治会ごとに住民懇談会を開催し，地域の実情を把握した上で，専門家を交えて解決の方策を協議し，実行に移すという方法も有効といえます。　　　　　　　（永井裕子）

参考文献

日本地域福祉学会編（2006）「町内会・自治会」『新版地域福祉辞典』中央法規出版。

谷口純世（2004）「町内会・自治会」上野谷加代子・松端克文・山縣文治編『よくわかる地域福祉』ミネルヴァ書房。

宮城孝（2006）「住民主体による小地域福祉活動の意義と可能性」上野谷加代子ほか編著『松江市の地域福祉計画』ミネルヴァ書房。

XVII　組織化の方法

　大学との連携

1　大学における地域連携

今日，各大学においては地域連携センターや社会連携センターを設置するなどして，大学として地域社会と連携し，いかに地域に貢献していくのかということが課題となっています。

また，従来からボランティアセンターといった学生のボランティア活動をコーディネートする部署を設置している大学もあり，災害時などには多くの大学で積極的に学生をボランティアとして現地に派遣する等の活動をしています。

2　地域における新しいサービス創出の必要性と大学の役割

一方，地域社会においては，福祉課題が複雑化・多様化してきており，既存の制度やサービスでは対応できないいわゆる「制度の狭間」の問題等が非常に多くでてきています。

こうした福祉課題に対しては，新たにサービス資源を創出・開発することで対応することが求められます。こうしたことからすれば，大学も一つの社会資源として，地域社会に貢献できる可能性があります。

例えば，多様な専門領域にわたる大学教員は，行政や社会福祉協議会等の各種の審議会や委員会に学識経験者として参画することで，それぞれの専門的知識を実際の実践現場に役立てることができます。

また，大学という場そのものを地域に開放するということも多く行われています。例えば社会人聴講生として，地域住民が各種の講義を受講できることを可能としたり，地域住民に図書館や体育館を開放するような取り組みが多く行われています。

このように大学自体を地域の社会資源として，大学生のみならず地域住民にも開放するような取り組みが今後，一層広がってくるといえます。

3　福祉課題解決に向けての大学との連携

こうしたことに加えて，大学には多くの学生がいます。こうした学生が地域の福祉課題，とりわけ「制度の狭間」といわれるような問題に対応する例もあります。例えば，大阪府和泉市にある桃山学院大学では，地元のコミュニティソーシャルワーカー（以下，CSW）と連携して，2013年度より学生がひきこもり

▶1　大阪府では，2004年度より5年間の事業として，制度の狭間や複数の福祉課題を抱えるなど，既存の福祉サービスだけでは対応困難な事案の解決に取り組むCSWを中学校区等の単位で設置する「いきいきネット相談支援センター」に配置し，地域における見守り・発見・つなぎ機能の強

の方のお宅に訪問し，一緒に話をしたり，外出のサポートをするといった活動を展開しています。

和泉市は人口約18万人で，市内を8つのエリアに分けて8人のCSWが配置されています。CSWは自ら担当する地域の住民の抱える福祉課題の相談に総合的に応じ（ワンストップ対応の総合相談），その人の課題解決に向けて，寄り添いながら地道に支援を行う専門職です。[1]

したがって，CSWは多くの場合，制度の狭間といわれるような問題に対応することになるのですが，その端的な例がひきこもりの事例です。自宅にひきこもった状態の方の場合，CSWが訪問しても，なかなか会ってくれないようなことも多く，支援策が見出しにくいのが現状です。

そこで学生による訪問を受け入れてくれたお宅をCSWと学生2名が一緒に訪問し，まずは会話から始めているのですが，どの方も学生との会話が弾むという傾向が認められます。おそらく同居している家族でもなく，また仕事として訪問してくる専門職でもなく，自分のことを気にかけてくれる学生との新鮮な出会いが，そうした状況を生み出しているのだといえます。

こうした訪問活動に加えて，散歩や買い物の同行，あるいは大学に来て学食で学生と一緒に食事をしたり，図書館で本を読んだり，チャペルで礼拝したり，といった活動等もしています。[2]

また，大学が地元の空き店舗を借りて，その店舗を約30の福祉系の団体とシェアすることで活動を展開し，商店街の活性化を目指している「サードプレイス──シェア桃大」において，CSWの呼びかけで，学生の協力のもとクリスマス会やゲーム大会等を開催し，出会うことのなかったひきこもりの方同士が一緒に過ごし，そのことが新たな刺激になっているような事例もあります。[3]

このように学生によるボランタリーな活動を通じて，地域に貢献しているような事例もあります。その際，重要となるのがコーディネートする役割を担う人の存在です。前述の事例では，CSWが大学教員や大学の地域連携室と連携することで，本人と学生との日程や活動場所，活動内容を調整しています。

また，全国的に民生委員・児童委員を引き受けてくれる住民が不足しているなか，大阪府では2016年度より，民生委員の認知度を向上させ，新たな担い手として将来的な人員確保につなげることなどを目的に，「『民生委員・児童委員見える化』プロジェクト」によるインターンシップ（就業体験）として，大学生が見守り活動などの民生委員の活動に密着するといった取り組みを始めていますが，こうした活動については，府の地域福祉課が各大学と連携して，活動を展開しています。こうしたコーディネート機能があれば，大学が地域のニーズに応じたサービスや活動を創出していける可能性が今以上に広がるといえます。[4]

（松端克文）

化を図る「コミュニティソーシャルワーク機能配置促進事業」を市町村とともに進めてきた。2009年度からは，補助事業の終了に伴い，各市町村で継続して配置しており，2017年度には37市町村（政令市・中核市除く）で160名のCSWが配置されている。なお，府内6つの政令市・中核市でも独自にCSWが配置されている。大阪府の「市町村におけるCSWの配置事業に関する新ガイドライン──市町村における地域福祉セーフティネットの構築に向けて」については，大阪府HP（http://www.pref.osaka.lg.jp/attach/1018/00000000/HP-csw-guideline.pdf）参照。

▷2 こうした活動については，「毎日新聞」（2014年4月19日付）において「ひきこもりを社会へ──CSWと学生との協働」として紹介されている。

また，和泉市のCSWの活動については，和泉市HP（http://www.city.osaka-izumi.lg.jp/h25buchototteoki/bucho_004/1379404495942.html）および和泉市のCSWのホームページである「いきいきネット相談支援センターHP（https://sites.google.com/site/lianxiyong2/contact-us-2）で紹介されている。なお，松端克文（2018）『地域の見方を変えると福祉実践が変わる』ミネルヴァ書房において，詳しく分析している。

▷3 こうした活動については，「読売新聞」（2016年1月29日付）において「空き店舗変身──和泉で桃大生」として紹介されている。

▷4 こうした活動については，大阪府HP（http://www.pref.osaka.lg.jp/chiikifukushi/mieruka/）参照。

XVII 組織化の方法

7 中間支援組織

1 中間支援組織とは何か

「中間支援組織とは、市民、NPO、企業、行政等の間にたって様々な活動を支援する組織であり、市民等の主体で設立された、NPO等へのコンサルテーションや情報提供などの支援や資源の仲介、政策提言等を行う組織」と定義されています。[1]

ここでNPOが支援対象の例に挙げられているように、中間支援組織は、市民等の主体で設立された非営利の団体を主な支援対象としています。近年ではこれに加えて、コミュニティビジネスに取り組んでいる有限会社等も支援の対象になっています。その理由は、これらの団体の中に、組織として活動するために必要な専門的知識や技術（資金の調達、法人格の取得、会計、サービスの担い手の育成など）を持つ人が少ないということが挙げられます。また、サービスの担い手の研修のように、単独の団体で取り組むには、不効率なものもあるからです。これらの課題を支援することを主な活動としているのが、中間支援組織です。中間支援組織と①被支援団体（NPO等）、②①への資源提供者、③①からサービスを受けるサービス利用者の関係を図示したのが図XVII-6です。

2 中間支援組織の運営と機能

中間支援組織にあたるものとして、NPO支援センターがあります。日本NPOセンターの分類によると、NPO支援センターには、①行政による設置・運営、②行政が設置、行政・民間で運営、③行政が設置、民間が運営、④民間によ

▷1 内閣府（2011）「新しい公共支援事業の実施に関するガイドライン」。

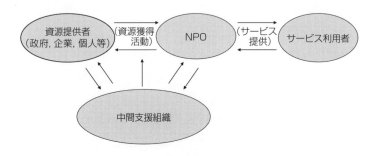

図XVII-6 中間支援組織の位置

出所：内閣府国民生活局（2001）「平成13年度 中間支援組織の現状と課題に関する報告書」の図を筆者一部修正。

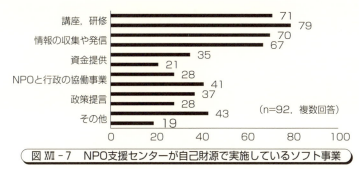

図 XVII-7　NPO支援センターが自己財源で実施しているソフト事業

出所：日本NPOセンター（2016）『2015年度NPO支援センター実態調査報告書』21頁。

る設置・運営，の4つのタイプがあります。

　NPO支援センターが実施している事業には，施設の運営管理をはじめとするハード事業とソフト事業があります。図XVII-7に示すように，ソフト事業として，相談，講座・研修，団体の交流やネットワーキングなどが行われています。こうした組織に対する支援に加えて，政策提言という社会に向けた発信も行われています。

3　サービスの創出と中間支援

　最後に本章で取り上げてきた「新たなサービスの創出」というテーマにおける中間支援のあり方について考えてみたいと思います。社会福祉分野で新たなサービスの創出に取り組んでいる組織の核となっているのは，町内会・自治会に代表されるような地縁によるつながりである場合が少なくありません。居住している地域の中で利用できるサービスの創出という視点に立つと，今後，こうした地縁による組織の活動はますます重要になるといえます。

　NPOを対象に行われている中間支援組織の支援は，NPO活動を行うという目的が明確になった段階で行われる支援であるといえます。ところが，町内会等のつながりの中では，地域の中で困ったことがあることは明確になっていても，それをどのような方法で解決すればよいかがわからない，仲間がみつからないために活動をあきらめているなど，中間支援組織に結びつく前の課題を抱えている場合が少なくありません。

　また，活動する側が「やりたい」と思うものではなく，地域で生活する人が「必要」と思うものを提供しなければなりません。場合によっては，「やりたい」を「必要」に合わせて修正する支援も必要になります。

　XVII-4やXVII-5で紹介した事例では，こうした意味での「中間支援」を社会福祉協議会が行っています。社会福祉協議会が中間支援組織の役割の一部を担いながら，既存の中間支援組織と協働して新たな提供主体を支援していく支援体制が求められます。

（小松理佐子・後藤広史）

参考文献

内閣府国民生活局（2001）「平成13年度　中間支援組織の現状と課題に関する報告書」。

日本NPOセンター（2007）「市民社会創造の10年」ぎょうせい。

日本NPOセンター（2016）「2015年度 NPO支援センター実態調査報告書」。

XVIII 社会福祉の「経営」の手法

1 「見せる化」

1 ミッションの実現を目的とした非営利組織

多くの社会福祉の組織や団体は、利潤を追求することを目的としない非営利組織です。こうした組織は、それぞれの組織が大切にするミッションを実現するための組織であるといえます。

例えば近年、全国的に増えてきている子どもの学習支援や子ども食堂の活動は、「貧困の連鎖を断ち切り、子どもを貧困から救う」といったミッションをもっています。こうした活動とも関連して、フードバンクという取り組みは、品質には問題がないにもかかわらず、外箱が壊れたり、ラベル印字ミス等のために市場で流通できなくなった食品を、企業から寄贈してもらい、それを生活困窮者などに配給する活動を展開しています。◁1

2 事業・活動の見える化

多くの人々の協力を得ながら活動を展開していくためには、例えば、図XVIII-1のように、事業・活動の目標をわかりやすく設定し、現状を分析し、活用できる資源（人、物、資金、場所等）や不足している資源を把握し、目標達成に向けて実践していくようなスキームが求められます。

社会福祉の活動を展開する非営利組織においては、どのようなミッションのもとで、何を目標に、どのような活動を実践していくのかということがスタッフ間で共有されていなければなりません。

3 事業・活動の見せる化

また、非営利組織の場合は、多くの人にその活動に賛同してもらうことで寄付や寄贈をしてもらったり、ボランティアとして活動に協力してもらうことが必要です。◁2

そのためにも活動の全体像をわかりやすく提示することが求められます。例えば、次のような各項目について、わかりやすく見せる化していくための工夫が求められます。

① 目標の見せる化
　　目標達成したときの状態を明示する（場合によっては数値目標を示す）。
② 事業・活動内容の見せる化

▷1　認定NPO法人フードバンク関西HPでは、フードバンクを次のように説明している。
「まだ美味しく食べられるのに、外箱が壊れた、ラベル印字ミス、売れ残った、形が悪い、食べきれない等の理由で、廃棄されている食べ物がたくさんあります。／その一方で、失業や病気、いろいろな理由で、その日の食べ物にも困っている人達が、たくさんいます。／フードバンクは、その両方を繋ぎ、企業や個人の方から、まだ食べられるのに不要になった食品を無償で受け取り、それらを必要とする人達のもとへ無償でお届けします。／こうして、食べ物は廃棄される事なく美味しく活用され、命をつなぐ糧として本来の価値を全うできます。／私達は、『食べ物は命の糧、大切にしたい』と考えています」（認定NPO法人フードバンク関西　HP〔http://foodbankkansai.org/〕）。

▷2　全国的に民生委員・児童委員を引き受けてくれる住民が不足しているなか、大阪府では2016年度より、民生委員の認知度を向上させ、新たな担い手として将来的な人員確保につなげることなどを目的に、「『民生委員・児童委員見える化』プロジェクト」によるインターンシップ（就業体験）として、大学生が見守り活動などの民生委員の活動に

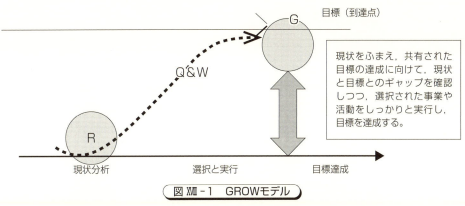

図 XVIII-1　GROWモデル

出所：谷益美（2014）『リーダーのためのファシリテーションスキル』すばる舎，179頁を一部修正。

　実施する業務・活動の内容（何をするのかということ）を明示する。
③　事業・活動内容の手順の見せる化
　事業・活動の内容を分解し，具体的な活動の手順（どのように実践していくのかということ）を明示する。
④　事業・活動内容サイクルの見せる化
　P（計画）－D（実行）－C（評価・モニタリング）－A（改善）サイクルを明示する。
⑤　事業・活動の実績の見せる化
　事業・活動の成果について，例えば相談件数や相談内容の分類，実践事例というようなかたちで明示する。
⑥　必要な資源（人・物・資金・場所など）の見える化
　どのような事業・活動をどのように展開していくのかということに関連づけて，人員，予算（必要経費），場所などについて明示にする。
⑦　リスクの見せる化
　事業・活動を展開していくことに伴い，どのようなリスクがあるのかということを明示する。
　社会福祉の活動は，目に見えない価値を大切にする活動でもあります。しかし，例えば多くの社会福祉協議会の掲げているような「誰もが安心して暮らせる福祉コミュニティづくり」といった目標は，どこか綺麗ごとのような感じがしてリアリティを伴いません。より多くの人の理解と協力を得るためにも工夫が求められます。

（松端克文）

密着するといった取り組みを始めている（大阪府HP〔http://www.pref.osaka.lg.jp/chiikifukushi/mieruka/〕）。

XVIII 社会福祉の「経営」の手法

つながる

1 福祉課題と社会的孤立

　私たちの人生においては，失業したり，経済的な困窮状態に陥ったり，病気をしたり，介護が必要になったりと，実に様々な福祉課題に直面します。例えば，家族のなかに介護が必要な状態の人がいれば，外出も自由にできない場合がありますし，介護のために仕事を辞めざるを得なくなるかもしれません。こうした介護離職により経済的に困窮する事例も多くあります。

　このように福祉課題を抱える（困難な状況に置かれる）と，社会生活上の必要な社会関係が途切れ，社会的に孤立していく可能性が高まります。

2 社会的孤立と社会的排除

　社会的孤立とは「それが行われることが普通であるとか望ましいと考えられるような社会の諸活動への『参加』」が欠如している状態ということができます。貧困が「生活に必要なモノやサービスなどの『資源』の不足」を問題にしているのに対して，社会的孤立は「『関係』の不足」に着目」しているといえます。社会的に孤立している状態を整理すると，次のようになります。

　① 生産活動（雇用）に関する側面（長期失業，不安定な就業状況，病気や障害等で働けない状態等）。
　② 消費活動に関する側面（低所得や貧困等）。
　③ 家族関係に関する側面（伝統的な家族の解体，単身化の進展等）。
　④ 教育に関する側面（教育機会の剥奪，不登校，低学歴化等）。
　⑤ 医療に関する側面（無保険，医療を受けられない等）。
　⑥ 住宅に関する側面（劣悪な住環境，住居の喪失→ホームレス化）。
　⑦ 社会的交流に関する側面（知人・友人との関係，近隣関係，話し相手や助けてくれる人・サポートネットワークの崩壊等）。
　⑧ 政治に関する側面（投票への参加，政党，労働組合，居住者組合，その他の集団的活動の低調さ，政治的権利の欠如）。
　⑨ 集団的側面（高齢者，障害者など特定の集団に上記の特徴が集中しているが，従来型の福祉国家の政策では対応しきれない状態にあること）。
　⑩ 空間的側面（特定エリアへの弱者の集中化や弱者の周辺化）。

　この「社会的孤立」として説明したものは，実は岩田正美が「社会的排除」

▷1 介護離職者は，年間12万人にのぼるともいわれており，政府は2016年4月1日国会に提出された「2015年度補正予算案の概要」において「1億総活躍社会」の3本柱の一つとして「介護離職ゼロ」を掲げている。

▷2 岩田正美（2008）『社会的排除』有斐閣。

XVIII-2 つながる

（social exclusion）について説明したものを代用したものです。「社会的孤立」と表現する場合は，個々人の人生において生じている不遇な状態というニュアンスが強くなり，自己責任的な響きが強くなりますが，「社会的排除」と表現すれば，ある人（たち）を社会関係から排除している社会構造への関心が強くなるといえます。

③ 社会福祉における「つながる」手法と社会福祉の「経営」

こうしたことをふまえると，社会福祉による支援は，単に介護サービスを提供するとか，金銭を給付するということに留まらず，途切れてしましている社会的関係を再形成していくこと，換言すればつながりをつくり直していくことであるといえます。社会福祉では，ソーシャルワーカーが相談支援のプロセスを通じて，困難な状況に置かれている人のニーズを把握し，フォーマル・インフォーマルな社会資源を活用して，社会関係を形成していきます。

このような活動は，大きくは２つに分けることができます。１つは，その人の自宅にホームヘルパーやボランティアが訪問する訪問系の活動です。住民によるボランタリーな活動には，家事支援活動や配食サービスなど多様な活動があります。このような住民による活動は，介護保険法の改正においては「生活支援サービス」としても期待されるようになっています。もう１つは，デイサービスやサロン活動のように，自宅以外の場所で集って食事をしたり，レクリエーションなどして楽しむ交流・集い系の活動があります。従来，こうした活動は，年齢や機能により対象を限定する傾向にありましたが，今日では支援の場や居場所の機能に加え，子どもと高齢者との世代間交流や住民が地域の課題について話し合う場にもなるような「多世代交流・多機能型の福祉拠点」の整備が求められています。近年，全国的に広がっている子ども食堂などの取り組みも，子どもたちと地域の人たちがつながる大切な機会になります。

このように人と人とが直接つながることに加えて，今日の社会では Twitter や Facebook，LINE 等のソーシャル・ネットワーキング・サービス（social networking service：SNS）を通じてのつながりも重要になってきています。例えば，不登校やひきこもりの状況にあって，他者に会って話したりすることに抵抗があるような場合でも，SNS を通じてコミュニケーションをとることで，関係を深めていくことも可能です。また，東日本大震災における福島県での原発事故を受けて，SNS を通じて「脱原発」を求めて首相官邸前での抗議行動に一時は10万人以上の人たちが参加しました。

このように人と人，人と社会がつながる手法は多様にあります。社会福祉の経営においては，状況に応じて様々な手法を用いて，つながりづくりを進めていくことが求められます。

（松端克文）

▷3 岡村重夫は，社会福祉を社会関係における個人（主体的側面）の側から調整する機能に重視して社会福祉の機能を理論的に説明している（岡村重夫〔1956〕『社会福祉学総論』柴田書店（岡村重夫〔1983〕『社会福祉原論』全国社会福祉協議会，参照）。

▷4 XIII-3 側注参照。

▷5 厚生労働省（2015）「誰もが支え合う地域の構築に向けた福祉サービスの実現」。

第5部 新しい福祉サービスの創出

XVIII 社会福祉の「経営」の手法

 プランニング

 福祉活動の計画的実践（プランニング）の概要

今日の福祉課題の特徴は，重層的な課題が重なる複合多問題や既存の制度・サービスでは対応しきれないいわゆる「制度の狭間」の問題として顕在化してきていることを挙げることができます。

それだけに社会福祉士のような専門職には，図XVIII-2に示すように①日々の業務を通じて，住民の抱える生活課題や自身の業務を通して見えてくる制度・サービスの課題などを分析・整理し，場合によっては社会調査の手法を用いるなどして，地域の福祉課題を把握することが求められます（課題を整理する）。

次に，②そうした福祉課題を解決していくための目標を定め，多角的な分析や検討を通して（目標を定める），③具体的な活動の方策を練り（活動内容を定める），④計画的に実践に移していく（活動の実施）必要があります。そして⑤活

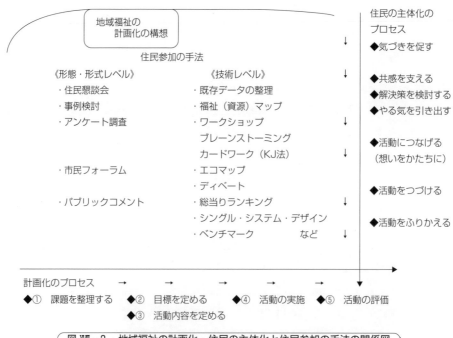

図 XVIII-2 地域福祉の計画化・住民の主体化と住民参加の手法の関係図

出所：松端克文（2018）『地域の見方を変えると福祉実践の変わる』ミネルヴァ書房，98頁。

動内容を評価し，成果や課題を確認し，新たに計画的な活動を実践していく必要があります（活動の評価）。

2 新たな事業・活動を生み出す方法としてのプランニング

複合多問題や制度の狭間の問題とされるような福祉課題の場合，その課題の解決につなげていくような制度やサービスが存在しないことがほとんどです。そこでそうした課題を解決していくためには，必要な資源を開発していくことが求められます。

例えば，地域内のスーパーが閉店したために買い物に困っている住民が多くいる場合，買い物というニーズに対応するための資源を開発する必要があります。例えば隣の地域にあるスーパーと交渉して，希望者に商品を届けてもらう宅配をしてもらうようにしたり，移動販売車を当該地域で運行してもらうようにするとか，逆に地域内の社会福祉施設と協議して，バスを使っていない時間帯に希望する住民を乗せて買い物を支援するという巡回福祉バスを運行することも可能かもしれません。

このように地域の福祉課題を解決するためには，様々な方法がありますので，地域の実情に応じて，場当たり的に対応するのではなく，色々な状況を想定しながら，方策を検討し，計画的に実施してく必要があります。

3 住民参加による課題解決

地域の福祉課題を計画的に解決していく際に重要なポイントは，単にサービス提供するといった観点だけでなく，福祉課題に関する地域の住民（上記の例の場合だと，スーパーや社会福祉施設の経営者や従業員なども含めて広く地域の関係者）の「気づき」を促し，「何とかしよう」というような「やる気」を引き出し，問題解決に向けての機運を高め，具体的な活動につなげていくといった住民の主体化のプロセスの観点が重要になります。

図XVIII-2でも示しているように，アンケート調査を実施し，住民懇談会においてその結果を共有し，ワークショップの手法を用いて対応策を一緒に検討するなど，を開催したり，ときにはあえて争点を明確化して，ディベートの方式で討論をすることで，問題点や課題を確認し，実践につなげていく等，住民の主体形成が重要となります。

したがって，社会福祉士のような専門職としては，住民懇談会のような「協議」の場の設定やその運営，あるいはワークショップの技法や課題整理の方法，さらには地域の課題把握（地域診断）の方法や社会福祉調査の力量，そして地域組織化の方法などを身に付け，それらを高めていくことが求められます。

(松端克文)

▷1 講義形式のように講師がいて，受講者がそれを学ぶといったスタイルではなく，参加者が一定の体験的なプログラムを通じて，お互いが学び合うようなスタイルの学習形態をいう。
▷2 地域福祉の領域で重視されてきた概念で，住民が他人事ではなく，自らの課題として問題を認識し，自主的に課題解決に向けて活動できるようになることをいう。

第5部 新しい福祉サービスの創出

XVIII 社会福祉の「経営」の手法

 ネゴシエーション

 マクロ領域における実践手法──地域組織化と計画化

　社会福祉の実践の主要な目的は，福祉課題の解決を図ることにあります。したがって，生活課題を抱えている個人や家族を直接的に支援するというミクロ実践がイメージしやすいのですが，社会福祉の実践はそれだけにとどまるものではありません。例えば，社会福祉協議会や地域包括支援センター等では，住民の参加を促しながら組織化することで，高齢者の安否確認のための見守り活動やサロン稼働，介護予防の活動等を自治会等において取り組むことを支援していますが，こうした実践をコミュニティオーガニゼーション（地域組織化活動）といいます。

　また，市町村において地域における福祉課題を把握し，その解決を図るために介護保険法に基づく介護保険事業計画や障害者総合支援法に基づく障害福祉計画，あるいは社会福祉法に基づく地域福祉計画などを策定していますが，こうした取り組みはメゾ・マクロ領域における社会福祉実践になります。

　地域組織化活動の場合，「同じ地域に住む」住民という共通項を切り口に，住民間で合意を形成しながら取り組むことになるので，支援者は主として調整者としての役割を担うことになります。

　福祉計画では，住民は福祉サービスを利用するという立場から計画づくりに参画し，財源やサービス資源の状況等をふまえてサービスを整備していくことになるので，支援者は主として情報を収集・分析したり，計画に基づき各種の事業を推進していく役割を担うことになります。

2 マクロ領域の実践としてのソーシャルアクション

　前述した地域組織化や計画化は，基本的には行政等も含めて，関係者間の合意形成に基づいて行われる実践です。しかし，ときには対立的な構図の中で実践する場合もあります。

　例えば，2005年に障害者自立支援法が成立した際には，原則として利用したサービス料に応じて1割の定率負担のしくみが導入されたことなどにより，障害当事者の人たちの納得が得られず，当事者とその支援者による"Nothing About Us Without Us"（私たちのことを私たち抜きに決めないで）を合言葉にした大規模な反対運動が展開されました。こうしたことを受けて，数々の緩和措

▷1　藤井克徳（2014）『私たち抜きに私たちのことを決めないで』（JDブックレット①）やどかり出版，等を参照。

置等がとられましたが，障害者自立支援法に対する違憲訴訟が全国9つの地方裁判所で行われる等，大きな問題になりました。

2009年9月に民主党（当時）を中心とした政権が発足したことにより，新政権は公約に基づき障害者自立支援法の廃止を明記した合意文書を訴訟団と交わし，和解手続きをとるとともに，「障がい者制度改革推進本部」を設置し，その中に置かれた「障がい者制度改革推進会議」において新しい法律について議論がなされ，2012年6月に障害者の日常生活及び社会生活を総合的に支援する法律（障害者総合支援法）が成立しています。

こうした活動においては，障害当事者やその家族は被害者的な立場になり，支援者はアドボケイト（弁護）する役割や，ネゴシエイト（交渉）したり，ときには政治家へのロビー活動[2]等を通じて，当事者活動をサポートすることになります。

ソーシャルアクションでは，社会的に弱い状況に置かれている人の状況を改善し，エンパワメントしていくといった観点から，権力構造と対峙する場合があり，こうした側面も社会福祉のマクロ実践に位置づけられます。

> ▷2 ある課題に対して，団体や個人が自らの主張が政府の政策に影響を及ぼすことを目的として，議会の議員，政府の構成員，公務員などを対象に行う政治活動のことをいう。

③ ソーシャルアクションにおけるネゴシエーション

ソーシャルアクションを実践してく際の留意点を整理すると，次の通りです。[3]

①　困難な状況（問題）の発生と問題の所在の明確化
②　その問題に立ち向かう当事者の組織化（主導グループの形成）
③　運動の実施と支持者の拡大
④　フォーマル・インフォーマルな学習会の実施
⑤　運動の成果や波及効果をふまえての支援者（福祉専門職）の役割の明確化

まず，その課題の当事者は置かれている困難な状況を的確に把握し，問題の所在を明確にし，こうした課題解決に向けて運動を展開する当事者および支援者を組織化していく必要があります。次に具体的な運動方針や内容（例えばロビー活動や街頭デモ等）を確認し，実践していくことになります。その際，例えば署名活動を行う等，そうした運動の支持者を拡大していくための工夫も大切です。また，随時，学習会を開き，情報収集や情報の提供，基本的な考え方や課題，運動の状況などについて関係者で共有することが大切です。

そして，こうした運動を展開しつつ，福祉専門職には，例えば行政の管理職や担当者と改善策についてのネゴシエーション（交渉）を地道に行い，事態を打開していくことが求められます。

（松端克文）

> ▷3 松端克文（2015）「ソーシャルアクションに関する相談援助実習」長谷川匡俊ほか編『社会福祉士相談援助演習 第2版』中央法規出版を一部修正。

XIX 財　源

1 ソーシャルファンド・市民ファンド等

1 定　義

ソーシャルファンドや市民ファンド等は，NPOやソーシャルビジネス等社会的な目的をもった事業に対して，広く社会から資金を集め，投資，融資，助成や寄付といった形で資金を提供するしくみです。市民ファンド等は，投融資型と助成型に大別されます。

2 投融資型

○NPOバンク

NPOバンクとは，市民が自発的に出資した資金により，地域社会や福祉，環境保全のために活動を行うNPOや個人などに融資することを目的に設立された市民の非営利バンクです。趣旨に賛同する市民やNPOが組合委員となり，1口数万円単位の出資を行い，それを原資に低利で融資します。出資者には元金保証はなく，利益配当は行なわれません。全国NPOバンク連絡会には2016年3月現在12のNPOバンクが正会員ととして登録しています。

○労働金庫・信用金庫による市民事業への融資

全国に13ある労働金庫のすべてが，NPO法人に対する融資制度をもっています。融資内容は，運転資金，設備資金，初期費用など，融資限度額は無担保の場合500万円程度のことが多くなっています。労金によっては中間支援組織と連携した融資を行っています。例えば，近畿ろうきんは，京都労働者福祉協議会，きょうとNPOセンターと連携し，京都府内のNPO法人が，京都NPOセンターが設置する「公益性審査委員会」による事業プランの公益性審査を経て融資申し込みの推薦を得た場合に，融資を行っています。審査に中間支援組織の知見を取り入れるためです。

信用組合も市民事業向けの融資制度をもっています。内閣府の調査（2013年10月）によると全国24の信用金庫がNPO法人向けの融資を行っています。

○行政と金融機関が提携したNPO法人向けの融資制度

NPO法人の所轄庁である都道府県は，県内の金融機関と提携してNPO法人向けの融資が行われる環境を整備しています。提携の内容は，県が金融機関に原資を預託し協調融資を行ったり，利子分を補助したり，地域情報の共有・金融機関の人材育成などの提携を結ぶといった形です。

▷1　類似した言葉として，コミュニティファンド，コミュニティ財団，NPOバンク，ソーシャルバンクといった言葉がある。これら用語の明確な定義はない。
▷2　資金提供者から，出資あるいは預金という形で資金を預かり，それを資金ニーズがあるNPO等に投融資し，投融資から得た収益を資金提供者に配当・利子等として提供する。
▷3　市民や企業等による寄付や遺贈等を財源に，NPOや市民活動団体に助成を行う。
▷4　全国NPOバンク連絡会HP（http://www.npobank.net/npo%E3%83%90%E3%83%B3%E3%82%AF%E3%81%AB%E3%81%A4%E3%81%84%E3%81%A6/，2016年10月16日アクセス）。
▷5　労働組合や生協などで働く者が資金を出し合って設立した協同組織の金融機関。
▷6　労働金庫同様に協同組織の金融機関。
▷7　内閣府「信用金庫のNPO法人向け融資の一例」（https://www.npo-homepage.go.jp/uploads/report34_40_02.pdf，2016年10月16日アクセス）。
▷8　内閣府「所轄庁と金融機関が提携したNPO法人向け融資制度」（https://www.npo-homepage.go.jp/uploads/20150313-yuushiseido.pdf，2016年10月16

3 助成型

○コミュニティ財団

コミュニティ財団とは，地域の諸課題を解決するための事業や団体に対して寄付等を仲介し，助成するものです。助成対象地域は，都道府県，市町村等特定の地域に限定されています。財源は市民や企業等から寄付や遺贈で，寄付者は特定の団体や事業，市町村等を選ぶことができます。例えば，1991年に日本で初めて設立された大阪コミュニティ財団は，寄付者である個人や企業が自分の意思で基金の名称・目的・金額を自由に設定できます（例えば加藤夫妻が留学生支援を目的にした加藤基金など）。このように複数の目的をもった基金をもち，理事会・選考委員会・オフィスやスタッフを共有する「マンション型財団」といわれています。

○クラウドファンディング

Web システムを利用して，支援を求める団体が事業の内容・目標金額等を示し，寄付者が寄付をするしくみです。各種のサイトが設けられています。市民活動のみならず，個人商店や団体，NPO 等が，様々な事業への支援を呼びかけています。

4 寄付や投資のマーケットとしての意義

コミュニティファンドや市民ファンドは，自分のお金が社会的な意義のある事業等に使われることを求める資金提供者（投資者，預金者，寄付者）と，資金ニーズがある団体とを仲介するしくみです。行政等が配分を差配するのではなく，資金の出し手と受け手が自由に結びつく，いわば寄付や投資のマーケットです。資金ニーズが可視化されることで資金提供者はどのような社会課題があるかを知り，自分の意思が活かされる先に資金を提供することができます。

資金提供を受ける側からみると，融資型の資金は事業を展開する NPO 等が外部資金に依存せず自律的に経営していく上で非常に重要なしくみです。他方助成型の活動は，事業収入が期待しにくい活動や，まだ事業が成り立つかどうかわからない試行的な段階にはとても重要です。

多様な社会的事業が発展してためには，多様な資金の出し手・選択肢があることが必要不可欠です。

（諏訪　徹）

XIX 財　源

 市場の活用

1 準市場・社会市場・市場の関係

　福祉サービスは，①対価を利用者に求めることが難しい場合が多いこと，②サービスの評価・選択が利用者だけでは難しいケースがあること，③社会的なニーズに基づいて提供されるものであることといった特性から，「準市場」や「社会市場」と呼ばれる場で提供されています。それに対して一般的な商品・サービス（財）は，その供給者と需要者との間で，価格を介して売買が行われる場，すなわち「市場」で提供されています。近年，社会福祉の領域でこの市場を活用した組織の経営に注目が集まっています。

2 福祉サービスの供給主体別にみた市場を活用した「経営」の類型

　市場を活用した組織の経営の類型は，福祉サービスの供給主体別に考えると次の2つに大別できます。ここでは，そこで行われている具体的な取り組みを交えて解説します。
　第1は，元々「市場」のしくみの中で活動する営利法人が，そこに社会的に不利な立場にある人々を包摂していくようなかたちです。有名なものとしては，株式会社スワンが運営するスワンベーカリーが挙げられます。スワンベーカリーは，福祉作業所で働いても低い賃金しか得ることができない障害のある人の現状に問題意識を持った小倉昌男氏が，彼／彼女らの雇用と自立を支援するために，パンの販売等を始めたことに由来します（1998年設立）。現在，直営店4店，チェーン店は24店を超え，370名を超える障害のある人が働いています。また，有限会社ビッグイシュー日本（大阪市【本社】）は，主にホームレス状態にある人々の支援を行っています。定価350円の雑誌「ビッグイシュー日本版」を販売者（ホームレス状態にある方）に無料で10冊提供し，販売者はそれを路上で販売します。その売り上げ（3,500円）を元手に，以降はその雑誌を1冊170円で仕入れ，それを販売するというサイクルを繰り返すことで，ホームレス状態にある人々の自立を目指すという取り組みをしています。
　第2は，主に「準市場」や「社会市場」で収益を得ていた社会福祉法人や特定非営利活動法人（NPO法人）が，新たに「市場」のしくみの下で事業を創り，そこに社会的に弱い立場におかれている人々を包摂していくようなかたちです。例えば現在，障害のある人が働く作業所では，喫茶店を経営し，彼／彼女らの

▷1　藤井賢一郎（2013）「福祉サービスと制度」社会福祉士養成講座編集委員会編『福祉サービスの組織と経営』中央法規出版，12頁。
▷2　Ⅱ-5　参照。

雇用と自立を支援しようとしているところが数多く存在します。これは一見するとスワンベーカリーの取り組みと同じようにみえますが，元々「準市場」や「社会市場」のしくみの外で活動していた福祉サービスの提供主体が，新たに「市場」を活用してた経営に取り組んでいるという点に新しさがあります。また，NPO 法人 Homedoor（大阪市）では，Hubchari という事業を行っています。これはホームレス状態にある人々の多くが共通して持つ自転車修理の特技に着目したシェアサイクル（レンタサイクル，コミュニティサイクル）事業です。こうした事業は，ホームレス状態にある人々の雇用の場を創出するだけではなく，同時に放置自転車という地域課題の解決にも役立つ事業として，注目されています。

❸ 市場を活用した「経営」の意義

「市場」を活用した経営の意義は様々ありますが，ここでは次の 3 つを指摘しておきます。

第 1 は，組織運営にとって自由な財源を得られるという点です。例えば福祉サービスの供給主体の一つである NPO 法人は，その主たる財源を，介護保険法や障害者総合支援法などの制度に基づく事業に依存しているところが少なくありません。しかし，こうした財源に依存することは，もともと持つ活動の独自性を損ねることにつながりかねません。「市場」を活用した支援を展開することにより，組織の運営にとって自由度の高い財源を得ることができるようになります。

▶3　Ⅲ〜Ⅵ参照。

第 2 は，第 1 の点と関わりますが，働く人々（社会的に弱い立場におかれている人々）に高い賃金を支払うことができるということです。「市場」では優れた商品・サービス（財）を提供すれば，それだけ多くの事業収入を得ることができます。そのためそこで働く人々の賃金は，従来の就労支援で支払われている賃金よりも，高くなる傾向にあります。実際，前述したスワンベーカリーでは，一般的な障害のある人の就労支援事業所の賃金よりも，かなり高い賃金が支払われています。

第 3 は，社会的に不利な立場にある人々が，働くことで自信や居場所を得ることができるということです。②の事例からわかるように「市場」を活用した経営は，新たな雇用の場を創出することができる点に一つの特徴があります。社会的に不利な立場にある人々は一般的な労働市場から排除されがちであり，そのことで自信や居場所を喪失してしまっている人も少なくありません。市場を活用した経営は，雇用の場を創出することにより，これらの問題に対してもアプローチできる可能性を秘めています。

（後藤広史）

第5部 新しい福祉サービスの創出

XIX 財源

 共同募金改革

1 共同募金の概要

共同募金は，地域福祉の推進を図るために，社会福祉事業，更生保護事業や社会福祉を目的とする事業に対して配分することを目的とする募金です[*1]。社会福祉法に定められ，寄付者への高い税制優遇が認められるなど，非常に公益性が高く，かつ日本最大の民間募金です。

共同募金は，終戦直後の混乱期に非常に苦しい経営状態にあった民間社会福祉施設の支援のために，アメリカのコミュニティチェストをモデルに1947年に国民運動として創設され，1951年に法定化されました。こうした経過から創設当初は民間社会福祉施設の経営支援に大きな役割をもっていましたが，その後措置費制度や施設整備補助金等が充実したことに伴い，次第に社会福祉協議会の地域福祉事業への支援の比重が高まっていきました。今日では，集められた募金の約7割は市町村内の地域福祉活動（例えば，サロン活動，見守り活動，ボランティアグループへの助成等）の支援に使われており，まさに草の根の地域福祉活動のための民間資金となっています。なお，残りの3割は県内のNPOや社会福祉施設等への助成などに使われています。

2 共同募金の改革

最近の募金実績は約181億円です（2016年度実績）。募金額は最も多い1995年前後には270億円あまりでしたが，それ以降は長期間下がり続けています。危機感をもった共同募金会では改革を進めており，現在は，中央共同募金会企画・推進委員会答申「参加と協働による新たなたすけあいの創造——共同募金における運動性の再生」（2016年2月）に基づく取り組みが行われています。

○ニーズと資金循環の見える化と運動性の体制

共同募金のシンボルである赤い羽根は多くの人に知られ，また募金の大部分が募金された同じ市町村内の活動に助成されているにもかかわらず，「何のための募金で，どこで使われているかわからない」と指摘されます。

共同募金は，助成を受けたい団体が申請し，これを受けて必要な募金額を積み上げて募金計画をつくり，募金計画を公示して募金活動を行い，集まった額を配分する，という計画募金です。また寄付を集めるボランティアは町内会や民生委員，学童生徒などその地域の住民です。にもかかわらず，使途が知られ

▷1 都道府県ごとに設置された共同募金会が，毎年期間（10-12月）を定めて，市町村の共同募金委員会（9割は市町村社会福祉協議会が事務局となっている）の協力を得て，全国で募金活動と助成（制度上は配分という）を行っている。

ていないのは，資金ニーズの申請受付が広く開かれていない，募金計画額が資金ニーズの積み上げとなっていない，募金の時に寄付ボランティアや寄付者に計画や過去の実績が伝わっていない，被助成団体が共同募金の助成事業であることを地域に伝えていない，等の問題から，「資金循環が寄付者である住民に見えていない」と考えられます。

　そこで，2016年答申では，申請段階での公募を徹底したり，地域福祉計画や地域福祉活動計画と連動したりして，助成先事業や募金目標を定めること，被助成団体も参加して寄付ボランティアや寄付者に対して募金計画や実績を丁寧に伝えながら寄付を募ること，助成審査を住民参加で行うこと，といった改革を進めることとしました。地域の課題とそれを解決する活動の資金ニーズが明確になり，それに対して意思をもった寄付が行われ，その成果や感謝が寄付者にフィードバックされ地域の変化を共有する。地域における資金循環とその成果を見える化することで，運動を活性化させることが「運動性の再生」という言葉に込められています。

◯運動を展開するための体制の確立──市町村共同募金委員会

　募金運動を展開するために，市町村に共同募金委員会という地域の多様な人材や団体が参画する運動推進・運営体制の設置が進められています。これまで市町村社協が支会として共同募金運動を担ってきましたが，社協活動との区別が住民にわかりにくく，また社協の理事会等で共同募金が取り扱われるため，共同募金運動に特化した取り組みが行われにくいという問題がありました。共同募金委員会には，多様な人材が議論しながら，募金計画の策定，募金運動の推進，助成審査を行うエンジンとなることが期待されています。

❸ 地域福祉推進における共同募金の役割

　そもそも寄付とは，お願いをして施してもらうものではありません。地域の課題を寄付者が知り，何とかしたいという思いを活動団体と共有するからこそ，課題解決に参加する一つの方法として寄付をしてくれるのです。そして課題解決の取り組みが進んだという達成感を被助成団体と寄付者が共有することで，次の寄付などのアクションが拡大していきます。共同募金は資金の循環を通して，活動に取り組む人と寄付する人の「課題解決したい」という思いと行動を循環・増幅させるシステムといえます。共同募金は多くの住民が募金活動に参加し，多くの草の根の活動が恩恵を受ける地域密着型のしくみであるからこそ，本来はこの循環が目に見え，拡大できるはずです。それが共同募金が担う寄付文化創造への役割です。募金運動に携わる人，助成を受ける団体がこのことをよく理解し，単に金を集め，もらい，使うのではなく，地域に福祉課題の理解者，課題解決への参加者を増やすのだという意識をもって，募金運動に参画していくことが何よりも重要です。

（諏訪　徹）

さくいん

あ行

アウトリーチ 178, 183
新たな雇用の場 221
アーレント,H. 22
暗黙知 69
イコールフッティング 130
意思決定 44
　——の分業 45
一過性 99
イノベーション 191
医療危機 147
医療法 115
　——改正 115
医療崩壊 147
インフォーマルネットワーク 198
インフォームドコンセント 85
ウェッブ,S. 27
ウェルビーイング 2
運営適正化委員会 102, 185
（NPO法人の）運動的性格 137
衛生要因と動機づけ要因（ハーズバーグ）50
援助領域 20
公の支配 24

か行

会計監査人 100, 118
会計基準 52
介護給付 60
介護相談員 185
介護難民 29
介護福祉士 64
介護報酬 17
介護保険事業運営協議会 170
介護保険事業計画 160
介護保険制度 31, 170
介護保険法 221
介護予防・日常生活支援総合事業 159
介護離職 212
介護療養病床 151
外発的動機づけと内発的動機づけ（マレー）50
過失 85
活動計算書 141
株式会社 118

監査役 118
監事 100
カンファレンス 49
管理会計 52
企業の社会的責任　→CSR
基金拠出型法人 114
帰納法 68, 71
寄付 17, 25
キャッシュ・フロー計算書 148
キャリアアップ 66
キャリアパス 50
キャリアマネジメント 50
休暇 88
休業 88
共益組織 31
協議体 159
共助組織 116
行政の下請け化 32
競争優位性 46
協働運営 202
協同組合 34, 116
　混合型—— 117
共同募金 18, 222
業務計画 78
記録 82
苦情（クレーム）79
　——対応 79
クラウドファンディング 21
繰り出し梯子理論 27
グレイ,B.K. 26
訓練等給付 60
ケアプラン 59
経営改善 63
経営戦略 46
経験知 69
契約 57
ケース会議 80
圏域 156
現員払い方式 57
減価償却費 127
言語聴覚士 74
公益事業 110
公益性をもった事業 42
公益組織 31, 116

公益法人 108
公共性 5, 21
　——の再生 23
　形式的—— 23
　市民的—— 23
　文芸的—— 23
公共的問題 36
公私関係 21, 26, 28
公設民営 121
公募債（社会医療法人債）144
合理性の限界 44
顧客満足度 97
国民医療費 146
互助 159
個人情報 54
　——の保護 179
国庫負担金 16
国庫補助金 16
子ども・子育て関連3法 161
個別アセスメント 168
個別支援から地域支援 159
ゴミ箱モデル 47
コミュニティ・アセスメント 191
コミュニティオーガニゼーション 216
コミュニティソーシャルワーカー 206
コミュニティビジネス 34
コミュニティファンド 219
コミュニティ利益会社　→CIC
コラボレーション 196
「これからの地域福祉のあり方に関する研究会報告書」190
コンサルテーション 62
コンプライアンス 7, 43
コンフリクト 45

さ行

済生会 134
在宅医療 150
財務会計 52
サイモン,H.A. 44
作業療法士 74
サードセクター 30
サービス付き高齢者向け住宅 151

サービスの価値　96
サラモン,L.M.　112
参加　5
三位一体の改革　16
ジェネラリスト・ソーシャルワーカー
　　193
次期繰越活動増減差額　127
事業委託金　138
(NPO法人の)事業的性格　137
資金　24
資源展開　46
自己決定権　4
事故対応　79
市場　28, 220
　　——原理　176
　　——の失敗　142
　　——の条件整備の役割　29
　　社会——　220
施設運営（経営）会議　76
施設整備補助金　16
自尊感情　201
自治会　157, 204
自治事務　166
市町村の自治事務　156
指定管理者制度　121, 138
児童相談所　120
シナジー　46
市民ファンド　218
使命　42, 113, 136
　　社会的——　29, 113
社員総会（医療法人）　145
シャウプ勧告　134
社会医療法人　144, 148
社会権　23
社会事業法　132
社会資源　10
社会的インパクト評価　25
社会の企業　20, 30, 33, 34
社会的孤立　212
社会的投資　35
社会的排除　212
社会的包摂　33
社会福祉基礎構造改革　120, 176, 180,
　　182
社会福祉士　64
社会福祉事業　110, 128
　　第1種——　150
　　——に従事する者の確保を図るため
　　　の措置に関する基本的な指針　66

社会福祉事業法　134
社会福祉施設職員等退職手当共済制度
　　67
社会福祉充実計画　131
社会福祉振興助成事業　→WAM助成
社会福祉によって解決を目指す問題
　　20
社会福祉法　134, 180
　　——改正（2000年）　164
　　——改正（2016年）　130
　　——第6章　110
　　——第22条　110
　　——第31条　122
　　——第78条　98
　　——第82条　102
　　——第112条　18
　　——等の一部を改正する法律　135
収益事業　110
住民主体　203
住民の主体形成　215
住民の力の活用　159
準市場　27, 28, 220
　　——の課題　29
障害者自立支援法　172
障害者総合支援法　221
条件整備国家　166
小地域福祉活動　157
情報管理　54
情報共有　75
情報公開　104
情報デバイド　181
情報の非対称性　142, 180
所轄庁　110
職能団体　66
助成型ファンド　218
助成金　138
職権　56
　　——主義　177
処分　56
自立支援給付費　17
事例検討　73
新公共経営　52
人事考課　51
申請権　56
申請主義　177, 178
身体障害者更生相談所　120
信用組合　218
診療報酬表　146
スクールソーシャルワーカー　64

ステークホルダー　9, 45, 136
ストレスチェック　90
スーパーバイザー　72
スーパーバイジー　72
スーパービジョン　62, 72
生活協同組合　117
生活支援コーディネーター　159
生活支援サービス　159, 213
生活保護制度　201
(社会福祉の)政策（制度）領域　20
精神保健福祉士　64
制度の狭間　45, 206
政府の失敗　142
(福祉サービスの)接近性　5
セーフティネット　188
(福祉サービスの)選択性　5
全日本私設社会事業連盟　132
(社会福祉の)総合性　5
創発的戦略　47
組織　44
　　——の存続　46
　　——文化　43
ソーシャルアクション　200, 217
ソーシャル・キャピタル　117, 189
ソーシャルビジネス　32
ソーシャルファンド　218
ソーシャルワークのグローバル定義
　　2
措置　56
　　——権者　56, 124
　　——制度　134, 177
　　——費　17, 56

た行

第1号被保険者（介護保険）　59
第2号被保険者（介護保険）　59
第三者委員　185
第三者評価　98, 185
貸借対照表　141
代弁者　178
代理受領　138
多職種連携　159
地域アセスメント　168
地域医療連携推進法人制度の創設
　　115
地域活性化　203
地域ケア会議　158, 166
　　——・協議会（介護保険法）　157
地域ケア個別会議　158
地域公益事業　131

さくいん

地域交通 202
地域支援事業 166
地域自治区（地方自治法）157
地域生活支援システム 154
地域組織化活動 →コミュニティオーガニゼーション
地域特性 156
地域における公益的な取組 131
地域福祉活動計画 223
地域福祉計画 37, 223
地域包括ケアシステム 157, 158
地域包括支援システム 18
地縁組織 205
知的障害者更生相談所 120
地方自治法第2条 166
チームアプローチ 187
チャンドラー,A.D. 46
中央社会保険医療協議会 146
中間支援組織 208
町内会 157, 204
定員払い方式 56
定款 136
当期活動増減差額 126
当事者 10, 200
　　──研究 39
投融資型ファンド 218
特定医療法人 144
特定非営利活動促進法 113
特定非営利活動法人 30, 112, 205
　　──会計基準 140
都道府県子ども子育て支援事業支援計画 161

な行
ニーズ 20
ニーズキャッチ 154
　　──の方法 155
ニード 12
日常生活圏域 157
日本国憲法第89条 110
日本国憲法第92条 164
認定制度 64
認定特定非営利活動法人制度 113, 139
認定NPO法人制度 →認定特定非営利活動法人制度

は行
場 11
　　──のマネージャー 169
バーナード,C.I. 46

ハーバーマス,J. 22
非営利性 114
非営利組織 30, 116
ヒヤリハット報告 85
貧困ビジネス 33
ファンドレイジング 21, 24
　　──サイクル 25
フォーマルネットワーク 198
複合体 150
福祉改革 176
福祉圏（地域福祉計画）157
福祉国家 36, 116, 166
福祉サービス第三者評価事業 181
福祉事務所 120
福祉専門職の国家資格化 64
福祉多元主義 8, 27
福利厚生センター 67
婦人相談所 120
二葉保育園 133
不服申立て権 4
ブラッドショー,J. 12
プラットフォーム 9
プランニング 214
プリセプター 68
ブリッジング型ネットワーク 191
平行棒理論 26
保育士 64
補助金 138
ホームレス状態にある人々 200
ボランティアセンター 206
ボンディング型ネットワーク 191

ま行
マタニティハラスメント 88
まちづくり 205
マネジメント 48
マハヤナ学園 133
三浦文夫 12
ミッション →使命
民間資源 139
（福祉サービスの）無形性 99
メンタルヘルス不全 90
持ち分 114
モチベーション 50

や行
要介護者 59
要介護認定 59
要支援者 59
要保護児童 174
　　──対策地域協議会 174

欲求階層理論（マズロー）50
欲求理論（マクレランド）50

ら行
利害関係者 →ステークホルダー
理学療法士 74
離職率（介護職員）67
リスクマネジメント 84
リハビリ専門職 74
利用支援 5
利用者コスト 97
利用者満足度 99
利用者民主主義 178
利用判定会議 77
ルーティン化 63, 79
労働金庫 218
ローカル・ガバナンス 37, 193
六項目提案 133
ロビー活動 200, 217

わ行
ワークショップ 215
ワークライフバランス 88
法令遵守 →コンプライアンス

欧文
AA（Alcoholic Anonyms）200
CIC 35
CSR 25, 34
CSW →コミュニティソーシャルワーカー
ICT 55
NPO 34, 112
　　──法人 →特定非営利活動法人
Off-JT 70
　　演繹法を使った── 71
　　帰納法を使った── 71
OJT 68
　　演繹法を使った── 68
　　帰納法を使った── 68
OT →作業療法士
PDCA 49, 92
PT →理学療法士
SCAPIN775 133
ST →言語聴覚士
WAM助成 19
XY理論（マグレガー）50

執筆者紹介（氏名／よみがな／現職／主著／社会福祉の「経営」を学ぶ読者へのメッセージ）＊執筆担当は本文末に明記

小松理佐子（こまつ りさこ）
日本福祉大学教授
『生活支援の社会福祉学』（共著・有斐閣），『協働と参加による地域福祉計画』（共著・ミネルヴァ書房）
社会福祉の「経営」という領域の仕事は，創造力や企画力が求められます。それゆえに社会福祉の専門職にとっては，やりがいのある仕事だと思います。

大村 美保（おおむら みほ）
筑波大学助教
『一般就労する知的障害者の経済的自立と地域生活』（久美出版），『触法障害者の地域生活支援』（共著・金剛出版）
社会福祉は社会で周縁化した人たちも含めた私たち一人ひとりの，より質の高い人生のためにあります。その仕組みをリジットに考えていきましょう。

新谷 司（あらや つかさ）
日本福祉大学教授
『会計グローバリズムと国際政治会計学』（共著・創成社），『非営利組織会計』（日本福祉大学）
株式会社の会計または複式簿記が理解できれば，非営利組織のそれも自ずと理解できます。

大薮元康（おおやぶ もとやす）
中部学院大学教授
『社会福祉援助学』（共著・学文社），『新選社会福祉』（共著・みらい）
社会福祉制度は，社会が進歩する中で生まれた大きな財産です。これを守り，育てることが大切だと思います。

李 恩心（い うんしむ）
昭和女子大学准教授
『介護サービスへのアクセスの問題』（明石書店），『東アジアの高齢者ケア』（共著・東信堂）
社会福祉は，人，物，資金，情報，ネットワークなどの資源の「動き」を伴うものです。今後はこれまで以上にこのような「動き」をより良いものにしていく必要があります。本書がこれらの内容の具体的な理解につながることでしょう。

尾里育士（おざと やすし）
東海大学教授
『子どもの福祉と子育て家庭支援』（共著・みらい），『社会福祉援助学』（共著・学文社），『養護内容』（共著・北大路書房）
福祉サービスは，公共的な性格を有し，それを提供する組織の公開性が重要です。専門職として組織をアセスメントする視点を学んでください。

遠藤 知子（えんどう ちかこ）
大阪大学准教授
『これからの社会的企業に求められるものは何か』（共著・ミネルヴァ書房）
多様な主体や組織が福祉サービスを提供しています。それぞれの特徴と関係について考えましょう。

川島ゆり子（かわしま ゆりこ）
日本福祉大学教授
『協働と参加の地域福祉計画』（共著・ミネルヴァ書房），『地域を基盤としたソーシャルワーク』（ミネルヴァ書房）
「地域の中で暮らす」ということを，人とのつながり，地域とのつながりの重要性を軸に，みなさんと一緒に考えていきたいと思います。

執筆者紹介（氏名／よみがな／現職／主著／社会福祉の「経営」を学ぶ読者へのメッセージ）＊執筆担当は本文末に明記

川村岳人（かわむら　がくと）
立教大学准教授
『市町村合併と地域福祉』（共著・ミネルヴァ書房），『地域福祉の理論と方法』（共著・弘文堂）
みなさんもまずは一地域住民として，自分が住む市町村における福祉サービスの供給と負担について，どのような課題があるか考えてみましょう。

相馬大祐（そうま　だいすけ）
長野大学准教授
『社会福祉実践における主体性を尊重した対等な関わりは可能か』（共著・ミネルヴァ書房）
「勉強は一時，学問は一生」といわれます。みなさんにとって本書が社会福祉学を学ぶ際の一助となれば幸いです。

熊田博喜（くまだ　ひろき）
武蔵野大学教授
『生活支援の社会福祉学』（共著・有斐閣），『ソーシャル・インクルージョンの社会福祉』（共著・ミネルヴァ書房）
社会福祉専門職が良い支援を行うためには，所属する団体のあり方も重要となります。「良い支援ができる団体のあり方」を考え続けることは専門職にとって大切なことのひとつです。

徳広隆司（とくひろ　たかし）
医療法人啓友会相談役
「ショートステイを中心とした老人保健施設運営に関する研究」日本地域福祉学会『日本の地域福祉』20
医療と福祉の連携は今後ますます進んでいくでしょう。福祉従事者であっても医療法人のしくみや動向は常に確認しておいてください。

後藤広史（ごとう　ひろし）
立教大学教授
『ホームレス状態からの「脱却」に向けた支援』（明石書店），『ソーシャルワーカーのソダチ』（共著・生活書院）
ソーシャルワーカーの役割や仕事内容は，所属する組織の性格・体制，さらにそれらをとりまく諸要素に依存します。その意味で社会福祉の「経営」を学ぶことは，ソーシャルワーカーの立ち位置を理解することにつながると思います。

飛永高秀（とびなが　たかひで）
長崎純心大学教授
『高齢者と家族の支援と社会福祉』（共著・ミネルヴァ書房）『臨床に必要な居住福祉』（共著・弘文堂）
福祉サービスは私たちの身近なもので，権利として利用できるものです。福祉ニーズを抱えている人が適切にサービスを利用できる環境を創ることが福祉専門職の使命ともなるでしょう。

諏訪　徹（すわ　とおる）
日本大学教授
『地域福祉論』（共著・全国社会福祉協議会），『介護福祉の組織・制度論』（共著・光生館）
福祉サービスはチーム・組織で協働して提供するものです。だからサービスをよりよくするためには，組織やサービスのマネジメントの知識は必要不可欠です。

永井裕子（ながい　ゆうこ）
福井県立大学助教
地域特性に応じた福祉サービスを，いつか自分自身で展開したい！　という思いをもってもらえればと思います。

執筆者紹介（氏名／よみがな／現職／主著／社会福祉の「経営」を学ぶ読者へのメッセージ）　＊執筆担当は本文末に明記

中村英三（なかむら　えいぞう）
長野大学教授
『社会福祉施設経営論』（共著・光生館）
社会福祉士をめざしているのであれば，社会福祉の運営管理を含む総合的な知識を実践的に学ぶことをすすめます。

松端克文（まつのはな　かつふみ）
武庫川女子大学教授
『地域の見方を変えると福祉実践が変わる』（ミネルヴァ書房），『よくわかる地域福祉』（編著・ミネルヴァ書房）
壁に突き当ったとき，柔軟な発想でブレイクスルーし，地域の中に福祉を創る実践が求められます。本書から多くを学んで下さい。

西田恵子（にしだ　けいこ）
立教大学教授
『地域福祉論』（共著・第一法規），『福祉における危機管理』（共著・有斐閣）
当事者に学ぶ，学び続ける。そしてともに福祉サービスをつくり出していく。そのような実践が広がることを期待しています。

吉永洋子（よしなが　ようこ）
元・藤枝駿府病院地域連携室長
仕事では周りとの連携や自らの研鑽が大切です。制度や仕組みを学び社会に関心を持たれることを期待します。

野口友紀子（のぐち　ゆきこ）
武蔵野大学教授
『社会事業成立史の研究』（ミネルヴァ書房），『対論　社会福祉学１社会福祉原理・歴史』（共著・中央法規出版）
何かを学ぶ時，その何かのはじまりを探求し形成過程を分析しようとすることは，長期的な視野に立ち物事を多面的にとらえる視点を養うことにつながります。

本多　勇（ほんだ　いさむ）
武蔵野大学通信教育部教授
『社会福祉実践における主体性を尊重した対等な関わりは可能か』（共著・ミネルヴァ書房），『ソーシャルワーカーのソダチ』（共著・生活書院）
社会福祉の実践は，専門職一人で行われるのではなく，組織として行われています。そのしくみや意味を学んでください。

やわらかアカデミズム・〈わかる〉シリーズ
よくわかる社会福祉の「経営」

2018年12月30日　初版第1刷発行　　　　　　　　　　　〈検印省略〉
2025年3月30日　初版第3刷発行

定価はカバーに
表示しています

編著者　　小松理佐子
発行者　　杉田啓三
印刷者　　藤森英夫

発行所　株式会社　ミネルヴァ書房

607-8494　京都市山科区日ノ岡堤谷町1
電話代表（075）581-5191番
振替口座 01020-0-8076番

©小松理佐子ほか，2018　　　　　　亜細亜印刷・新生製本

ISBN978-4-623-08443-2
Printed in Japan

やわらかアカデミズム・〈わかる〉シリーズ

よくわかる社会福祉［第11版］	山縣文治・岡田忠克編	本 体	2500円
新版 よくわかる子ども家庭福祉	吉田幸恵・山縣文治編著	本 体	2400円
新版 よくわかる地域福祉	上野谷加代子・松端克文・永田　祐編	本 体	2400円
よくわかる障害者福祉［第7版］	小澤　温編	本 体	2500円
よくわかる高齢者福祉	直井道子・中野いく子編	本 体	2500円
よくわかる家族福祉［第2版］	畠中宗一編	本 体	2200円
よくわかる社会福祉の歴史	清水教惠・朴　光駿編著	本 体	2600円
よくわかる医療福祉	小西加保留・田中千枝子編	本 体	2500円
よくわかる司法福祉	村尾泰弘・廣井亮一編	本 体	2500円
よくわかる女性と福祉	森田明美編著	本 体	2600円
よくわかる社会保障［第5版］	坂口正之・岡田忠克編	本 体	2600円
よくわかる福祉行財政と福祉計画	永田　祐・岡田忠克編	本 体	2600円
よくわかる権利擁護と成年後見制度［改訂版］	永田　祐・堀　善昭ほか編著	本 体	2600円
よくわかる社会福祉と法	西村健一郎・品田充儀編著	本 体	2600円
よくわかる発達障害［第2版］	小野次朗・藤田継道・上野一彦編	本 体	2200円
よくわかる労働法［第3版］	小畑史子著	本 体	2800円
よくわかる地方自治法	橋本基弘ほか著	本 体	2500円
よくわかる社会政策［第3版］	石畑良太郎・牧野富夫・伍賀一道編著	本 体	2600円
よくわかる更生保護	藤本哲也・生島　浩・辰野文理編著	本 体	2500円

ミネルヴァ書房

https://www.minervashobo.co.jp/